本书受安徽财经大学著作出版基金资助

国有资源资产收益制度研究

Revenue Research on the State-Owned Resource Asset

罗鸣令 著

中国财经出版传媒集团
经济科学出版社
Economic Science Press

图书在版编目（CIP）数据

国有资源资产收益制度研究／罗鸣令著．—北京：经济科学出版社，2019.7

ISBN 978-7-5218-0594-9

Ⅰ．①国…　Ⅱ．①罗…　Ⅲ．①国有资产管理-研究-中国　Ⅳ．①F123.7

中国版本图书馆 CIP 数据核字（2019）第 112097 号

责任编辑：白留杰　刘殿和

责任校对：郑淑艳

责任印制：李　鹏

国有资源资产收益制度研究

罗鸣令　著

经济科学出版社出版、发行　新华书店经销

社址：北京市海淀区阜成路甲 28 号　邮编：100142

教材分社电话：010-88191354　发行部电话：010-88191522

网址：www.esp.com.cn

电子邮件：bailiujie518@126.com

天猫网店：经济科学出版社旗舰店

网址：http://jjkxcbs.tmall.com

北京密兴印刷有限公司印装

710×1000　16 开　12.25 印张　210000 字

2019 年 7 月第 1 版　2019 年 7 月第 1 次印刷

ISBN 978-7-5218-0594-9　定价：42.00 元

前　言

政府凭借国有资源资产所有权获取国有资源资产收益的理论根源，是国有资源资产作为一项生产要素参与了社会财富的创造，按照市场经济配置资源的内在要求，国有资源资产所有者理应按照这种生产要素在社会财富创造过程中所做贡献大小来获取相关权益收益。受限于我国传统财政学理论和计划经济体制的影响，现阶段我国财政学界并未对政府国有资源资产收益的依据、形式、制度安排等问题展开深入研究，导致我国政府现阶段获取国有资源资产收益的理论指导思想相对缺失，本属于国家所有的国有资源资产收益绝大部分以国有资源资产开发利用者利润存在并逐渐形成了部门、行业、垄断企业利益，自然资源使用租大量流失。众所周知，一般意义上的政府财政收入体系应该包括政府依据所有者权益的自然资源使用租、依据政府提供公共服务时的成本补偿原则所获取的税、依据政府特殊公共服务和特许权授予所获取的费、依据市场经济准则参与市场经济活动所获取的利，而一个有效的财政收入体系实质上是要求租、税、费、利等各项财政收入的筹集必须顺应历史发展需要、符合经济社会发展需要、满足政府履行职能需要。从目前我国的财政收入筹集体制来看，我国政府确已实现了充分的税收收入，收取了一定规模的特殊利益成本补偿费和特许权使用费，获得了国有企业上缴利润，唯独欠缺自然资源使用租，即我们这里所说的政府国有资源资产收益。这种欠缺事实造就了我国现阶段财政收入体制的不完善状态。一方面，本属于国家所有的自然资源使用租大量流失；另一方面，既已存在的收益项目因为理论指导思想和制度建设的滞后，严重抑制了国家财政收入体制的完善。这种两难局面，充分说明现阶段我们有必要对政府国有资源资产收益的相关理论与实践问题展开研究。

本书在内容安排上依据传统研究问题的范式，即总论与各论相结合的方式来展开。总论部分包括三个方面的内容：国有资源资产的客观性、国有资源资产的价值构成、政府国有资源资产收益形式。在充分讨论总论内容之后，我们将以此作为宏观理论基础展开分析政府国有矿产资源资产收益、政府国有土地资源资产收益、政府国有水资源资产收益、政府国有森林资源资产收益等四类国有资源资产收益问题。

鉴于政府国有资源资产收益对完善我国财政收入体系有着显著效应，财政学和经济学理论工作者有责任、有义务去充实这部分理论。从国内外研究现状来看，专家学者从不同视角研究了政府国有资源资产收益问题，但受到各自认识问题的立场和目的的束缚，这些观点尚未形成一个统一的理论框架体系。本书按照国有资源资产收益产生的内在逻辑顺序，将国有资源资产的客观性、国有资源资产的价值构成、政府国有资源资产收益形式等有关国有资源资产收益基础理论紧密联系起来，构建了分析政府国有资源资产收益的理论框架体系，这可能是本书的一个创新点。由于本书的研究内容尚未涉及政府国有资源资产收益的征收管理问题，这是本书存在的不足，需要本人在以后的工作学习中进一步弥补。

罗鸣令

2019 年 5 月

目　录

第1章 导 论

1.1 选题背景

至国家诞生以来，不同形式的财政收入作为国家履行社会管理职能的物质基础对经济社会的持续健康发展产生了重要影响，如何建立一个有效满足国家职能需要的财政收入体系也因此成为各个历史阶段各国经济理论工作者的一个必然研究命题。一般意义上的政府财政收入体系应该包括政府依据所有者权益所获得的自然资源使用租、依据政府提供公共服务时的成本补偿原则所获取的税、依据政府特殊公共服务和特许权授予所获取的费、依据市场经济准则参与市场经济活动所获取的利，而一个有效的财政收入体系实质上是要求租、税、费、利等各项财政收入的筹集必须顺应历史发展需要、符合经济社会发展需要、满足政府履行职能需要。新中国成立以来，尤其是改革开放以来，我国政府财政收入体系通过利改税、费改税、"1994 年税改"等一系列财税制度改革得到了进一步完善，税在国家财政收入体系中的核心地位得到了进一步确认，利与税、费与税之间的关系得到了进一步明晰。随着我国经济社会的快速发展和公共财政理念作为国家财政制度建设的主导思想，现阶段我国财政收入体系的内在缺陷在新的历史条件下逐渐显现出来："利改税"后，国有企业利润与自然资源使用租关系没有得到真正明确，国家凭借资本所有权所获取的利在制度建设上明显滞后，财政收入体系中有关"利"与"租"之间的关系处理失当；"1994 年税改"与"费改税"后，税权高度集中于中央政府，地方政府并没有获取与事权相适应的税权，地方政府财政收入体系不健全，地方政府因此有通过政策博弈向自然资源使用者征收制度外财政收入的冲动；更为重要的是，国家作为自然资源所有者并没有从自然资源开发利用过程中获取所有者权益范围内的自然资源使用租，这点无论是从我国财政收入预算范围内的财政收入课目还是从预算范围外的财政收入课目均得到了佐证。从财政收入体系的完备性到自然资源使用租在财政收入体系中的地位，再到当前我国政府财政收入体系建设过程中所出现的问题，我们可以看出，自然资源使用租在我国财政收入体系中是显著缺失的，且这种缺失不但使原本属于国家所有的自然资源使用租大量流失，而且也严重影响了我国政府宏观管理职能的正常履行。鉴于自然资源使用租理论上的必然存在性与现实制度的显著缺失性，为完善我国政府财政收入体系和充实我国政府财政收入，我们有必要从确已实现了的自然资源收益角度来对政府国有资源资产收益制度问题展开研究。

1.2 理论意义与实践意义

1.2.1 理论意义

从财政学理论的发展渊源上看，当代西方主流财政学受古典经济学派思想的影响比较大，尤其受《国富论》的财政学思想影响更为深远。崇尚自由竞争、反对国家干预的古典经济学者对国家占有自然资源、政府获取自然资源使用租的观点基本上持反对态度。尽管以瓦格纳为代表的社会政策学派将财政收入分为“私经济的收入”与“公经济的收入”，也认识到国家占有诸如田野、山林、矿山、河流等形式的自然资源确实能给国家或政府带来一定规模的财政收入，但这种本可以完善现代财政学理论的观点随着资本主义经济的快速发展，因其支持国家所有制而逐渐沦为主张自然资源私有化的主流西方财政学者排斥的对象，政府国有资源资产收益方面的理论也自然被排除在现代西方财政理论体系之外。

改革开放前，受国际国内政治经济环境的影响，我国财政学界有关自然资源使用租方面的研究资料十分匮乏。当时的主流财政学观点认为，国有企业是国民经济的绝对载体，国有企业利润上缴是国家筹集财政收入的主要渠道；相对应地，财政学对国家财政收入的研究内容也相对集中在国家如何取得、如何征缴国有企业利润问题上。尽管此时的自然资源名义上属于国家所有，但实际上已经被视为是国有企业生产经营活动的对象。在尚未进行自然资源资产化管理的前提条件下，国有资源资产收益以国有企业利润形式存在。

国有企业只向国家上缴“利”，并未缴“租”，这实际上是混淆了租与利之间的区别，毕竟国有企业此时获取或租用了本属于国家所有的资源资产使用权。在此背景下，我国财政学界不可能对政府如何获取国有资源资产收益问题展开充分的研究，本属于财政学理论范畴的自然资源使用租理论、国有资源资产收益理论也必然缺失。改革开放以后，我国财政学理论工作者在引入西方主流财政学理论基础之上，通过批判学习的方法构建了我国现代财政学。伴随着我国市场化程度的加深和经济体制的日益完善，我国自然资源资产化管理水平也得到了迅速提高。但我国政府对自然资源进行资产化管理的根本目的还在于实现政企分开、明晰产权，理论界并没有借此机会对国家获取自然资源使用租问题或政府国有资源资产收益问题展开充分研究，致使我国现代财政学理论体系并未涵盖自然资源使用租或国有资源资产收益内容，这对于一个实行自然资源国家占有制度的国家来说，不能不说是一个理论上的遗憾。

鉴于西方主流财政学和我国现代财政学在政府获取自然资源使用租或国有资源资产收益问题上存在着的显著缺失状态，本书拟通过对国有资源资产价值、国有资源资产收益实现形式、政府国有资源资产收益形式等有关国有资源资产收益的基础理论问题展开研究。从理论意义上讲，这有助于弥补现代财政学有关政府获取自然资源使用租或国有资源资产收益方面的理论缺失问题，也有助于实现充实现代财政学理论体系的目标。

1.2.2 实践意义

现代财政学有关自然资源使用租理论或国有资源资产收益理论的显著缺失使我国的财政收入筹集实践活动产生了偏差，也导致了我国现阶段财政收入体系的不健全。从财政收入的预算内科目上看，国有资源资产收益没有得到体现；从财政收入的预算外科目上看，尽管此项目包含了诸如行政事业性收费、罚没、彩票公益金等形式的收入，但仍未包含国有资源资产收益项目。即便是可能执行的国有资本金预算体系也未曾有国有资源资产收益方面的内容，毕竟设计中的国有资本金预算体系重在规范国有企业利润上缴制度，而非构建国家凭借自然资源所有者权益、勘寻劳务权益来获取相关权益收益制度。本书试图通过对政府国有资源资产收益的理论分析来指导政府凭借所有者权益、勘寻劳务权益获取自然资源使用租或国有资源资产收益，从制度上弥补我国现阶段财政收入体系不健全的缺憾。

1.3 文献综述

1.3.1 国外已有的研究成果

尽管当前西方主流财政学对国家占有自然资源持反对态度，对政府国有资源资产收益问题研究也相对较少，但早期的经济学著作在论述国家财政收入获取手段时涉及了自然资源国家占有制度以及政府国有资源资产收益的重要性问题，这其中以斯密和瓦格纳的观点最值得我们去研究。

1.3.1.1 古典经济学派关于政府国有资源资产收益的观点

威廉·配第（William Petty）认为，“有没有一种或者几种方法可以征收到这些用于公共开支的经费。我们提出的第一种方法是把国家的全部领土按照一定比例划分出一部分（划出的这部分土地大约占土地总数的1/6）作为王室领地用于征收土地税，将其用于各项公共开支。第二种方法是课征全部地租的1/6 作为土地税”“这两种方法比起来，后一种方法更加安全可靠，而且有更多的承担纳税义务的人。但是征收土地税的人力、物力以及经费开支要尽量节省，以免抵消它对于第一种方法的优势”①。从威廉·配第的观点里可以看出，配第并没有否认自然资源国家占有制度。他的观点可能更侧重于说明在既定历史条件下，“王室领地”收入与普通赋税收入共存背景下，在有效筹集财政收入问题上有一个谁优谁劣的问题。在当时的英国，市场经济尚不发达，因此自然资源在市场经济条件下充分实现其收益的外部条件并不具备。配第得出的这个结论并没有超出当时的经济学理论范畴。

亚当·斯密（Adam Smith）关于政府国有资源资产收益的论述相对较多，也比较集中。斯密认为，“专属于君主或国家的资金或收入的源泉，由资本或土地构成”，而“君主利用其资本获取收入的方式有两种：一种是亲自使用一笔资本，一种是把资本借给他人。在第一种情况下他的收入是利润而在另一种情况下则为利息”。② 我们从斯密关于国家收入的构成表述内容可以看

① ［英］威廉·配第．赋税论［M］．秋霞，原磊，译．北京：华夏出版社，2005：37－39.

② ［英］亚当·斯密．国富论［M］．唐日松等，译．北京：华夏出版社，2005：583.

出，国家获取的财政收入必然包括一个部分的内容——国有资产收入（当然包括我们这里所说的资源资产收益）。如果政府自己经营国有资产，则此时政府获取的财政收入是企业利润；如果政府在完全拥有国有资产所有权背景下，出让使用权，则此时政府获取的财政收入是利息。用现代经济学语言描述，我们可以认为此时企业利润是政府作为市场参与者主动参与市场活动所获取的收入，而利息则可能是政府作为资本所有者向资本使用者所收取的使用费或租金。当然，我们可以明确的是，在斯密的眼中，资本的范畴包括了土地等自然资源。既然使用了诸如土地之类的自然资源需要支付“利息”或使用费，也就等于说承认了政府国有资源资产收益的合理性。随着经济的发展，这种国有资产收入在一定时期内对国家财政收入的贡献率会有所下降，“取之于己”收入在整个国家财政收入的结构中所扮演的角色也将有所不同，毕竟“只有在最初期、最幼稚的政权状态下，利润才会是王国公共收入的主要部分；一切已经越过游牧阶段的大国政府，其大部分的公共收入都不是来自于资本收入”①。

配第和斯密默认了自然资源国家占有制度，强调了国有资产收入确实能在一定程度上构成一国财政收入，这是值得我们肯定的。但受限于他们所处历史阶段和经济发展环境，配第和斯密并没有真正认识到自然资源在人类生产生活中的重要程度，因此也并没有真正意识到国有资源资产收益在国家财政收入体系中的重要性，这是需要我们注意的地方。

1.3.1.2 古典经济学派关于自然资源价值量大小的观点

大卫·李嘉图（David Ricardo）有关自然资源价值量大小的观点可能是古典经济学者中较早涉及这个问题的经济学家。李嘉图认为，“矿山和土地一样要给矿主支付租金，但这种租金和地租一样是其产品价值昂贵所产生的结果”“如果同等富饶的矿山很多，任何人都可以占有，这些矿山不会产生租金”“矿产品的价值取决于从矿里采掘的金属以及将其运送到市场所需的劳动量。矿山等级不同，用等量劳动会得到极其不同的结果”②。李嘉图的这些有关自然资源价值量大小的观点似乎证实了以下几个方面的问题：一是任何使用自然资源（此处为矿山和土地）的行为都必须承担相应的经济成本；

① ［英］亚当·斯密．国富论［M］．唐日松等，译．北京：华夏出版社，2005：583－585．

② ［英］大卫·李嘉图．政治经济学及赋税原理［M］．周洁，译．北京：华夏出版社，2005：57－59．

二是只有在那些具备相对有限量特征的自然资源里才能真正进行资产化管理，才能真正包含一定规模的价值；三是自然资源有品位价值差异，且这种差异会最终导致自然资源价值量大小发生变化。李嘉图有关自然资源价值量大小的观点后来为马克思有限使用。同时，李嘉图试图在弥补配第和斯密在论述国有资源资产收益问题上的理论缺陷。因为自然资源所有者要想获取相关理论收益，必须首先承认自然资源存在价值，尽管这个价值不同人有不同理解，但我们必须首先承认价值的存在。配第和斯密二人均未做到。李嘉图从理论本原角度阐述了国有资源资产收益问题，这是李嘉图理论研究工作所取得的一个显著成就。但我们需要注意的是，由于李嘉图所界定的自然资源价值并没有真正谈及自然资源自身的价值，他实际上是混淆了自然资源价值与资源资产价值之间的区别和联系。

1.3.1.3 早期官房学派有关政府国有资源资产收益方面的观点

早期官房学派代表人物是攸士第（J. H. G. Von Justi）。攸士第认为，“财政政策应以下述一般原理为实践的目标：为国家一切政务（财政活动）提供物质保障，应求实现统治者与臣民的共同福祉，市民社会的最后目的在于共同福祉[①]。”在此财政政策原则下，攸士第有关国有资源资产收益思想集中体现为国家在筹集财政收入时应首先重视对王室财产收入和特权收入的观点，他认为，“如果统治者的收入能始终以两个来源——王室领地和一些特权的享有为限，而不开辟第三个来源——捐税。那就真是件大好事。”[②] 同时他还认为，“对于财政收入的来源，按照它重要程度的顺序，分为四项：一是王有财产收入，二是特权收入，三是租税收入，四是其他诸种收入。”根据这个顺序，攸士第认为在国家的财源之中最重要的应该是君主所有土地和其他财产的收入，其次才是特权收入，依靠这两类收入不足时，再征收租税[③]。由此可以看出，攸士第在分析满足财政支出需要的财政收入项目时，首先强调的是国家凭借资本所有权和相关特权所获取的收入，即所谓的王有财产收入和特权收入。税收收入和其他诸多收入则排在这两类收入之后，从中可见攸士第对政府获取“取之于己”收入形式的重视。当然，攸士第并没有因此展开分析王有财产收入和特权收入的具体种类，这可能是一种缺憾。

---

① 张则尧．财政思想史［M］．北京：中华书局，1957：27.

② 胡怡建．税收经济学［M］．北京：经济科学出版社，2009：9.

③ 张则尧．财政思想史［M］．北京：中华书局，1957：26.

1.3.1.4 晚期官房学派对政府国有资源资产收益的观点

晚期官房学派代表人物是瓦格纳（Adolf Wagner）。当然，瓦格纳在继承和发展官房学派思想基础之上也创建了社会政策学派。瓦格纳认为国家的财政收入实则由两个部分的内容构成：私经济收入和公经济收入。私经济收入是指“国家或地方团体所有土地资本以经营企业，则依之而生的收入，自入于国家或地方团体之手的收入”。[①] 当然，在诸多能产生私经济收入的产业和部门中，尚需具备诸如“对于一般私人决不是有优先权、尽管不可属于国家本来的职分但为要得到收入、不必顾公益而获取充分收入”[②] 等条件。能具备这些条件的自然资源如山野、森林、矿山、运河等通过国家经营（或是指本书后面所提及的国家占有制度）行为是可以获取私经济收入的。尽管瓦格纳并没有深入分析私经济收入在国家财政收入体系中的地位，但其明确指出政府财政收入的两个构成方向，这是一个历史性进步。事实上，瓦格纳强调对自然资源国有化经营管理策略也证实了国家获取国有资源资产收益对国家筹集财政收入是有显著重要性的。

1.3.1.5 现代经济学者对自然资源价值的评估

受资本主义经济快速发展的影响，崇尚自由竞争、反对国家干涉经济运行的自由资本主义思潮，在西方经济学界占据主导地位。这时期的财政学者，在当时宏观经济学思潮和自然资源私人所有制影响下，对国家获取资源资产收益的相关研究基本上停滞在瓦格纳的研究水平上，并没有取得较为突出的理论研究成果。但随着人类社会对自然资源依赖程度的加深，越来越多的专家学者从保护自然资源角度开始研究自然资源价值，并将其作为自然资源所有者在出让自然资源使用权时的收益获取标准。在众多自然资源价值研究成果中，最突出的莫如 Robert Costanza，Ralph d'Arge，Rudolf de Groot 等 13 名世界著名科学家于 1997 年在《自然》杂志上发表《世界生态服务价值与自然资本》（*The value of the world's ecosystem services and natural capital*）一文。该文依据自然资源所内置的大气成分稳定、全球气候调节、垃圾处理、水资源存储、水资源管制、土壤固定、流沙控制、营养循环、废弃物处置、生物控制、花粉传授、环境优化、原材料供应、食物供应、遗传资源库、休闲娱

---

①② 童果顺．瓦格纳财政学提要［Z］．北京师范大学图书馆馆藏资料，1930：2.

乐、文化传承等17个大类功能①，通过使用或构造市场价值法、成本分析法、防护成本法、恢复成本法、机会成本法、人力资本法、资产价值法、条件价值法、旅行成本法、影子价格法、影子工程法、物质量估价法、能值分析法等一系列资源价值评估方法，分别对每一类子生态系统进行价值评估测算，从而对整个生物圈内各个子系统的服务价值作一个初次评估，最后对已有的初次评估结果进行加总求和，从而计算出全球生态系统每年能够生产出的服务价值。② Costanza等对生态系统价值的评估方法成为国内外诸多自然资源、生态心态专家研究自然资源价值的典型模板，如国内外学者对土资源、森林资源、水资源等自然资源的价值（量）在借鉴Costanza等的研究成果基础之上展开了卓有成效的研究。事实上，这种价值评估方法的发明，可以使自然资源使用成本在一定程度上能得到明确。当然，评估自然资源与生态系统服务价值还有一个根本的假设前提——自然资源或者生态服务系统必须有价值。只有在这个前提假设存在的条件下，才可能对自然资源进行价值评估。这对于我们认识现在自然资源、资源资产价值无疑具备一定的启示意义。

1.3.1.6 对政府获取资源资产收益的现代经济学观点

Nellor（2006）认为，政府在自然资源生产过程中有两个方面的角色：一是拥有至高无上征税权力的征税者；二是资源所有者。就前者而言，政府有责任监督自然资源开发利用者与其他经济运行部门一样缴纳税收。就后者而言，作为自然资源的所有者，政府必须决定什么时候开发自然资源，并保证自然资源在开发利用过程中能够产生适当的资源价格和红利贡献，从而实现经济社会的可持续发展和代际福利。③ 但自然资源价格的不确定性导致政府从中所获取的自然资源也没有确定性。Olav Bjerkholt和Irene Niculescu（2004）就认为，价格的无预期性变动也使得政府的财政收入规模（预算收入）无法确定，进而导致政府严格预算平衡政策呈现一种同周期性和非平稳

---

① Robert Costanza, Ralph d'Arge, Rudolf de Groot, Stephen Farberk, Monica Grasso, Bruce Hannon, Karin Limburg, Shahid Naeem, Robert V. O'Neill, Jose Paruelo, Robert G. Raskin, Paul Sutton, Marjan van den Belt. The value 0f the world's ecosystem services and natural capital [J]. NATURE, 1997, 5 (387): 253-260.

② 张耀启，李一清，潘羿．自然与环境资源价值评估的误区［J］．自然资源学报，2005，20 (3): 453-460.

③ David C · L · Nellor. Taxation of Mineral and Petroleum Resources [EB/OL]. http://soros.org.mn/pdf/feature/MineralResourcesTaxation20060307_en.pdf, 2006-03-07.

性特征。同时，资源利用规模越大，资源潜在收益就越大，开发利用资源给财政收入所带来的风险也会越大。① 以2008年为例，加拿大Alberta省2009～2010年度有关不可再生性资源收入只有2008～2009年度收入的一半，为59亿美元。究其原因还在于从2008年开始的全球金融危机以及由此产生的天然气价格下降。2008年开始的全球金融危机使得各国对诸如石油、煤炭等自然资源的使用量下降，进而导致自然资源总体收益规模下降，政府国有资源资产收益也必然减少；同时，国际社会对经济恢复的前景预期也会影响国有资源资产收益规模。② Fabian Bornhorst，Sanjeev Gupta和John Thornton（2008）也证实了自然资源收入与国家财政收入（税收收入）之间的关系：政府从自然资源那里所获取的收入与政府从其他国内资源那里所获取的收入呈现负相关关系。更为具体地说，每增加一个单位的自然资源收入，将会降低其他非自然资源0.2个单位的收入。③ 由此可见，任何国家如果想获取一定规模的税收收入，提高自然资源税收的方式未必是一个好的政策建议。④

1.3.2 国内已有的研究成果

1.3.2.1 资源资产的定义

由于术语表达的不一致，国内有学者称“资源资产”为“资源性资产”，或“资源型资产”。需要指出的是，这三者并无本质区别。国内学术界对资源资产的定义分析主要是从资产和自然资源两个方向来展开的。

以资产方向来定义资源资产的观点，许家林（2005）认为，资源性资产是自然界长期自身运动所形成的资产，它是人类社会赖以生存发展的物质条

---

① Olav Bjerkholt and Irene Niculescu. Fiscal Rules for Economies with Nonrenewable Resources：Norway and Venezuela［EB/OL］. http：//www.uio.no/studier/emner/sv/oekonomi/ ECON4925/h08/ undervis ningsmateriale/IMF%20book%20ch. 11. pdf，2004－04－05.（George Kopits（ed.），Rules-Based Fiscal Policy in Emerging Markets：Background，Analysis and Prospects，Macmillan，2004）

② Government of Alberta. Fiscal Plan 2010－13 Revenue Outlook［EB/OL］. http：//www.finance.alberta.ca/publications/budget/budget2010/fiscal-plan-overview.pdf，2010－07－11.

③ Fabian Bornhorst，Sanjeev Gupta，and John Thornton，2008.“Natural Resource Endowments，Governance，and the Domestic Revenue effort：Evidence from a Panel of Countries”. IMF Working Paper（WP/08/170）.

④ Bird，Vazquez and Torgler. Administrative Dimensions of Tax Reform［J］. ASIA-PACIFIC TAX BULLETIN，2004（3）：134－150.

件以及经济社会发展的物质基础。①

以自然资源方向来定义资源资产的观点，钱阔、陈绍志（1996）认为，在人们现有的理论知识和现实科技水平下，其开发利用能带来一定经济价值的资源，可称为资源性资产。② 又如孙亦军（2006）认为，资源资产（或资源性国有资产）是以资源形态存在并能带来一定经济价值的国有资源，包括土地、矿产、山岭、草场、森林、河流、海洋、滩涂等。③ 唐解凤、李春荣、潘文好（2000）也有类似观点。

1.3.2.2 自然资源价值与资源资产价值评估相关问题研究

要想获取资源资产收益，就必须首先确定自然资源能够被资产化，进而使其所有者能获取理论形式上的收益。从另一个层面上看，也只有对自然资源进行资产化管理，我们才能利用完全市场交易机制实现资源资产的价值或者自然资源的价值。因此，我们在这里首先需要对自然资源与价值之间的关系进行明确。以矿产资源为例，袁怀雨、陈希廉（1996）认为，矿产资源在被勘查出来之前就已经具有价值。如果勘查资金并不是由国家来承担，则该矿产资源的所有权是否可以认为是不属于国家所有？是否就可以不向国家缴纳开采费用呢？答案当然是否定的。因为即便是未被发现，勘查出的矿产资源也是属于国家的一种资产，其所有权唯一指向国家。既然是资产，我们就必须承认它具有价值。否则，没有价值的物质不能称其为资产，也就无所谓所有权的问题。完全保持自然状态的阳光和空气（量大，且其存量超出人类社会使用极限）就没有价值，当然不是资产，无所谓属谁所有，人人均可以无偿使用。④ 尽管在自然资源是否存在价值问题上，学界争论比较大，但袁怀雨、陈希廉在论述问题上所遵守的逻辑是值得我们借鉴的。

（1）对自然资源进行资产化管理所应具备的条件。能够进行资产化管理，就必须强调资源能够为人所利用或者说能给人类带来一定的有用性，这种有用性一般情况下可以采用资源的获益性来表示。钱阔、陈绍志（1996）

---

① 许家林．论资源资产管理的几个问题［J］．宏观经济研究，2005（1）：34－37.

② 钱阔，陈绍志．自然资源资产化管理——可持续发展的理想选择［M］．北京：经济管理出版社，1996：70.

③ 孙亦军．财政与资源资产管理的关系问题研究［J］．中央财经大学学报，2006（4）：7－11.

④ 袁怀雨，陈希廉．关于矿产资源价值及矿产勘查体制改革的思路［J］．中国地质矿产经济，1996（5）：13－17.

就认为，自然资源中那些没有显著经济利用价值的因素或者在当今知识与科学技术条件下尚不能有效确定其经济利用价值的资源不能认定其为资产。据此，下列类型的自然资源不构成资产：一是既定种类的自然资源在没有得到法律认定之前不构成资产；二是在当前技术水平下尚未达到可利用、可开发下状态的自然资源；三是基本上可以认定为是完全没有经济利用价值的自然资源；四是在现有技术条件下不可进行价值估量的其他自然资源。[①] 而吴海涛、张晖明（2009）也进一步明晰了这个问题。他们认为，自然资源转化为资源性国有资产，成为资产化管理的对象，需要具备一定的条件，其中最重要的两个条件是：是否具有稀缺性特征，是否具有较为明确的所有权特征。只有既稀缺同时又具有明确所有权权属规定的自然资源才有可能转化为自然资源资产并纳入自然资源资产化管理对象中。[②]

（2）资源资产形成的过程。资源资产的形成可以有三种渠道：一是合法认定渠道，将一些资源通过法律法规政策规定直接视为资产；二是人类通过自身劳动创造；三是通过买卖、租赁等产权交易手段实现。[③]

（3）自然资源是否存在价值的争论。如要对自然资源进行价值评估，就必须对自然资源是否存在价值进行充分论证。国内在自然资源是否存在价值问题上一直有争议。有人主张在马克思主义框架下分析自然资源价值的存在性问题，而有学者则从自然资源带给人类社会的有用性角度来分析自然资源价值的存在性问题。具体来看：

就主张在马克思劳动价值理论框架下分析自然资源价值的观点而言，马传栋（1995）认为，对各类尚未进入生态经济系统运转的自然资源和生态环境，在人类社会还没有充分对其进行勘探和利用之前，依据马克思的劳动价值理论观点，此时的自然资源和生态环境仍不能认为其有价值。但这类资源和环境一旦包含了人类劳动，即确已富含诸如勘探劳动等类型的人类劳动之后，且进入了生态经济系统的运转流程，则此时该批自然资源与自然环境就具有了价值。[④] 有人从自然资源有价格现象和价格是价值的货币表现理论出发驳斥了这一观点。对此，这派学者认为，没有价值的自然资源之所以在形

---

①③ 钱阔，陈绍志．自然资源资产化管理——可持续发展的理想选择［M］．北京：经济管理出版社，1996：71.

② 吴海涛，张晖明．资源性国有资产的资产化管理［J］．上海经济研究，2009（6）：28－35.

④ 马传栋．论市场经济条件下自然资源和生态环境的价值及其实现问题［J］．生态经济，1995（1）：1－10.

式上具有价格，是由其内置稀少性、垄断性和不可或缺性特征造成的（赵秉栋，1999），[①] 或说这种价格仅仅是一种“想象的价格”或“虚幻的价格”（陈征，2005）。[②]

就主张在马克思劳动价值论框架之外认识自然资源价值的观点而言，李金昌（1992）认为，自然资源的价值包括两个方面的内容：一是比较实的物质性价值；二是比较虚的生态环境价值，或称为生态系统价值。作为独立于人类意识之外的事物，自然资源在这里扮演着两类角色，客体与主体。人类研究的客体与自身存在着的主体性。自然资源有满足人类生存和发展的需要，也有满足自身存在的需要。因此它对整个人类来说，是有价值的。并且这种价值首先取决于它对人类社会的有用性。[③] 谢钰敏、魏晓平、付兴方（2001）认为，自然资源价值是自然资源对人类社会所产生的各种效应的总和，它是自然资源自身属性和内置规律与人类社会的相互作用过程中产生的，并在人类社会发展过程中得到了进一步体现，最终演变为人类社会发展的物质基础。[④] 罗丽艳（2003）认为，自然资源作为一种独立于人意识之外的客观存在，它不仅能为人类社会提供直接的生活资料和生产资料，还能为人类社会提供赖以生存和发展的环境（物理）空间。因此，自然资源是有价值的。[⑤]

当然，也有人似乎愿意走“中间路线”，认为自然资源价值是一种有关自然资源的供求价值论。这种价值论是自然资源的稀缺效用性特征和自然资源不断增长需求相结合的价值论；是大自然本身属性和人类社会需求共同创造和决定着的自然资源价值论（晏智杰，2004）。[⑥]

（4）自然资源价值评估。天然存在的、未投入人类劳动的、可以直接为人类社会所利用的自然资源的价格，就是我们所说的资源价格。根据马克思的观点，这种价格便是自然资源地租资本化后的价格。但这种价格的形成必然有一个前提，那就是必须投入人类劳动，只有这样才是能够利用的自然资

---

① 赵秉栋．论自然资源的价值问题［J］．河南大学学报（自然科学版），1999，29（2）：77－72.

② 陈征．自然资源价值论［J］．经济评论，2005（1）：3－6.

③ 李金昌．关于自然资源的几个问题［J］．自然资源学报，1992，7（3）：193－207.

④ 谢钰敏，魏晓平，付兴方．自然资源价值的深入研究［J］．地质技术经济管理，2001，23（2）：60－64.

⑤ 罗丽艳．自然资源价值的理论思考——论劳动价值论中自然资源价值的缺失［J］．中国人口·资源与环境，2003，13（6）：19－22.

⑥ 晏智杰．自然资源价值刍议［J］．北京大学学报（哲学社会科学版），2004，41（6）：70－77.

源价格。由于这种资源价格在形成之前已经投入了人类的劳动，因此它的价格必然由两部分构成：一是自然资源本身所具有的价格；二是人类社会寻找、勘探发现这种自然资源耗费人类劳动所形成的人力资本价格。把二者相加，就是已经投入劳动的自然资源价格。① 因此，在一定时期内，自然资源价格的多少就可用这个方式进行衡量：P =（C + V）×（1 + 平均利润率）②。

这种自然资源价值评估方法更侧重于从自然资源的经济价值角度来评估其价值量大小。这种价值评估方法可能会导致自然资源价值量大小与自然资源实际价值量大小不严格一致问题。最简单的例子就是用 Costanza（1997）等的方法来评估自然资源的价值就必然比上述用现实价格所评估出的价值规模要大，并且是大很多。如杨琼、陈章和、沈鸿标（2002）利用市场价值法、影子工程法、机会成本法和替代法等价值评估方法对白云山 1800m^2 森林生态系统的价值进行了经济评估。评估结果表明，白云山总的生态服务价值为 14580.17 万元，其中活立木价值为 1423.58 万元，仅为总价值的 10%。其他价值如水源涵养价值和土壤维持价值、二氧化碳固定和氧气内置价值、生物多样性价值、林木养分价值、医疗卫生价值、农业粮食产量增加价值、降解二氧化碳和防治病虫害价值、旅游价值非常高，特别是二氧化碳固定和氧气内置价值、医疗卫生价值、农业粮食产量增加价值、旅游价值等四类价值更高，分别达到 3623 万元、1737 万元、2338 万元、4213 万元。③ 如果采用价格资本化价值评估法无疑侧重于强调活立木生产量的价值量，对其他自然资源价值构件可能无法评估。因为他们价值构件或因其非显性，或因其非市场化最终不能通过经济价值来统括自然资源所有价值构件。可见，使用了这种价值评估方法所得出的评估结果与实践的价值评估结果有显著差异。张颖（2004）通过综述当前学术界对森林社会效益价值评价方法，证明了经过特殊自然资源价值评估方法所评估出来的自然资源价值必然大于我们用简单的价格表示方法评估的自然资源价值量或自然资源使用价格。④ 这就说明我们在进行自然资源使用权出让时，有必要参照特殊自然资源价值评估方法来决

---

① 钱阔，赵世萍．资源资产所有权在经济上的实现形式［J］．林业经济，1995（2）：51－56.

② 钱阔，陈绍志．自然资源资产化管理——可持续发展的理想选择［M］．北京：经济管理出版社，1996：67.

③ 杨琼，陈章和，沈鸿标．白云山森林生态系统间接经济价值评估［J］．生态科学，2002（1）：72－75.

④ 张颖．森林社会效益价值评价研究综述［J］．世界林业研究，2004，17（3）：6－11.

定经济行为主体的自然资源使用成本，尤其是评估自然资源价值构件中的非经济价值构件，如评估森林资源、水资源的非经济价值构件时，尚需引入非传统性质的自然资源价值评估方法，以充分衡量自然资源价值规模。

在进行资源价值评估时，需注意与资源自身的相关因素。以矿产资源为例，其价值量大小将受到几个因素的影响：一是地理位置。该矿产资源离其资源消耗中心或消费中心越近，其产品价格就越高，矿产品的价值就越大，矿产资源自身价值就越高。二是矿产资源的稀缺程度。矿产资源的稀缺程度决定矿产资源自身价值的大小，一般来说，某种类的矿产资源越稀缺，可供开采资源量就越少，随着时间的推移，市场有效供应量就越少，价值量就会越来越大。另外，国家对该种类资源的开采控制越严，矿产品价值越高，矿产资源的价值就越大。三是资源品质。对同类资源而言，由于品质的不同，矿产资源价值的差别也很大。这里的资源品质主要是指矿产品中所富含的元素质量以及该有用元素选冶加工的难易程度。资源品质越好，资源价值就越高。四是资源赋存条件。资源赋存条件包括资源分布状态、地质条件、开采条件等，一般来说，资源赋存条件好的其开采成本相对较低，资源开采的经济价值相对较大，资源自身价值就越大。五是资源规模。资源规模的大小决定其开采规模，资源规模越大，其开采规模就越大，在其中所显示出来的规模经济效益就越明显，相应地，矿产资源自身的价值就越大。① 当然，在个别情况下，我们还需考虑诸如矿产资源可替代性、科学技术进步、国家经济政策等②方面的因素，毕竟这些因素都会影响评估对象的价值总量大小。

（5）自然资源价值与资源资产价值的关系。在探讨这个问题上，我们主要引用矿产资源来分析。由于资源资产必然包含了人类劳动，因此，在肯定自然资源有价值的基础之上，袁怀雨、陈希廉（1996）认为，尚未经过勘查和开发的矿产资源原已具有价值，即“原有价值”。该价值并非今天的勘查和开发劳动所创造，在社会主义制度下，矿产资源所有权应属于国家。矿产资源经勘查、开发后生产出的矿产品的价值中除勘查和开发劳动创造的价值

---

① 王全生，张立权．矿产资源价值及矿业权价值评估探讨［J］．煤炭经济研究，2007（4）：24－26，78.

② 王广成，李祥仪．论矿产资源的价值及价值构成［J］．地质技术经济管理，1996，18（6）：22－26.

外，还包含矿产资源的原有价值。[①] 王广成、李祥仪（1996）也有类似的观点。[②]

1.3.2.3 影响资源资产收益实现规模的因素

国内部分学者从资产评估角度综合考察了影响资源资产估价的因素，通过实行资源资产价值评估制度也能在某种程度上确定资源资产收益规模。如许家林（2004）就认为，影响资源资产估价的因素主要体现在以下两个方面：一是影响资源资产估价的自然因素，具体包括自然资源的丰饶度、自然资源的地理位置、自然资源的稀缺性。二是影响资源资产估价的社会因素，具体包括自然资源上所附加的人类劳动及劳动积累，国家一定时期的价格政策，某些具有特殊性和偶然性的社会因素。[③]

1.3.2.4 资源资产收益实现过程中所出现的问题

按照本书拟从资源资产收益总论到各个自然资源各论进行理论研究的思路，我们在这里分别从总论和各论两个角度来综述国内学者有关资源资产收益实现过程中所出现的问题的观点。在这里需要说明的是，由于我国的自然资源相当一部分属于国家所有。因此，国内学者对集体所有的资源资产收益实现问题讨论得相对较少。出于行文表达和遵从原文需要，本节所指资源资产收益更多情况下是指国有资源资产收益。

（1）资源资产收益实现过程的问题。目前政府获取的资源资产收益规模相对较低，这其中的因素主要是制度缺失造成的。从现有的文献资料来看，解释制度缺失的原因可能是由权属单一性现象造成的，或可能是收益分配制度不完善造成的，或可能是作为计划经济体制“后遗症”而存在的，或可能是长期以来我国资源资产定价机制缺陷造成的。

就权属单一性现象而言，孙亦军（2006）认为，资源性资产权属的单一化，从根本上限制了资源性资产的实现完全商品化。我国宪法规定，一切自

---

① 袁怀雨，陈希廉．关于矿产资源价值及矿产勘查体制改革的思路［J］．中国地质矿产经济，1996（5）：13－17.

② 王广成，李祥仪．论矿产资源的价值及价值构成［J］．地质技术经济管理，1996，18（6）：22－26.

③ 许家林．论资源资产的会计核算基础：确认·计价·估价［J］．林业财务与会计，2004（10）：3－5.

然资源归全民所有。可是由谁来具体代表国家行使自然资源所有权，是一个非常大的问题。现状是，法律层面上的部分国有自然资源未经特定法律授权，已经被个别行业主管部门、集体单位、企业（主要是国有企业）甚至个人所拥有。随着资源性产品的短缺，资源产品的价格在不断上涨，但从收入分配上看，政府从中只拿到一小部分，绝大部分资源性收入被相关职能部门、集体、企业或个人所占有。表面上看，资源性商品已经开始进入市场并完成交易，但其真实的价值规模大小、所有者权益收益归属、具体收入分配等一些重要问题都还没有解决。①

就收益分配制度不完善而言，吴初国（2004）认为，我国资源性资产经营收益分配过程中的两个主要问题：一是在一级市场里，资源性资产出让收益在中央政府与地方之间的合理分配关系处置不当；二是资源性资产税费体系不尽合理。资源性资产一级市场实现的是资源所有权关系的有效转让，其收益是有效转让收益。要理顺中央政府与地方政府之间的这种利益关系，关键是要建立一套允许中央政府和地方政府分别代表国家行使资源性资产所有权的分级所有、分类管理的所有权新体制。资源性资产税费体系设计不合理又表现为资源税费课目多，税费间的关系不清。其中哪些税费是国家凭借财产权利征收的，哪些是国家凭借政治权利征收的，哪些是国家相关行政管理部门征收的规费，区分起来有一定难度。②

就计划经济体制“后遗症”而言，曾映鹃（1997）认为，自然资源是以自然形态存在的，只有其经过了投资开发、综合利用、经营管理阶段后才能体现出内在的经济价值。在计划经济体制背景下，国家既是自然资源的所有者，同时也是自然资源的投资开发者，还是自然资源生产经营活动的计划管理者。因此，国家和政府并没有严格区分自然资源所有者、投资开发者、计划管理者的收益比例。伴随着我国经济体制改革的不断推进，我国自然资源投资开发主体逐渐呈现显著多元化趋势。各个要素所有者依据市场经济体制的内在要求，都有权从既已存在的资源收益中获得投资收益。因此，合理区分自然资源所有者收益、自然资源投资者投资收益、自然资源经营者报酬就显得十分必要。对于投资者的投资收益和经营者的劳务报酬而言，人们普遍持有认可态度。但对于国有资源的产权收益（即本书所说的所有者权益收

---

① 孙亦军．财政与资源资产管理的关系问题研究［J］．中央财经大学学报，2006（4）：7-11.

② 吴初国．浅谈资源资产管理研究的必要性和紧迫性［J］．国土资源管理，2004（6）：39-42.

益）却往往被自然资源管理者、自然资源的非国家投资者、自然资源经营者所忽视，使得原本属于国家所有的资源性资产的产权收益（所有者权益收益）不能实现，造成国有资产收益的大量流失。①

就我国资源性资产定价机制缺陷而言，吴海涛、张晖明（2009）认为，国家作为资源（自然资源）所有者，本应当从自然资源开发过程中获取相应的回报，这是生产要素所有者权益在经济上的直接体现。目前我国自然资源使用过程中的问题是自然资源无偿或廉价使用，而做法又严重偏离了市场价值规律和市场价格体系。与此同时，资源税覆盖面过窄，其在发挥保护自然资源方面的作用相当有限，造成自然资源开发利用成本相对较低，大量自然资源受到肆意破坏，自然资源开发利用过程中“重利用轻环境”的现象突出。加之补偿费费率太低，有偿取得开采、开发、利用的“门槛”过低，致使开发利用者的利润空间过大，形成了矿产资源国家所有者权益收益大量转化为开发者的经营利润，矿产资源、自然资源所有者收益无形中被资源投资者侵占瓜分。②

（2）政府获取矿产资源资产收益过程中所出现的问题。我国政府在获取矿产资源资产收益过程中所出现的问题主要集中在收益实现比率相对过低、收益制度设计滞后、矿产资源收益规模评估值偏低等方面。

就收益实现比率相对过低而言，江福秀（2007）认为，我国当前的矿产资源补偿费率和资源税税率明显偏低。我国从 1994 年开始向自然资源尤其是矿产资源开采者征收资源补偿费，在经济社会发展水平得到迅速发展的同时，我国“现行的费率和计征办法”仍然沿用 1994 年的政策规定，“平均费率只有 1.18%”，大大低于同期国外同类性质的税费比例——平均 7.5% 的标准。③

就收益制度设计滞后而言，江福秀（2007）认为，现阶段我国政府在出让矿产资源探矿权、采矿权时，存在着“无偿取得和有偿取得”的“双轨制”特征，国家所有者收益因此流失严重。加上现行“两权”使用费并未随着经济发展水平提高而适时提高，缴纳标准显著太低，降低了市场准入门槛，助长了“跑马圈地”氛围，加剧了自然资源的粗放利用状态，有悖于建立公

① 曾映鹏．增强国有资源资产的产权意识［J］．中国水利，1997（1）：18－19.

② 吴海涛，张晖明．资源性国有资产的资产化管理［J］．上海经济研究，2009（6）：28－35.

③ 江福秀．关于建立和完善矿产资源收益分配制度的研究［J］．南方国土资源，2007（1）：19－22.

平公正的市场竞争机制。① 同时，我国现阶段矿产资源税费的征税方法是以量计征，根据产量按固定税率征收，税率较低。这不仅不能充分反映出矿产资源的稀缺程度，也不可能完全体现出企业开发矿产资源过程中理应承担的环境成本。对经济社会有显著重要性和普遍性的矿产资源，如石油、天然气等，国外与我国矿产资源补偿费性质的税费水平相对较高，美国为12.15%，澳大利亚为10%，而我国仅为1%。矿产资源的低价取得和低成本使用带来严重的后果。② 当然，我国也存在着矿产资源具体收益取得制度方面的问题。如黄静、苏红莉、李汉文（2007）就认为，我国资源税的征税对象有需进一步扩大，全国范围内统一征收的资源税费相对较少，地方政府单独征收的税费种类过多。③ 单就石油资源收益实现问题而言，石油资源也面临着税费体系复杂、税费重复征收、企业负担较重等问题。④

就矿产资源收益规模评估值偏低而言，由于对矿产资源是否存在价值问题国内学者有争议，而收益规模根源于价值评估总量，因此对与矿产资源收益规模评估值大小部分国内学者试图绕过矿产资源价值问题，从其他角度来考察收益规模评估值偏低的问题。如从矿山保护和资源耗竭⑤、环境成本和生态修复成本⑥角度来阐述收益规模偏低问题。事实上，这个问题的存在有一个可能性前提：自然资源价值可能是存在的，并且自然资源价值构件远非人类意义上的经济价值，还包括其他非经济价值构件。

（3）政府获取土地资源资产收益过程中所出现的问题。在我国土地资源收益实现过程中，大致有土地出让金、土地收益、土地租金（后两者有时也合并称为土地收益租金）等几种表现形式。随着我国经济的快速发展，尤其是城市经济实力的快速提高，我国政府获取土地资源收益规模也逐渐提高。20世纪80年代末之后，土地市场在全国主要城市逐步建立。1992～2003年，全国累计收到1万多亿元人民币的土地出让金。2004年中国土地出让方式发

---

①⑤ 江福秀．关于建立和完善矿产资源收益分配制度的研究［J］．南方国土资源，2007（1）：19－22.

② 刘春江，薛惠锋，陶冶，陶建格．矿产资源保障与稳定发展对策研究［J］．中国矿业，2008，17（1）：6－8.

③ 黄静，苏红莉，李汉文．对我国现行资源税费制度几个重大问题的探讨［J］．涉外税务，2007（12）：8－12.

④ 李志学，彭飞鸽，吴文洁．国内外石油资源税费制度的比较研究［J］．国土与自然资源研究，2010（1）：68－70.

⑥ 侯华丽．关于矿产资源有偿使用制度改革的思考［C］．中国地质矿产经济学会资源管理专业委员会2006年学术交流论文汇编．

生重大变化，经营性土地以招标、拍卖、挂牌的方式出让。由于“招、拍、挂”的核心是“价高者得”，全国土地收入猛增。1999～2009年全国土地出让收入累计6.89万亿元人民币，即是说，2004～2009年短短6年里，我国政府获得了接近6万亿元的土地出让金。最近几年的土地出让收入也相对较高，统计数据显示，2006年全国土地出让收入达7000亿元人民币；2007年全国土地出让收入超过1.2亿元人民币；2008年土地出让收入9600多亿元人民币。2009年，中国土地出让总收入为1.59万亿元人民币。[①]由于地方政府可能存在的寻租形式，使得本属于国家所有的土地收益也有一定规模的流失。依据2002年我国的土地交易量，专家估计出当年我国国有土地收益可能流失量在100亿元以上。[②] 鉴于土地资源收益的不同实现形式，我们在这里拟从总的土地资源收益、土地出让金、土地收益租金等三个角度来综述国内对政府获取土地资源收益过程中所出现问题的研究现状。

就总的土地资源收益而言，李建功（2002）认为，我国现阶段土地资源收益分配体系主要问题集中在以下几个方面：一是土地资源价格形成机制不健全，价值规律在土地资源配置中所能发挥的作用相当有限；二是房地产收费项目相对较多，造成开发商负担沉重；三是土地税收体系紊乱，致使其在提高土地利用效率的“杠杆”效用不是十分明显；四是对内外资企业实行税费标准，影响公平原则的实现。[③] 当然，也有实务工作者从制度方面考察了我国土地资源收益流失的原因，如李建功（2002）就认为，“三无”（无偿、无限期、无流动）土地使用制度是导致我国土地资源收益流失的根本原因；土地使用制度转轨过程中的混乱是导致我国土地资源收益流失的直接原因；地方政府（主要是城市管理当局）在现行政策环境中利益博弈是导致国土资源收益流失的客观原因。[④]

就土地出让金而言，从实现资源资产收益角度考虑，我国政府获取了充足的土地资源资产收益。从全国范围来看，地方财政收入规模与土地出让金规模联系比较紧密。根据财政部公布的2009年全国财政收入数据，全国地方

---

① 阮煜琳．国土资源部：中国近十年土地出让收入6.9万亿［EB/OL］．中国新闻网，http：//www.chinanews.com.cn/estate/estate-tdxw/news/2010/02－03/2107947.shtml，2010－02－03.

② 辛华正．我国土地收益年失百亿［J］．西部大开发，2003（6）：51.

③ 张建坤．重组土地收益分配体系 优化配置土地资源与资产——谈市场经济体制下如何改革土地价税费体系［J］．济宁师范专科学校学报，2002，23（5）：23－26.

④ 李建功．城市国有土地收益流失的原因分析［J］．资源·产业，2002（6）：29－31.

本级收入32581亿元，当年全国土地出让金总收入为15910.2亿元。按此计算，2009年全国土地出让金相当于地方财政收入的一半。① 从地方政府对土地出让金依赖程度来看，2009年杭州市地方财政收入为520.79亿元，同期杭州市土地出让金收入为1200亿元，后者是前者的2.3倍。② 全国范围内的大中型城市，如北京、上海、南京、深圳等地的土地出让金收入与财政收入比重也与此相当。从中可以看出，我国政府从当前经济发展水平来看，实际是获取了充分的土地资源资产收益。

就土地收益租金而言，朱连海、霍海涛、徐东雷（2005）认为，现阶段我国国有土地收益租金征收主体不是很明确，尤其是在土地行政管理部门与财政部门的选择上，各地做法并不严格一致。另外，国有土地收益租金征收程序不规范、征收标准不统一的问题也比较突出。③

（4）政府国有水资源资产收益过程中所出现的问题。水资源是一种自然资源，是天然存在的自然物，考虑到其并不富含人类劳动，所以水资源本身并不包括成为商品的基本要素。但是水资源内置有用性和稀缺性特性使水资源产生了一定规模的地租收益，水资源也因此有了价格。④ 既然有价格的存在，作为所有者的政府就必然会从处置使用权过程中获取必要的所有者权益收益。我国当前处置水资源使用权的收益形式主要有水资源费。水资源费是指水资源所有者（一般是指国家）为了实现自己的所有权权益和对水资源的有效保护、勘测、规划、监测和管理，对各种直接取用地下水和地表水的单位和个人征收一定规模的成本使用费。⑤ 它是因经济行为主体的取水行为而征收的成本费用⑥。事实上，水资源费也是国家水资源所有权在经济上的体现。⑦ 这里面特别需要说明的是，水资源费与水费是有显著区别的。

---

① 李洪鹏．房价过高症结在地价［EB/OL］．法制晚报，http：//www.fawan.com/Article/ShowArticle.asp？ArticleID＝261786，2010－03－09.

② 费常泰．杭州1200亿土地出让金达地方财政收入2.3倍［EB/OL］．新浪财经，http：//finance.sina.com.cn/roll/20100115/03167248211.shtml，2010－01－15.

③ 朱连海，霍海涛，徐东雷．土地收益租金征收过程中的问题及对策——以方城县征收土地收益租金为例［J］．河南国土资源，2006（5）：24－25.

④ 会映娟．水资源资产价格实质的探讨［J］．中国水利，1997（5）：38－39.

⑤ 徐红霞，周明勇．我国水资源收费中存在的问题及其法律对策［J］．长沙铁道学院学报（社会科学版），2010，11（1）：32－34.

⑥ 沈大军．水资源费征收的理论依据及定价方法［J］．水利学报，2006，37（1）：120－125.

⑦ 陈明忠．水资源费是国家水资源所有权的经济体现［J］．水利经济，1992（2）：46－49.

水资源费体现的是自然资源有偿使用费，水费则是供水单位的生产经营性收费。[①] 即是说，水费可能更多的是一种生产者利润。我们在综述政府国有水资源资产收益过程中所出现问题的观点时可以从水资源费所存在的问题来考察。当然，由于使用水资源时的正外部性特征，因此，我们还可以对行为人的负外部性行为进行适当约束，这就是我们平时所说的污水处理费问题。

徐红霞、周明勇（2010）认为，我国水资源收费中存在的问题主要有：征收主体形同虚设，处境尴尬；收费构成不合理；水资源收费程序混乱等几个方面的内容。[②] 就水资源费征收标准而言，水资源费尚有如下问题：一是水资源费收费标准与水资源环境不相符（主要是收费标准过低，降低了水资源使用成本）；二是水资源费征收标准与上网电价的不协调（成本不协调）；三是以发电量作为核算基础的计征模式不利于引导企业节水改造。[③]

1.4 本书框架结构

本书在内容安排上依据传统研究问题的范式，即总论与各论相结合的方式来展开。总论部分包括三个方面的内容：国有资源资产的客观性、国有资源资产的价值构成、政府国有资源资产收益形式。在充分讨论总论内容之后，我们将以此作为宏观理论基础展开分析政府国有矿产资源资产收益、政府国有土地资源资产收益、政府国有水资源资产收益、政府国有森林资源资产收益等四类国有资源资产收益问题。依据这个思路，本书按照以下章节展开：

第1章导论。本章主要涉及选题的背景、理论与现实意义、已有的研究成果综述、本书研究目标、本书创新点与不足等方面的内容。

第2章国有资源资产的客观性。本章的主要内容是分析国有资源资产的客观存在性。首先是分析自然资源概念；其次是依据自然资源国家占有制度

① 杨文磊. 水费与水资源费的区别［J］. 中国农村水利水电，1996（6）：33.

② 徐红霞，周明勇. 我国水资源收费中存在的问题及其法律对策［J］. 长沙铁道学院学报（社会科学版），2010，11（1）：32－34.

③ 郑昕. 当前我国水资源费征收存在的问题及对策建议——基于福建省的分析［J］. 价格理论与实践，2009（8）：40－41.

理念具体分析自然资源国家占有制度的概念、理由；最后是分析自然资源资产化管理的概念及我国实行自然资源资产化管理的理由。本章将依据上述国有资源资产的客观性分析内容推导出本书所研究的国有资源资产类型。

第 3 章国有资源资产的价值构成与评估。政府国有资源资产收益理论依据是资源作为资产能形成价值。本书将自然资源原始价值定性为有用性，重在强调自然资源对人类社会、对生态系统的有用性。本章内容将集中分析自然资源原始价值问题，其次是分析勘寻劳务价值问题，依托自然资源原始价值研究结论推导出国有资源资产的价值，并就价值评估方法进行综合性说明。

第 4 章国有资源资产收益形式。在一定经济技术条件下，国有资源资产与其他生产要素一同创造了社会财富。依据生产要素在社会财富创造过程中所做的贡献，各要素所有者有权从中获取权益范围内的收益。这些收益的共同体就是国有资源资产收益。鉴于此，本章内容主要是：国有资源资产所有者收益的规定性，突出强调国有资源资产收益主客体；分析政府国有资源资产收益的依据、形式、规模决定因素；分析政府国有资源资产勘寻劳务所有者收益的依据、形式、规模决定因素。考虑到现实生活中开发利用者可能与政府角色有冲突的一面，因此我们这里需要进一步明晰政府与勘寻劳务供给者和自然资源开发利用者之间的关系。

第 5 章国有矿产资源资产收益制度。从本章开始，本书将进入国有资源资产收益各论研究体系。本章内容主要是讨论我国政府现阶段获取了哪些理论上的国有矿产资源资产收益、应该获取哪些方面的收益、政府国有矿产资源资产收益的规模确定原则等基础理论性问题。因此，本章的主要内容有：理论分析政府国有矿产资源资产收益的对象和份额；国外实践经验借鉴；我国政府国有矿产资源资产收益现状及存在的问题；完善政府国有矿产资源资产收益制度的构想。

第 6 章国有土地资源资产收益制度。这部分内容的安排与第五章无异，只是研究对象做了替换。主要内容是：理论分析政府国有土地资源资产收益的对象和份额；国外实践经验借鉴；我国政府国有土地资源资产收益的现状及存在的问题；完善政府国有土地资源资产收益制度的构想。

第 7 章国有水资源资产收益制度。考虑到水资源存续期间以及在生产经营过程中的显著正外部性特征，我们在阐述国有水资源资产收益制度时拟从其使用方向来做制度设计。本章的主要内容是：理论分析政府国有水资源资产收益的对象和份额，同时限定本书所指的水资源范围；国外实践经验借鉴；

我国政府国有水资源资产收益的现状及问题；完善政府国有水资源资产收益制度的构想。

第8章国有森林资源资产收益制度。至2008年我国政府在全国范围内推广林权改革方案以来，我国森林资源的产权得到了进一步明确，森林资源所有者在处置使用权过程中所获取的收益也得到了一定程度的实现。因此，本章的内容将着重讨论我国政府现阶段所获取的国有森林资源资产收益与理论上的国有森林资源资产收益之间的差距，并提出完善政府国有森林资源资产收益制度的策略。本章的主要内容是：理论分析政府国有森林资源资产收益的对象和份额；国外实践经验借鉴；林权改革后我国政府获取的国有森林资源资产收益的现状及存在的问题；完善政府国有森林资源资产收益制度的构想。

1.5 本书研究方法

本书采用的研究方法主要是规范分析方法，在具体的文稿写作过程中，则采用文字描述与图表分析相结合的方法。

1.6 本书创新点与不足

鉴于我国政府国有资源资产收益对完善我国财政收入体系有着十分重要的作用，财政学和经济学理论工作者有责任、有义务去充实这部分理论。从国内外研究现状来看，专家学者从不同视角研究了政府国有资源资产收益问题，但受到各自认识问题的立场和目的的束缚，这些观点尚未形成一个统一的理论框架体系。本书按照国有资源资产收益产生的内在逻辑顺序，将国有资源资产客观性、国有资源资产价值构成、国有资源资产收益形式等有关国有资源资产收益基础理论紧密联系起来，构建了分析政府国有资源资产收益的理论框架体系，这可能是本书的一个创新点。

由于本书的研究内容尚未涉及政府国有资源资产收益征收管理问题，这是本书不足的地方，需要本人在以后的工作学习中进一步弥补与完善。

第2章 国有资源资产的客观性

从原始状态下的自然资源到国家占有范畴下的自然资源，再到资源资产，自然资源逐渐从自然物质演变为人类直接使用的资产。尽管这种演变使自然资源的所有权权属关系得到了进一步明晰，但自然资源的客观存在性特征并没有因此发生根本性改变。分析政府国有资源资产收益形式、设计政府国有资源资产收益制度的逻辑前提是确定国有资源资产的客观存在性。无论是资质本原的自然资源，还是国家占有制度下的自然资源，它们都是以自然资源的客观存在为逻辑前提的。若逻辑性不存在，则必然导致分析的物质载体缺失，研究结论的可靠性也必然缺失。因此，论证资源资产客观存在性的逻辑顺序首先应该是确认自然资源的客观性；其次是强调国家占有自然资源制度，深入分析国家占有自然资源的范围；最后是论证对客观存在的自然资源进行资产化管理的必要性。总的来看，本章内容事实上是论证国有资源资产的客观性。

2.1 自然资源的定义与种类

自然资源是指人类可以直接从自然界获取并用于生产和生活的物质，它是自然环境的重要组成部分；[①] 或是指一切能为人类提供生存、发展、享受的自然资源与自然条件，及其相互作用而形成的自然生态环境和人工环境。[②] 经典的自然资源概念解释告诉我们，自然资源事实上是客观存在于人类视野范围内的或能主观感受到的实体物质或自然环境。由于各类自然资源所处的

① 鲁传一. 资源与环境经济学［M］. 北京：清华大学出版社，2004：4.

② 刘文，王炎庠，张敦富. 资源价格［M］. 北京：商务印书馆，1996：4.

地理位置和自然资源内在属性的严格不一致，自然资源也因此具备诸如可用性、整体性、变化性、空间分布不均匀性和区域性等方面特征。

依据自然资源的性质与用途，我们可以将自然资源划分为四类：环境资源，如太阳光，地热，空气和天然水等；生物资源，如动物、森林、植物、草场等；土地资源，包括农用土地、城市土地、非开发用地等；矿藏资源，包括煤炭、铁矿石、石油等各种矿物。① 依据自然资源的数量多寡和可循环使用情况，我们可以将自然资源分为两类：耗竭性自然资源，如矿藏资源；不可耗竭性资源，如水资源、森林资源、土地资源等。依据自然资源的权属性质划分，我们可以将自然资源分为三类：国家所有的自然资源、集体组织所有的自然资源以及个人所有的自然资源（在我国不存在第三类所有者属性）。依据自然资源自身的自然属性和物质存在形态，自然资源大致可以分为矿产资源、土地资源、水资源、森林资源、海洋资源、大气资源等类型。考虑到本书研究内容的需要，我们在这里采用最后一种分类方法。毕竟我们分析自然资源定义和分类的目的是为了更好地研究自然资源国家占有制度，以及国家获取以自然资源为物质对象的资源资产收益制度。

2.2　自然资源国家占有制度

2.2.1　自然资源国家占有的定义

自然资源国家占有是指由国家统一行使自然资源所有权并因此形成国家对自然资源绝对管领力的一项自然资源权益归属制度。就自然资源国家占有这个定义，我们作如下进一步解释。首先看统一行使所有权问题，这里主要是说明国家占有自然资源制度具有显著排他性，任何组织和个人在未得到占有者实际授权的情况下，直接占据属于国家占有范畴的自然资源必然属于违法行为。其次看此处的所有权内容，这里的所有权主要是指与自然资源所有权直接相关的占有权、使用权、收益权、处分权、留置权、抵押权、租赁权、售卖权。最后看管领力，管领力是指能够对某一事物进行管理与控制的能力。

---

①　全国科学技术名词审定委员会. 术语查询结果 [EB/OL]. http://www.cnctst.gov.cn/pages/homepage/result.jsp#

国家拥有自然资源绝对管领力实际上是说明国家对自然资源拥有了绝对处分权。自然资源国家占有制度与自然资源集体组织占有和私人占有制度在管领力方面存在着的本质区别，这造就了自然资源国家占有制度具有如下三个方面的特征：

一是自然资源国家占有主体的唯一性。自然资源国家占有主体唯一确定为国家，这是其他资源占有主体所不显著具备的一个突出特征。自然资源国家占有表明这项资源的所有者由国家来独立行使，市场经济主体无论是在法理上还是在经济凭据上，在没有得到实质性授权条件下，都将无权处置任何与自然资源所有权和管领力相关的权益。以技术资源为代表的其他类型资源更多地体现为单一主体性与多主体性共存特征，即国家和市场参与者可以在条件许可下获取资源的独占权或共同占有权，这个可以根据技术资源形成过程的契约规定来划分各自的权益实现范围。由此可见，自然资源国家占有主体是唯一的，并且唯一指向国家，而不是一般意义上的市场参与者。

二是自然资源国家占有权益收益的显著排他性。国家一旦拥有了自然资源的独占权，就必然拥有绝对独占权益，并以此为依据来获取相关权益收益，而这种收益对于一般意义上的市场参与者来说，则具有显著排他性。因为一般意义上的市场参与者在没有得到实质性授权背景下，将无法获取真正的独占权益收益，也必然丧失参与自然资源型社会财富分配的权利。这其中的根由就在于自然资源国家占有权益收益的显著排他性。在市场经济条件下，任何市场参与者都可能在“经济人”假设下存在。国家作为自然资源独占者，在参与资源资产产品生产过程中，按照要素贡献率来获取相关权益，事实上是将没有此类权益的经济行为主体排除在权益收益分享的范畴之外。从另一个视角上看，任何经济行为主体在没有得到独占主体的实质性授权或遵循现有的收益分配体制（按照要素贡献率获取权益收益）的前提条件下，也必然被排除在权益收益的分享范围之外。

三是自然资源国家占有效益的显著正外部性。国家通过占有自然资源，可以将分散的资源资产收益集中于国家之手。收益的集中过程必将因为国家行为的特殊性而产生显著的正外部性。正外部性特征首先表现为自然资源国家占有的经济社会效应，这个问题将在后面的内容涉及，但经济社会效应从内容上看也是在研究自然资源国家占有过程给整个国家的经济社会生活所带来的正外部性。正外部性其次表现为自然资源国家占有的目的在于将分散的资源收益集中起来，形成国家在一定时期内的财政收入，并按照国家的财政预算将其统筹分配到急需财政资金扶持的、具有典型正外部性的公共服务供给过程中，尤其是进一步运用到发现与挖掘自然资源原始价值体系中的诸如科研价值、历史研究价值、生物多样性价值等非价值构件上。这些方面的内容集中显示出自然资源国家占有效益的显著正外部性特征。

2.2.2　自然资源国家占有的理由

基于自然资源的不同分类考虑，我们可能分析出自然资源所有权的不同归属路径。这里面也必然会涉及国家应当占有哪些资源、不应当占有哪些资源的问题。“应当”与“不应当”构成一对矛盾的两个方面，因此侧重分析其中一个方面的问题就必然可以得出另外一个方面的结论来。国外自然资源国家占有制度观点主要体现在古典经济学派和德国官房学派学者的研究著作中。基于我国国情考虑，国内理论界对自然资源国家占有制度的分析主要集中在所有制结构和法律产权完善层面上，对自然资源国家占有制度的经济社会效应分析则相对较少。

2.2.2.1　国外关于自然资源国家占有理由的观点

国外关于自然资源国家占有理由的讨论主要是集中在实行国家占有能给国家带来显著财政收入层面上，也有学者的观点涉及自然资源国家占有制度所带来的诸如生态保护、公平收入分配、社会生产效率提高等其他经济社会效用。

（1）亚当·斯密有关自然资源国家占有制度的观点。“专属于君主或国家的资金或收入的源泉，由资本或土地构成”，而“君主利用其资本获取收入的方式有两种：一种是亲自使用一笔资本，一种是把资本借给他人。在第一种情况下他的收入是利润而在另一种情况下则为利息”。① 事实上，“只有在最初期、最幼稚的政权状态下，利润才会是王国公共收入的主要部分”；同时，“小共和国或者更大一些国家的国营银行利润是一个收入来源”。② 但“资本及信用的不确定和不持久的本质特征使得它们不被当作政府的主要收入来源。一切已经越过游牧阶段的大国政府，其大部分的公共收入都不是来

---

①② ［英］亚当·斯密．国富论［M］．唐日松等，译．北京：华夏出版社，2005：583.

自于资本收入。”[①]相比较而言，“土地是一种比较确定和恒久的资本，所以一切越过了游牧阶段的大国的公共收入都是以国有土地地租为主要来源的”，毕竟“一项不大数额的土地地租就可以完全承担政府一切必要开支”。[②] 当然，斯密从自由经济学者角度主张对部分自然资源如矿产资源私有化，毕竟“君主出售其私有领地，获取的收入一定很客观；如果再用于清偿国债，收回担保品，那从中所得到的收入恐怕比土地在任何时候给君主提供的收入都要多得多。”[③] 斯密对是否对自然资源实行国家占有制度并没有明确的答案，但斯密事实上也承认了实行自然资源国家占有制度会给国家带来一笔稳定的财政收入的观点。尽管这笔收入的规模在不同历史时期和不同国家有显著不一致的特征，但在各国政府财政收入筹集体系中的先后顺序则基本上处在第一的位置上。

（2）攸士第有关自然资源国家占有制度的观点。攸士第是德国官房学派的著名学者。他认为“如果统治者的收入能始终以两个来源——王室领地和一些特权的享有为限，而不开辟第三个来源——捐税。那就真是件大好事。”[④] 同时，攸士第还认为，对于财政收入的来源，按照它的重要程度的顺序，分为四项：一是王有财产收入，二是特权收入，三是租税收入，四是其他诸种收入。根据这个顺序，攸士第认为在国家的财源之中最重要的应该是君主所有土地和其他财产的收入，其次才是特权收入，依靠这两类收入不足时，再征收租税。[⑤]

攸士第的观点事实上为我们当前提倡自然资源国家占有制度提供了理论先导作用。这个观点的提出在当时可能受到德国官房学派一直主张的社会政策学说（攸士第甚至还主张人民福祉最高原则）影响，但其核心内容是要构建财政收入的有效筹集机制，即在自然资源国家占有制度所能筹集到的财政收入规模足以支付国家财政支出时，就没有必要向普通国民征收一定规模的税收，自然资源国家占有收益是国家的第一财政收入形式。这些观点也直接指出了国家占有自然资源的最直接理由：给政府带来显著规模的财政收入。

（3）瓦格纳有关自然资源国家占有制度的观点。瓦格纳有关自然资源国

---

① ［英］亚当·斯密．国富论［M］．唐日松等，译．北京：华夏出版社，2005：585.

② ［英］亚当·斯密．国富论［M］．唐日松等，译．北京：华夏出版社，2005：586.

③ ［英］亚当·斯密．国富论［M］．唐日松等，译．北京：华夏出版社，2005：588.

④ 胡怡建．税收经济学［M］．北京：经济科学出版社，2009：9.

⑤ 张则尧．财政思想史［M］．北京：中华书局，1957：26.

家占有制度的观点主要体现在其《社会政策论》和《财政学》两本著作中①。瓦格纳主张"限制私人资本，大多企业要由国家来经营，使资本集中于国家之手""一般国民或其各地方的社会之利益，能否充分打算，同时由其企业而生的巨大利益，自然为其国家或其地方团体所有，依之得增进其地方或其国家的生活，比之在个人场合，从国民的经济生活上看来，非常有益的，而且依之得打破个人资本主义的势力"②。据此，瓦格纳分析了对田野、森林、矿山、工场等行业实行国家占有制度的优缺点问题。在对田野是否实行国家占有制度问题上，瓦格纳认为独自生产，不会考虑到分配公平的问题；如果卖掉国有地可能会导致土地的大部分收入归地主所有，不利于社会政策的执行。因此，瓦格纳对国有地的出让，大体上是反对的。在对森林是否实行国家占有制度问题上，出于生态安全（或称为"缓和气候"）考虑，且森林资源没有其他特别突出的有用性，则适合于实行国家占有制度。对矿山是否实行国家占有制度问题上，瓦格纳分别从国民经济生产的利害关系和国民经济的分配利害关系角度论证了实行国家占有可能的利处。实行自然资源国家占有获取"不少利益"，相比私人可能会获取更多的便利和显著的规模收益，从全民公平分配角度看有利于减轻全部人民的负担，至少比救贫方法更能起到公平效应。对采盐是否实行国家占有制度问题上，瓦格纳认为实行国家占有制度"不但财政上不招损失，移于民业时，反而因民间当业者的勾结，贪图不当的高价，难保使一般需要者利益受到损害。"因此，国家有必要实行专卖办法。对工场是否实行国家占有制度问题上，瓦格纳认为国家所有工场的目的有三：一是为了得到收入；二是为了模范工场，借此引起国民振兴新产业；三是为了充实自身需要，用以制造必要的物品。③

从瓦格纳对自然资源国家占有制度的论述来看，他似乎比斯密和攸士第看得更远。因为他不但注意到了自然资源国家占有对国家财政收入的直接影响，而且也认识到实行自然资源国家占有制度有一定的社会效益，如收益的公平分配、保护生态环境、引导示范效应、抑制不当行为等。这为我们现在分析我国实行自然资源国家占有制度的理由提供了借鉴。

2.2.2.2　国内关于自然资源国家占有理由的观点

作为社会主义国家执政党的执政基础，国有资源资产的性质与类型制度

---

①② 童果顺. 瓦格纳财政学提要［Z］. 北京师范大学图书馆馆藏资料，1930：2.

③ 童果顺. 瓦格纳财政学提要［Z］. 北京师范大学图书馆馆藏资料，1930：3-18.

无疑为执政党和整个国家提供了强大的物质基础和国民经济控制力。同时，我国宪法也对自然资源国家所有（或国家占有）制度作出明确规定。因此，国内关于自然资源国家占有制度的讨论基本上是从所有制完善角度和法律解释角度来展开分析的。朱焱山（1991）认为，国有自然资源是指在中华人民共和国境内，除国家法律法规规定为集体所有（原文有“个人所有”，在这里忽略，因为我国自然资源的所有者不可能为公民个人）以外的一切自然资源。蒋承菘、翟勇（2004）从自然资源法律规范的宪法原则角度分析了自然资源国家所有问题。康纪田（2005）则针对自然资源所有权宪法设立的缺陷问题提出，必须对属于国家所有的自然资源进行资产化管理的观点。黄桂琴（2006）认为，我国自然资源国家所有权的理论定位应为公共财产权，个人既是所有者又是非所有者，构成了我国自然资源国家所有的基本矛盾。肖泽晟（2007）分析了国家公产与国家私产的分野问题。张璐（2009）认为，实现与保护自然资源国有资产权益的立法规范，应当强化和完善自然资源物权制度，同时在立法中真正确认国家的自然资源和自然资源资产所有者身份。林志美（2009）认为，国家作为自然资源的必然权属主体，在自然资源所有权的客体方面自然不受现实经济社会条件限制。即是说，一切种类的自然资源都有可能成为国家所有权的客体。就一般而言，所有制和法律法规解释的实质作用是对宪法的强制性作出明确解释，以便消除公民的误解。而这种解释对于国家占有自然资源的经济社会效应是无法从法律法规要义中体现出来的，这就需要我们从规范分析角度来作出明确的解释。

2.2.2.3 自然资源国家占有的经济社会效应

对自然资源实现国家占有制度能给国家带来显著的财政收入，也能在市场竞争中保持显著的中立地位，当然能在某种程度上保持对收入的公平分配。这些具体的经济社会效应表现为：

一是保持在市场竞争中的中立地位。由于不同种类资源在市场经济体系中的地位不尽相同，国家可能拥有的资源在市场竞争中所能起到的支配作用也将不可能一致。这就要求国家从保障市场的公平竞争和有序竞争出发，始终保持其在市场竞争体系中的中立地位，切实履行不干预正常的市场运行状态和有效的市场经济参与行为义务。国家作为一个特殊的经济利益主体，它的政策出发点和目标归宿是提高民众福祉和实现社会和谐发展，因此它在参与市场经济活动过程中不以经济效益最大化而是以社会效益最大化为目标。

既然如此，国家在占有资源时就必然能在追求利润最大化的市场竞争中充分保持中立地位。我们根据从性质上划分的资源种类来看，自然资源因其独立存在特征可以使所有者在市场竞争体系中保持适当的中性，其所有者在市场规则下获取的所有者权益收益并没有侵犯其他经济行为主体，尤其是资源开发利用者的合理、合法权益收益，能从制度上保证自然资源所有者在市场竞争中的中立地位。

二是符合公民行为习惯并获得显著规模的财政收入。这个效应包含两层意思：其一是获取既定规模的资源收入必须符合市场经济规律并获取普通民众的支持；其二是能获取显著规模的资源收入。就前者而言，这个指标事实上是要求我们在获取资源资产收益必须考虑到公民的行为习惯。众所周知，现代政府主要依靠“取之于己”和“取之于民”两部分内容的主动索取性收入来维持一般公共服务和特殊公共服务的正常供给。“取之于己”的收入形式主要是处置国家占有资源的所有权或使用权所取得的租金与资本利息收入，同时也含有国有企业上缴的利润。“取之于民”的收入主要是罚金、税收、特许金收入、摊派或行政管理费以及发行彩票收入、货币发行收入。如若充分实现“取之于民”的收入，则必然要求我们考虑到征收对象的经济承受能力和行为习惯，尤其是考虑到普通居民“予则喜、夺则怒”“欲取之、先予之”的心理。在假设自然资源实现国家占有的制度前提下，作为自然资源所有者的国家根据市场经济规则，利用其所有者地位和自然资源在生产生活中的贡献率来获取相应的权益收益，这是资源所有者行使所有权在经济上的集中体现。而所有者权益收益的形成本身就是在遵循市场规则基础之上形成的，这是自然资源参与社会财富创造过程中所获取的必然财政收入，属于“取之于己”的收入。在财政支出规模保持一致的条件下，国家“取之于己”收入的实现，可以适度降低“取之于民”性质的财政收入规模，降低普通居民的税负水平，实现进一步提高税收遵从度目的。由此可以看出，这种收益本身并不会影响过多的刺激其他经济行为主体的行为习惯和行为心理。这种通过出让资源所有权或使用权的方式所获取的财政收入更容易为市场和普通经济行为主体所接受，符合普通居民的行为习惯。

三是有效纠正经济行为的负外部效应。经济行为主体在使用资源尤其是自然资源过程中必然会产生一定的负外部效应，这就需要有非市场手段予以纠正。从我国当前经济发展程度来看，非市场手段主要是政府的行政管理制度和相关的法律法规政策。对自然资源实行国家占有制度，事实上是通过政府强有力的政策手段来约束经济行为主体的负外部性行为，使之符合经济社会发展要求目标。将自然资源这类对经济发展有基本性作用的资源所有权转由追求利润最大化的自然法人和非公益法人组织来行使则必然提高政府规制成本，且有严重干扰市场运行之嫌。因此，实行自然资源国有占有制度必然有利于降低政府规制负外部性行为的行政成本，并有效提高市场运行效率。

四是为国家经济发展提供强大的控制力。这个效应实际上是强调资源控制者对国家经济平稳运行所产生的效用。稳定经济运行的终极目标是实现既定时期内经济的稳定发展，即一国范围内的充分就业、物价稳定以及国际收支平衡；直接目标是在短时期内保障经济增长质量的同时，保障经济沿一定发展速度平稳增长。受国际国内经济发展环境的影响，尤其是国内投资增长趋势、货币信贷规模、基础性原材料价格、国内外消费市场预期等方面因素的影响，我国经济在不同历史阶段里必然经历一个短期波动动态调整的过程。为了防止经济波动对经济发展总体态势产生较为显著的负面影响，作为国家调控经济运行的有效手段，国家可以利用其自然资源所有者的地位来调节市场参与者的各种可能性主观行为及其可能产生的预期行为。在这个调节过程中，国家调控政策的核心内容就是在充分尊重市场竞争规则基础之上，利用所有者地位，在既定收益规模实现区间内，根据市场经济运行状态来有效调整收益实现规模，实现调整经济行为主体市场参与成本、诱导经济行为主体适时调整经济行为、缓和经济波动的目的，有效引导经济行为主体按照市场经济规律和市场游戏规则来调节经济运行状态，最终实现稳定经济运行的目标。如果在我国现阶段市场经济体制尚不完善的背景下，出让自然资源的所有权无疑会导致市场的自我调节能力十分脆弱，市场经济平稳运行的物质基础丧失，经济波动异常频繁的可能性持续存在。因此，对自然资源实行国家占有制度必然会对中国经济的平稳发展起到积极作用。

五是促进资源资产收益的公平分配。自然资源集中于国家之手，可以有效分散自然资源收益在市场经济行为主体尤其是企业法人和自然人之间的集中程度，从而实现公平财产分配的目的。由于收益获取理论和制度设计上的相对滞后所获取收益份额相对较低，导致资源资产开发利用者在经营资源资产生产过程中获取了本属于资源资产所有者权益收益范畴的收益，进而使得这部分人群以及其他相关人群的收入较普通居民显著较高，且其收入差距超出了普通居民的心理承受能力，严重威胁着国家公平财产分配理念的贯彻执行。因此，强化国家占有自然资源制度的内在作用机理是在遵循市场经济规则基础之上，通过获取以公共财政收入形式的自然资源使用租来有效降低自然资源收益在企业法人和自然人之间的集中度，使自然资源收益在全民范围内得到有效分配，进而实现资源资产收益的公平分配。

六是实现经济社会的可持续性发展。对于不可再生性自然资源来说，其总量相对有限，通过国家占有制度有计划地根据经济发展形势来提供自然资源，并以此为基础展开新能源开发和挖掘自然资源内在价值属性，为有效缓解不可再生性资源枯竭趋势提供策略性服务。对于相对可再生性资源来说，尽管总量相对无限，但由于人类社会的盲目使用也可能会导致这类资源的内在有用性丧失。对此，实行自然资源国家占有制度能在所有者权益处置渠道上最大限度地降低因“经济人”追求短期利润最大化对自然资源存量和经济社会发展环境所带来的负面影响，提高自然资源使用效率和自然资源内在价值的认识水平，实现经济社会的可持续性发展。

从以上六个方面的分析结论来看，在我国实行自然资源国家占有制度必然有利于我们进一步认识自然资源的内在价值和国家对整个国民经济的宏观调控，当然也有利于筹集有效的财政收入和实现居民收入公平分配。这从经济层面充分说明将自然资源纳入国家占有资源范畴的必要性，这个结论的得出事实上证明了我国政府现阶段强化政府国有资源资产收益制度建设有着内在的必要性和紧迫性。

2.2.2.4　现阶段我国实行自然资源国家占有制度的基本范围

我国宪法第九条规定：矿藏、水流、森林、山岭、草原、荒地、滩涂等自然资源，都属于国家所有，即全民所有；由法律规定属于集体所有的森林和山岭、草原、荒地、滩涂除外。宪法第十条规定：城市的土地属于国家所有；农村和城市郊区的土地，除由法律规定属于国家所有的以外，属于集体所有；宅基地和自留地、自留山，也属于集体所有。[①] 这两项规定基本上指明了现阶段我国自然资源实行国家占有制度的基本范围。可以明确的是，矿产（矿藏）资源、水资源、城市土地资源完全实行国家占有制度，其他自然资源部分实行国家占有制度。

---

① 中华人民共和国宪法［Z］. 中华人民共和国中央人民政府，http：//www. gov. cn/gongbao/content/2004/content_62714. htm，2004 -03 -14.

2.2.2.5 本书所研究的自然资源范围

本书所研究的自然资源范围主要是矿产资源、土地资源、水资源、森林资源等四类资源，这主要是基于以下几个方面的原因考虑：

一是这四类自然资源在总的自然资源体系中占有显著地位。这四类资源与其他自然资源，尤其是陆地其他自然资源大多存在着某种依附关系，如生物资源更多的可以依附于森林资源和水资源而存在。这种依附关系使这四类资源在整个自然资源体系中占有显著地位。

二是这四类自然资源更容易进行资产化管理。在对自然资源进行资产化管理时，我们提出了资源资产的三个基本特征，即显著有用性、显著预期收益性、规模有限性等。这也是对自然资源进行资产化管理的基本要求。在所有自然资源中，这四类资源无疑是最符合这三个基本要求的。海洋资源属于自然资源，但海洋资源尚不具备有限性特征，因此不能进行资源资产管理，自然不是本书的研究范围；草地资源更多强调资源的有限使用，资源的收益实现基础不是很显著，因为政府尚没有必要参与这部分资源收益的分配，因此不纳入本书的研究范围。

三是这四类自然资源与人类的生活联系得更为紧密。水是一切生命活动的物质基础，也是人类社会赖以生存发展的最宝贵的地球资源；土地是人类生存和发展的物质基础，是人类从事一切社会活动的基地，也是人类进行物质生产必不可少的生产资料和自然资源；矿产资源则是提高人民生活水平和进行经济建设的重要物质基础；森林资源则为人类生活提供了基础原材料和发展基础。这四类自然资源无论从与人类生存、生活、发展角度上看，还是从其在人与自然界影响力范围的地位上看，其重要性不容置疑，与人类生活联系相当紧密。

四是这四类自然资源的收益具有显著性特征，能为国家带来较多的“私的收入”。对自然资源进行资产化管理的根本目的在于实现自然资源所有者权益，提高国家由此所获取的“取之于己”的收入比重，在财政支出水平保持一致的背景下着实降低“取之于民”收入比重。这四类自然资源无疑是符合这个收益显著性标准的，而类似于草地资源的自然资源尽管可以进行资产化管理但其收益并不是很显著，对政府来说，其收益与管理成本相比形成不了显著差别，政府参与这类资源收益分配的必要性就丧失。

2.3 自然资源的资产化管理

2.3.1 资产化管理概念

全球性的资源短缺、生态危机、环境恶化等综合性问题给人类社会带来了更多的理性思考，同时也是对“资源无价”观念的反思。一般来说，自然资源是天然形成的、能给人类带来特定有用性的自然物质，是人类社会生产与发展的物质基础。但自然资源自身所具有的相对有限性特征和绝对有限性特征，使得自然资源使用成本高低不等，所有者权益收益实现水平也高低不等。为了进一步凸显自然资源的使用成本，保护生态环境，实现自然资源的可持续发展，我们有必要对存在有限、有用性突出的自然资源进行资产化管理，使之能在自然资源型产品生产过程中进行有效的成本核算，并在产品利润实现后有效分离出自然资源所有者权益收益。由此可以看出，对自然资源进行资产化管理，不但能实现自然资源所有者权益收益，而且能有效解决我国自然资源所有权的“空置”问题。

所谓自然资源的资产化管理，就是遵循资源的自然规律，按照资源生产的实际，从资源的开发利用到资源的生产和再生产，按照经济规律进行投入产出管理。[①]著名产业经济学家巴泽尔（Y. Barzel）认为，产权界定越清晰，则产权所创造的财富被无偿占有的可能性就越小，被界定的产权价值就越大。[②] 因此，自然资源的资产化管理从理论上讲，是提高自然资源使用效率和自然资源所有者权益收益的有效途径。从我国现实实践来看，我国政府对国有自然资源进行资产化管理的目的还在于从制度上确保自然资源的所有者地位，并确定自然资源所有者权益的实际承受者。

---

① 钱阔，陈绍志．自然资源资产化管理——可持续发展的理想选择［M］．北京：经济科学出版社，1996.

② ［美］Y. 巴泽尔．产权的经济分析［M］．费方域，段毅才，译．上海：上海三联书店、上海人民出版社，1997.

2.3.2 自然资源资产化管理的理由

自然资源资产化管理过程事实上是充分强调自然资源的所有权权益归属和自然资源使用者权益归属的过程，同时也是在保障自然资源终极所有权的基础之上如何处置自然资源直接所有权或使用权的过程。在我国市场经济体制进一步完善的背景下，自然资源资产化管理的理由逐渐显现出来。

2.3.2.1 完善市场经济体制的需要

在市场经济条件下，自然资源开发主体有国有企业、集体企业、私营企业、外资企业等多种表现形式。因每个开发主体经济成分的不统一，使各个开发主体在自然资源开发利用过程中的参与程度高低不一。社会主义市场经济体制强调公平准入制度，计划经济体制造就了制度的不平等现象，这就需要我们从完善制度角度来解决体制不完善问题。资产化管理确定了国有自然资源的所有者身份，明确了市场经济主体在资源资产产品生产过程中的身份，有利于各种经济成分的自然资源开发主体平等地参与自然资源开发活动，有利于实现完善市场经济体制的目的。

2.3.2.2 保障自然资源所有者权益的需要

我国是社会主义公有制国家，自然资源归国家和集体所有，但国家和集体所有尤其是国家所有却带有显著所有权“空置性”问题。在没有对自然资源实施资产化管理的背景下，“国家所有”变成形式上的“人人所有”，而“人人所有”又进而演变成大家都有所有权，最终导致自然资源的国家所有权成为一种摆设，徒有虚名而无实质意义。自然资源资产化管理确定了国家所有者权益的实际承受者，也确定了任何自然资源使用行为都必须付出相应的经济成本的观念，从而从制度上保障了自然资源国家所有者权益，并保证国家能从自然资源使用权处置过程中获得一定规模的所有权权益收益。

2.3.2.3 实现自然资源合理开发与有效保护的需要

自然资源的合理开发是人类社会物质财富不断增长的必然手段，否则人类福利将可能出现零增长的局面。但在自然资源尚未进行资产化管理的情况下，自然资源使用成本无法通过市场经济手段来体现，也必然存在“资源无价”的资源使用理念。通过对自然资源实施资产化管理，可以有效提高自然资源使用成本，提高经济行为主体的自然资源使用效率，减少自然资源耗损量。通过实施自然资源的合理开发利用策略，可以减少人类社会对自然资源的肆意索取规模，降低经济行为主体对自然资源的破坏程度，当然可以实现对自然资源的有效保护。

对国有自然资源进行资产化管理的结果就是形成国有资源资产。尽管资源资产在名称上与自然资源有显著区别，就其基本属性而言，资源资产仍然是自然资源的一部分，只是这部分资源是能够被人类社会采用现有的技术手段和管理手段予以规范化管理与利用的，且富含人类劳动的自然资源。资源资产既然是人类社会对自然资源进行资产化管理后所形成的一项特殊资产，因此它的特征必然兼备自然资源和资产的共有特性，同时具备一些特有性质，如对人类的显著有用性、预期收益存在性、储存量有限性特征等。基于我国自然资源国家占有情况、自然资源资产化管理概念以及本书所限定的自然资源研究范围考虑，本书所研究的国有资源资产类型主要有以下四类：国有矿产资源资产、国有土地资源资产、国有水资源资产、国有森林资源资产等。

第3章　国有资源资产的价值构成与评估

国家或政府通过法律宣示和制度占有形式使其拥有了对自然资源的绝对所有者权益，但这只是说明国家有权力从确已实现了的自然资源收益体系中能够获取权益范围内的收益，尚不能说明自然资源收益的理论根源。只有明确了理论根源才能使政府获取自然资源收益有一个确实的理论依据和分配对象，否则会导致政府获取的自然资源收益处于一种毫无理论支撑的状态并影响政府获取自然资源收益的有效性和合理性。自然资源之所以能为人类社会提供坚实的物质基础、能有效推动人类社会不断向前进，这其中最根本的原因还在于自然资源对于人类社会有显著有用性。当然，人类社会的发展离不开生态环境有效“庇护”，没有生态环境给人类社会提供的良好生存和发展空间，则人类社会也不可能有长足的进步。因此，自然资源的有用性也必然存在于生态系统范围内。自然资源的有用性从理论上讲便是本书所指的自然资源原始价值。

3.1　自然资源原始价值

本书所指的价值有别于传统意义上的价值理念，这主要是基于价值观念的不同使用目的来考虑的。本书所指的价值重在说明自然资源对于人类社会、生态系统的有用性，说明自然资源原始价值与资产之间的本质联系；传统意义上的价值则重在说明资本家剥削工人、榨取剩余价值的本来面目，揭露资本主义的谎言。

3.1.1　价值的概念

3.1.1.1　传统意义上的价值理念

首先看传统意义上价值概念。“价值”这个普遍的概念是从人们对待满足他们需要的外界物的关系中产生的，因而，这也是“价值”的种概念，而价值的其他一切形态，如化学元素的原子价，只不过是这个概念的属概念。①恩格斯认为，价值是生产费用对效用的关系。②

其次看否存在劳动。“如果把商品体的使用价值撇开，商品体就只剩下一个属性，即劳动产品这个价值属性。随着劳动产品的有用性质的消失，体现在劳动产品的有用性质也消失了，因而这些劳动的各种具体形式也消失了。各种劳动不再有什么差别，全部化为相同的人类劳动，抽象人类劳动。考察劳动产品剩下来的东西。它们剩下的只是同一的幽灵般的对象性，只是无差别的人类劳动的单纯凝结，即不管以哪种形式进行的人类劳动力耗费的单纯凝结。这些物现在只是表示，在它们的生产上耗费了人类劳动力，积累了人类劳动。这些物，作为它们共有的这个社会实体的结晶，就是价值——商品价值。”③

最后看特殊事项的价值认定问题。“必须牢牢记住，那些本身没有任何价值，即不是劳动产品的东西（如土地），或者至少不能由劳动再生产的东西（如古董、某些名家的艺术品等等）的价值，可以由一系列非常偶然的情况来决定。要出售一件东西，唯一需要的是，它可以被独占，并且可以让渡。”④

从上述马克思主义价值论观点可以看出，传统意义上的价值观念最主要的目的在于肯定劳动在价值形成过程中的决定作用，进一步明确劳动作为衡量商品价值大小唯一因素的地位。但马克思对价值判断最主要的目的还在于从意识形态角度让人们认识到劳动创造了财富，劳动才是评价价值的唯一标准。但我们从认识自然资源对人类社会和生态体系的有用性角度看，这种以人类中心主义伦理学为指导思想的价值观事实上是不利于保护自然资源、提高自然资源使用效率、实现人与自然资源的和谐发展。这就要求我们对自然资源原始价值有一个新的研究视角。

3.1.1.2　本书所指的自然资源原始价值理念

本书所指的自然资源原始价值是指自然资源存在着对人类社会和生态系

① 马克思恩格斯全集（第 19 卷）[M]. 北京：人民出版社，1971：406.

② 马克思恩格斯全集（第 1 卷）[M]. 北京：人民出版社，1956：605.

③ 资本论（第 1 卷）[M]. 北京：人民出版社，2004：50 - 51.

④ 资本论（第 3 卷）[M]. 北京：人民出版社，2004：714.

统的有用性。对于这个概念，我们作如下解释：

一是概念的理论依据。马克思主义没有否认有用性在价值形成过程中的作用，甚至还特别指出有用性是价值形成的前提。恩格斯认为，“价值首先是用来解决某种物品是否应该生产的问题，即这种物品的效用是否抵偿生产费用的问题。只有在这个问题解决之后才谈得上运用价值来进行交换的问题。如果两种物品的生产费用相等，那么效用就是确定它们的比较价值的决定性因素。”① 马克思也认为，“如果物没有用，那末其中包含的劳动也没有用，不能算作劳动，因此不形成价值。”② 由此可以看出，本书所指的自然资源原始价值概念严格遵循了马克思主义的分析思路和理论内容，本书所指自然资源原始价值理论依据仍然源自马克思主义。

二是就有用性特征而言，有用性具有宏观层次的客观性和微观层次的主观性等两个方面的特征。宏观层次的客观性侧重于说明生态系统范围内，各个物体都对自身和周围的事物发生了有用性效应。而这种效用在某个具体的地点和时间未必显现得十分突出，但放眼至整个生态系统范围内，它是普遍存在的，并且这种存在并不以人类的主观认识而转移。微观层次的主观性主要是强调微观个体的主观感受，尤其是人类的主观效用感受。对于不同人而言，同一事物，其主观感受可能相同，可能也不一致，甚至完全相左。就人类个体而言，由于各个利益主体受其生长发展环境、知识文化水平、可能利益冲突等方面因素的影响，自然资源的有用性就因此变得时有时无、有大有小，主观性因个人偏好的存在而凸显。对于具体某个人而言，同样一件物品在不同时刻带给其的效用也是不一样的，即这种有用性是显著不同的。由此可以看出，在进行价值认定时，我们应该将更多的目光投向宏观层次，而减少对微观层次有用性的考虑。

三是就有用性的内在成分而言，有用性也有质和量的区别。质的区别在于一件物体与其他物体相比，其物理化学特性差距的存在，会导致物体与物体之间在质上有些差别，进而使得该物体的有用性有质的差距，最终导致物体间价值大小不等现象的出现。这种质的差别也实际上是由各类有用性的品位来决定的，即有品位价值高低问题。量的区别在于一件物体在生态系统内是否充裕，是否稀缺。如果说某类物体在生态系统内其总量规模非常之大，

---

① 马克思恩格斯全集（第1卷）[M]. 北京：人民出版社，1956：605.

② 资本论（第1卷）[M]. 北京：人民出版社，2004：54.

甚至远远超过人类和其他生物系统所能使用和拥有的数量，如地球生态系统内的大气、阳光等物质，则该类物体（质）的价值是非常小的，对于人类来说，甚至对于其他生态系统的个体来说，其价值也可以视为零。戈森就认为，对所有可以获取一般意义上的价值的物品来说，只有在一定的数量大小范围内存在才具有价值，如果现实的数量多少超过既定标准点便丧失了价值。即是说，随着存在数量的扩大，物品接近价值损失的可能性就越高。因此，第一个获取某物品价值的原子将拥有最高的物品价值，每一个新增加等额数量关系的原子所拥有的价值量将会逐渐下降，直至最终丧失价值。[①] 这就说明，如果某类物体（质）的数量对于某个生态个体而言，尤其是对于人类来说，假如其数量相当有限，如煤炭、石油、天然气等，其有用性因其不可再生特征而引致的稀缺性价值越发明显，进而推动了这类资源价值的提升。

3.1.1.3 自然资源原始价值与自然资源原始价值量之间的关系

自然资源原始价值是自然资源给予人类社会和整个生态系统的有用性，相应地，我们可以认为自然资源原始价值量是这种有用性进行充分量化的结果。但自然资源原始价值是一个虚幻的概念，在现实生活中并没有实际可以参照的物质或事物进行比对模拟思考。因此我们有必要将其用现实生活中的一些事物予以替换。考虑到自然资源有用性包含着质和量两个方面的内容，我们可以将同一属性的自然资源按照现有完全市场信息背景下的价格信息将其完全货币化，从而达到对有用性进行充分量化的目的，并将自然资源原始价值量最终换算成用现实货币来表示的一个数额。由此可以看出，自然资源原始价值是自然资源原始价值量的唯一理论源泉，自然资源原始价值量是对自然资源原始价值进行量化后以货币形式存在的一个货币数量形式。

3.1.2 自然资源原始价值构件

在对价值存在理念作出拓展的基础上，我们可以据此进一步拓展自然资

① ［德］赫尔曼·海因里希·戈森. 人类交换规律与人类行为准则的发展［M］. 陈秀山，译. 北京：商务印书馆，1997.

源原始价值问题。自然资源原始价值的存在以价值的存在作为根本前提，但有别于一般的价值概念。

3.1.2.1 自然资源原始价值体现

自然资源可以独立于人类社会而单独存在，在人类尚未将其纳入人类经济生活体系之前，它并不依赖于人类的意志而转移。它对任何事物而言均有不同程度的有用性，如为动物提供充分的食物和栖息地、为植物提供基本附着地、为微生物提供生存空间等。对人类而言，自然资源有用性重点体现在维持人类生存、推动人类发展、提供基础原料等方面的功能上。被纳入人类经济体系之后，自然资源形态发生了根本转变，但其有用性伴随着人类劳动的不断投入而转移到各种商品中，成为人类劳动产品的价值构件。从价值形成角度看，正是自然资源有用性的适度转移，才使得人类物化劳动有了作用对象，并付出相应的社会必要劳动时间，进而构成资源资产产品的价值。考虑到有用性有质和量之间的区别，自然资源的价值也因此有质和量的区别。质的区别体现在品位价值方面的区别；量的区别体现在稀缺性价值方面的区别。

自然资源品位价值体现。自然资源由于其内在物理化学特性不同而导致同一类型的自然资源，其有用性的质有不同程度的高低之分。以铁矿石为例，不同铁矿的铁矿石品位是有区别的，淡水河谷拥有的卡拉加斯矿山，其铁矿品位高达60%~67%，澳大利亚开采的，多为品位60%以上的铁矿石；而中国矿石的问题则是品位低，“贫矿多，2004年前后，铁矿石平均品位尚有30%。但近几年开采得非常厉害，国产铁矿石平均品位明显下降，目前，平均品位仅为25%左右。”① 品位相差悬殊直接导致不同铁矿石直接的有用性发生了较大的差别，进而导致不同铁矿石之间价值高低不等。

自然资源稀缺性价值体现。人类社会对自然资源的掠夺行为已经导致自然资源日益稀缺、匮乏迹象明显。尽管人类社会对此也有认识，也充分利用现有诸如提高资源重复利用率与循环使用率、减少自然资源开发或使用过程中的浪费量、开发相关替代产品等措施，但为实现人类自身利益的最大化，人类社会对自然资源的需求量也达到了前所未有的水平，人类社会对自然资

① 王洁．品位是铁矿石资源关键 三大矿商欲寡头联合［EB/OL］．搜狐网引自《21世纪经济报道》，http://news.sohu.com/20090721/n265356899.shtml，2009-07-21.

源的依赖性更强，对自然资源的攫取也因此达到了一个相当高的水平。2008年法国《费加罗报》在题为“半世纪后全球石油和天然气将枯竭”的一文中称，2006年估算数据显示，全球石油储量的使用年限共计为40.5年；全球天然气储量的使用年限共计为63.3年；全球煤炭储量的使用年限共计为150年。[①] 通过这些研究数据，我们可以发现，随着相关自然资源的储备量越来越少，自然资源的稀缺价值将会越来越明显，尽管这些自然资源的有用性将不会发生根本性变化，但其价值量的大小会因为稀缺性价值的递增态势而发生根本性变化。

3.1.2.2 自然资源原始价值种类

依据自然资源给予人的有用性是否具有显著性特征，我们可以将自然资源原始价值分为三大块：一是自然资源给予人的直接显性价值；二是自然资源给予人的间接隐性价值；三是与人类无显著利益关系生态系统模糊价值。

（1）自然资源给予人的直接显性价值。所谓直接显性价值是指自然资源能直接给予人的有用性，是人类通过自己本能的所看、所想、所思而直接获取的有用性。它是人与自然资源直接接触的表面信息进入人体大脑后，经过简单加工后的直接映像和直接感观。既然是所看、所想、所思的直接结果，我们可以直接按照感知的先后顺序对直接显性价值进行进一步细化。

人是自然界进化的产物，因此他离不开自然资源所提供的生存空间价值。也就是说，人必须在现实空间里才能生存，否则人的生命存在价值是不可能实现的。因此，自然资源给人类提供的第一个价值成分是提供生命存在价值，并且这个价值是自然资源给予人最直接也是最根本的价值。抽除这个价值，自然资源对人类的有用性就不能单独存在，也只是以其他生态价值形式存在。在这种背景下，人类是不可能存在的。因此，自然资源给予人的第一价值构件是生命存在价值。事实上，人本主义学者所一贯主张的观点就是自然资源拥有生命存在价值这个最基本的功能。[②]

---

① 佚名. 法报称全球将面临矿物能源枯竭的挑战［EB/OL］. 中国机械网，http：//www.jxc.com.cn/articleshow.asp？id＝1117，2008－05－19.

② ［美］霍尔姆斯·罗尔斯顿. 价值走向哲学［M］. 刘耳，叶平，译. 长春：吉林人民出版社，2000：136.

人类自从诞生以来，无时无刻不与自然资源发生直接的经济关系，这种经济关系也就成就了自然资源的经济价值。当然，在人类还没有实现对自然资源有效利用之前，这种经济关系还处于一种原始的利用状态，是人类单向地获取自然资源的有用性，而自然资源在当时人类使用过程中的自我恢复能力或者是再生能力完全可以满足人类任意大量的有用性获取。但随着人类社会对自然资源需求量的增加，尤其是人类社会进入第三次工业革命之后，自然资源的有用性在经济生活中所扮演的角色越来越显著，自然资源的再生能力也因此受到了一定程度的影响。自20世纪80年代以来，人类对自然资源的消耗量已经超出了地球的再生能力。研究结果表明，1961年，人类对自然资源的需求相当于地球再生能力的70%，20世纪80年代出现持平，随后人类需求开始逐步增加。1999年，人类自然资源的需求量比地球再生能力多出至少20%，人类在12个月中消耗掉的自然资源，地球生物圈需要花15个月才能再生，或者说，每年需要1.25个地球才能满足人类对资源的消耗。[①] 随着时间的推移，自然资源的经济价值将会越来越明显，人类社会对其的依赖也会随着经济社会的发展变得越来越强。

当然，随着人类生活质量的提高，人类社会可能更趋向于走进大自然，用心去欣赏大自然馈赠给人类社会的礼物，这就诞生出了消遣价值。消遣价值是人类在生产生活过程中，自然资源（自然）作为人类演示自己的技巧以获取快乐的场地；另一些人是喜欢对自然自主的表演进行沉思，对他们来说自然的特性本身就至关重要。对于前一种人，自然的消遣价值在于它提供了让他们表演自己技能的场所；而对于后一种人来说，当他们看到自然的表演时，自然的价值就实现了。[②] 消遣价值是自然资源（自然）赠与人类的礼物，它的价值存在完全以人的主观意识为转移。对同一种自然资源（自然，尤其是自然景观），不同人、人群的主观评价因其各自的立场、观点的不同而非完全一致。但对于绝大多数普通人来说，消遣价值从宏观层面上看，它是客观存在的。

（2）自然资源给予人的间接隐性价值。说其是间接隐性价值，主要是指这种自然资源有用性的实现尚不能直接通过人类视力、听觉、嗅觉来表现，

---

① 佚名. 地球在超负荷运转 人类发展需考虑地球承载能力［N］. 中国水利报，2002-08-12（4）.

② ［美］霍尔姆斯·罗尔斯顿. 价值走向哲学［M］. 刘耳，叶平，译. 长春：吉林人民出版社，2000：128.

而是需要中间环节加工才能逐步实现。这些价值形态包括：历史研究价值、人文教育价值、科学研究价值、稳定性价值、人类意义上的生物多样性价值等六大类。

就历史研究价值而言，部分自然资源在岁月演化过程，留下了许多历史痕迹。这些遗留下来的历史痕迹可以有效解释古气候、古地理的变化情况，也有助于解释古代社会政治、经济、文化变化情况。但我们也不能忽略一点的是，未必所有自然资源都具有历史研究价值，对各种具体的自然资源是否存在历史研究价值还有待进一步分析。自然资源的人文教育价值大多是在历史研究价值的基础之上延伸出来的，它的存在更多的是依靠自然资源历史价值的挖掘工作。

就科学研究价值而言，这里的科学研究更多地体现为一种自然科学研究。自然资源能够为人类提供最基本生活原料，也能为人类提供最基本的加工材料，也正是因为自然资源的这个有用性使得人类社会才得以不断进步。阿庐古洞中的玉笋河里生长着一种世界罕见的透明鱼，此鱼通体透明得像玻璃，可以看见骨刺和内脏。它是一种迄今未被鱼类学家列入世界鱼类名录的新奇鱼类，按国际命名法规，定名为“透明金鲅”。生物学家经过深入研究，推测透明金线鲅是穴居金线鲵演化的最终模式，又是最古老的一种洞穴金钱鲅鱼类。这一研究结果，正确地反映了透明鱼的自然系统，代表了当前洞穴鱼类研究的新动向。由此可见自然资源的科学研究价值!

就稳定性价值而言，它是指自然资源在维持整个生态系统稳定发展过程中所发挥的基础性作用。生态系统中有许多存在形式各异的个体，他们的正常行为可能会导致其他个体的正常行为受到干扰甚至是损害，这需要自然资源在生态系统范围内作出适当的反应。但当前由于人类过多地迷信自然资源的经济价值导致了自然资源的自我修复能力、再生能力受到严重侵害，最终危及自然资源稳定性价值的实现。这也要求人类从生态中心主义伦理学高度出发来认识自然资源原始价值。

从环境伦理学角度看，人类意义上的生物多样性价值的实现还是最终有利于人类社会的可持续发展，并完全有助于构建环境友好型社会。生物多样性丰富了人类的生存空间，也加深了这些跟人类无直接利益关系生物与跟人类发生了直接利益关系生物的有用性关系，促进了与人类进步有直接利害关系生物的健康发展。

(3) 自然资源存在于生态系统内的模糊价值。存在于生态系统内的模糊价值实际上是无机价值。无机价值的存在形式以人类的视角看是无任何生命特征的物体。但它是生态系统内存量最多、作用最明显的一种价值形态。自然资源在其中的表现主要是生命支撑价值和生物种群意义上的生物多样性价值。前者主要是自然资源能给众多有生命特征的个体提供生存空间和最基本的发展素材；后者则是存在一些与人类根本就没有任何利益冲突、自成无数个生命系统的生物种群，它们的价值体现应当按照人的生命价值理论予以承认，而不能否认其价值存在。

可以将上述各类型价值板块总结归纳为如图 3－1 所示的自然资源原始价值构成。

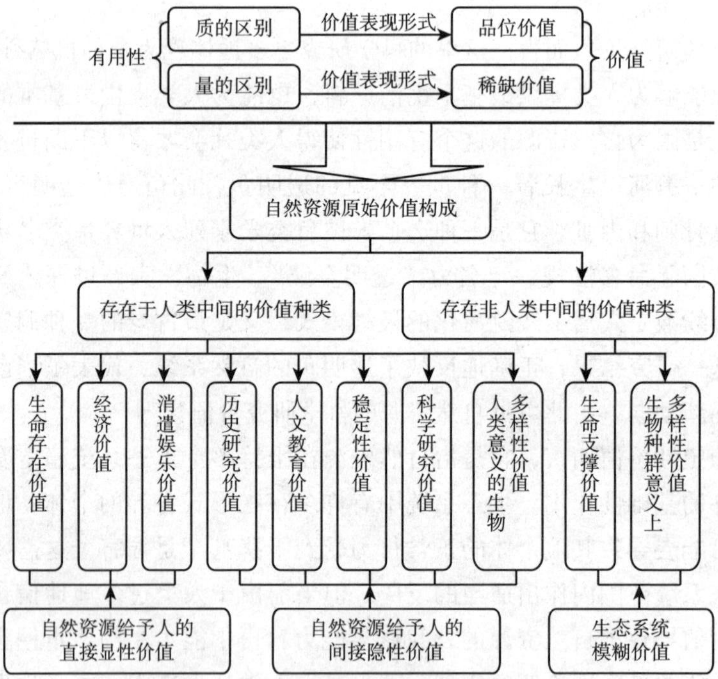

图 3－1　自然资源原始价值构成

3.2　自然资源原始价值的评估

明晰自然资源原始价值的根本目的在于为自然资源所有者获取相关权益

收益提供基本的理论依据，而经过市场化和非市场化价值评估手段评定的自然资源原始价值量大小则直接关系到自然资源的有用性，尤其是对人类社会的有用性大小问题。受到价值评估人员整体素质和利益立场的影响，不同评估人员对同一资源资产的价值量评估结果必然不一致，这就要求我们对影响自然资源原始价值评估结果的主客观因素有个总体把握，并在此基础之上提出提高自然资源原始价值评估效率的原则性建议。

3.2.1 影响自然资源原始价值评估结果的因素分析

价值评估过程是一个价值评估专业人员根据专业基础知识和业务技能，依据价值评估目标，对客观存在的资源资产进行价值评估、核算的过程。评估最后的结果必将受到来自价值评估客体——资源资产内在规定性的客观因素限制；受到来自价值评估主体——自然资源原始价值评估专业人员主观意愿的主观约束。这些主客观因素的存在也必将影响自然资源原始价值的评估结果。

3.2.1.1 客观性因素

影响自然资源原始价值评估结果的客观性因素主要是指影响人类正常自然资源原始价值评估结果的既已存在事实。这些事实可能是独立于人的劳动而存在，也可能有人类劳动的凝结，但在一定时间里这些客观性事实不可能发生根本变迁。这些客观性因素着重表现为以下两个方面内容：

首先是社会资源利用水平。社会资源利用水平高，则在既定时间段内，人类对同类资源的需求量势必会下降，从而减少对自然资源存量的索取，进而维持自然资源的稀缺性价值。依据人类现阶段对资源利用的实际情况，我们将社会资源利用水平因素细化为以下三个方面的因子：资源使用率、资源回收率、替代资源开发率等。

就资源使用率而言，有效提高现有资源的使用效率可以最大可能地降低人类对自然界的开采速度，保留自然资源存量规模，为人类以后的持续开采留下可能性。而这种预留行为的存在也可以在人类肆意破坏生态环境的大环境下，适度缓解人类社会的非理性行为，从而保证自然资源生态系统范围内模糊价值的实现，尤其是生物多样性价值的实现。因此，提高资源使用率，实则可以在保留经济价值的同时提高生物多样性价值，进而提高自然资源和资源资产的价值量。就资源回收率而言，其对自然资源原始价值的影响与资源使用率较为相似，都是强调对自然资源存量的保护，从而提高自然资源生态系统范围内的模糊价值。就替代资源开发率而言，人类能否从不能进行有效资产化管理的太阳能那里获取现有自然资源的替代物，是人类能否实现可持续性发展、提高自然资源存量的一个有效方法。正如 H. T. Odum 在应用能值理论来分析自然资源物质量大小时所提倡的那样，所有地球上的物质都可以用太阳能来进行转换。如果能有效提高太阳能这种替代能源的开发水平和利用水平，则无疑会适度保存有限的自然资源，保留其内在有用性，从而维持其评估价值总量。

其次是自然资源有用性关于其质和量的问题。如果自然资源内含的品质较高，则在非经济价值水平保持不变的情况下，其经济价值的提升会引致评估价值总量的增加。反之，如果自然资源自身品质不高，最典型的实例莫如中国的铁矿石①，则人类意义上的经济价值就会相对较低，在其他价值构件保持不变的情况下，这类自然资源的总价值就会相对较低。如果一类自然资源在地球范围内相对稀缺，如石油，则随着人类对其开发的力度的持续进行，此类资源的经济价值就会因为稀缺性价值而逐步增加，从而增加此类资源的总价值。

3.2.1.2 主观性因素

由于自然资源原始价值的大小是由价值评估人员根据自然资源自身特征和人类已有知识文化水平来开展评估的，在评估过程中必然保留着人类社会的主观意识痕迹。考虑到价值评估过程中宏观和微观指导思想的不同，我们将主观性因素分为两个主要方面的内容：一是评估目标选择；二是评估手段

---

① 2009 年 7 月 21 日，搜狐网新闻频道刊登一则名为“品位是铁矿石资源关键 三大矿商欲寡头联合”的新闻，新闻中明确说明了我国铁矿石品位价值现状。我国的铁矿石品位现状是“尽管我国的铁矿石总量占全球铁矿石总量的 14%，列居全球第 3 位，但我国的铁矿石以贫矿居多，2004 年前后，铁矿石平均品位尚有 30%。但近几年开采得非常厉害，国产铁矿石平均品位明显下降，目前，平均品位仅为 25% 左右。”而国外一些著名的矿山，其品位非常高，以淡水河谷拥有的卡拉加斯矿山为例，其铁矿品位高达 60% ~67%；“澳大利亚开采的，多为品位 60% 以上的铁矿石。当时，品位 50% 的矿，在我们国内看来是非常宝贵的，但在西澳矿区，竟然被直接拿来作铺路石。”详细内容参见：王洁. 品位是铁矿石资源关键 三大矿商欲寡头联合 [EB/OL]. 搜狐网，http: //news. sohu. com/20090721/n265356899. shtml，2009 - 07 - 21.

选择。

评估目标选择。人类经济社会的发展需要一定量的物质资源支撑，而这个资源又集中表现为自然资源。因此，从这个角度上看，经济社会的发展必然以自然资源总量递减为代价。但我们认为，必要的资源消耗是促进人类和自然界和谐发展、共同进步的表现；否则，零消耗意味着零福利，并未实现基本的帕累托改进状态，更不可能说实现帕累托最优状态。但如若人类沿着尽可能扩大人类福利方向，尤其是无限放大其以资源资产经济价值为代表的自然资源显性价值方向去发现资源资产的价值，则自然资源在其总量既定的背景下，必然导致自然资源内在的隐性价值和生态系统模糊价值大规模丧失，进而极大地降低自然资源的有用性，致使自然资源原始价值呈现急剧下降的态势。反过来，将自然资源原始价值评估标准定性为人与自然资源、自然环境和谐发展，则有利于实现自然资源的可持续性发展，维护自然资源的生物多样性，进而保障生态系统范围内的生物多样性价值存在。这些问题的存在当然也会影响现有自然资源原始价值的评估结果。

评估手段选择。为了有效评估自然资源原始价值量大小，人类社会在进一步拓展资产评估理论的基础之上，通过比照分析各种评估方法的优缺点，引申出诸如市场价值法、条件价值法、旅游成本法、能值法、恢复成本法、防护成本法等评估方法。但总的来看，这些评估方法大致可以分为以下两类方法：基于市场经济角度方法和基于模拟替代角度方法。由于二者的价值参照物选取不一致，二者对同一自然资源原始价值评估结果可能存在一定的差异。一般情况下，基于市场经济角度考虑的自然资源原始价值，由于其价值评估参照物是现实市场价，因此，能直接反映价值量的多少。但这种价值评估方法尚不能有效评估市场上无法衡量的东西的价值，如生态系统模糊价值，它的劣势也因此被凸现出来。对此，有专家从替代角度和模拟方法角度尝试对自然资源原始价值进行评估。同样，由于替代物选择不一样，所以每种价值评估方法所得出的结论也有一定的差异。同时，用模拟方法评估出的结果，因为其调查的对象、调查的内容有显著区别，所以其评估结果的差异也比较明显。由此可以看出，各种评估手段选择的不一致，自然资源原始价值评估结果也将会有一定的差别。

综合以上分析，我们可以将影响资源资产价值结果的主要因素和具体的影响因子归纳在一个表格里，见表3－1。

表 3－1　　自然资源资产价值评估结果的影响因素

	两个方向	总体影响因素	具体影响因子
资源资产价值评估结果影响因素	客观性因素	外部管理水平	资产化管理水平
		社会资源利用水平	资源使用率
			资源回收率
			替代资源开发率
			人类需求程度
		自身质量水平	品位价值大小
			稀缺价值大小
	主观性因素	评价目标选择	以人类社会经济发展为目标
			以人类社会与自然、环境和谐发展为目标
		评估手段选择	基于市场经济角度考虑
			基于模拟和替代角度考虑

既然自然资源原始价值评估结果受到来自主客观因素的共同影响，这需要具体实施价值评估的评估人员在实施评估过程中必须坚持一定原则，即自然资源原始价值评估原则。

3.2.2　自然资源原始价值评估原则

3.2.2.1　评估目的选择上的生态性原则

自然资源为人类社会提供了赖以生存和发展的基本资料，为生态环境空间内所有动植物、微生物、有机物、无机物提供了基本生存空间和生存环境。人类社会作为生态系统众多成员中的普通一员，并不能因为其智力水平的相对优越性而肆意索取自然资源，用暂时的人类既得利益去影响整个生态环境的内在平衡性、破坏自然资源的内在有用性和基本功能、干扰整体生态环境的可持续发展。对此，在对自然资源进行资产化管理基础之上，对资产化后的自然资源进行有效价值评估，是人类提高自然资源利用率、促进人与环境和谐发展、尊重自然资源内在有用性的一个有效途径。但我们必须正视的一个问题是，对自然资源（资源性资产）的价值评估在当前的技术水平和认知能力状态下，尚不能脱离人类社会的价值观，需在人类社会的认知范围内展开。尽管在人类社会发展的不同阶段，人类对自然资源价值观念会有不同层次的认识，但伴随着人类社会对自然资源内在有用性认识程度的提升，自然资源价值评估也会提升到一个新的层面上。也正是自然资源、资源资产价值的特殊性表现，自然资源价值评估方向才应遵守社会效益和生态效益的适度平衡问题，不能依照一般意义上的资产评估进行操作。

一般意义上的资产价值评估注重的是如何实现资产权益人资产收益最大化问题，尤其是经济权益最大化问题，但资源性资产的价值实现未必一定通过人类价值观上的经济权益来实现，它完全可以体现为诸如生命存在价值和消遣娱乐价值在内的直接显性价值，甚至还体现为自然资源给予人的间接隐性价值和广泛存在于生态系统范围内的模糊价值，而这些价值形式却未必就是经济价值，是一种典型的生态价值理念。也就是说，人类在资源资产价值评估过程中，不仅要考虑自然资源给予人类的直接经济价值，还应考虑自然资源给予人的生存价值和消遣娱乐价值；不但要考虑到自然资源自身能给予人的非直接价值，更需重视生态系统内的、不为人的意志为转移的模糊价值。当然，人类开展资源资产价值评估的根本目的还在于为如何有效提高自然资源利用率、如何实现人类社会的长期发展、如何实现人类社会与自然资源的和谐发展提供智力支持，这势必要求将自然资源价值通过人类社会的经济价值视角来予以适当表现出来。

由此可以看出，资源资产价值评估目的选择上的生态性原则是符合人类社会长远发展需要的，是人尊重自然、尊重环境、崇尚人与自然和谐发展观的一个集中体现，因此它必然是资源资产价值评估的基础性原则和首要原则。

3.2.2.2 评估指标选取上的科学性原则

由于自然资源价值并非只具有人类意义上的经济价值，它的范围更广。但毕竟资源资产价值的评估是由价值评估专业人员来完成的，它的评估目的之一也是为了促进人类社会的长期稳定发展。因此，资源资产价值评估尚不能完全脱离人类主观感受和经济价值取向。考虑到资源资产价值的多方面性，其内在的有用性在进行资源资产价值评估时，评估指标的选择应该尽可能降低人为主观性偏好、尽可能减少人为主观赋值、尽可能降低人类市场化的影响。即是说，自然资源（资源性资产）价值在评估指标选取上应坚持科学性原则。

首先，坚持科学性原则是要求人类在进行自然资源价值评估时尽可能降低人的主观性偏好。人类社会受其自身发展过程中所面临的有限资源与无限欲望之间的困惑，在以利益为代表的抉择标准上，其优先选择经济利益，强调选择对象的经济价值。在面对自然资源价值抉择时，这个选择规则不会有丝毫改变。人类社会面对利益选择时最器重的是对其有利的价值方面，对那些暂时不能带来利益，尤其是经济利益的价值表现形式则不予以充分重视。对此，我们建议，为了实现资源资产价值的有效评估，我们应坚持从人类长远发展、和谐发展角度来考察自然资源。从长远角度考虑就是要求人类在当时的生产条件下，能搁置开发的，尽可能保持原有生态形式；能小规模开发的，尽可能缩小规模；能予以替换开发的，则努力寻找替代能源。从和谐发展角度考虑则要求人类充分利用现有技术水平对自然资源展开有效、合理的改造。长远发展与和谐发展是科学性原则的本质要求，这也是降低人主观性偏好的一个主要路径。以长远发展与和谐发展为基点的科学性原则，要求我们在价值评价指标选取上，不能随意用当前人类的市场经济体制下的经济价值水平来决定自然资源的价值量，需要更多地选取诸如替代能源（更多体现为地球上物质来源的太阳能）的研发水平、现有自然资源回收率、现有自然资源使用率等方面的指标来尽可能降低人的主观感受因素。

其次，坚持科学性原则是要求人类在进行资源资产价值评估时尽可能减少人为主观赋值。主观赋值的使用前提是在客观数据无法描述事物本质现象时所采取的一种指标选取方法。这种方法使用的过程更多的是评估人根据自己的经验判断和主观偏好来赋值，这就需要我们进一步考虑资源资产价值评估人员的立场是否能代表整个社会绝大多数人的利益，是否能充分认识到隐性价值的存在，是否能理性看待以生物多样性价值为代表的生态系统范围内的模糊价值。事实上，资源资产价值评估人员作为一个独立的个体，从某种程度上讲，他尚不完全具备成为这些“代表”的发言人。鉴于此，在进行资源资产价值评估过程中，应使用各种有效的价值评估方法来有效降低人为主观赋值。

最后，坚持科学性原则是要求降低人类市场化趋向。市场化实则就是将经济利益万能化，认为任何价值的唯一体现方式是人类的现实经济收益。但从资源资产价值评估目标分析内容中可以看出，市场化的评估准则只是一般意义上的评估准则，尚有诸多使用缺陷。因此，降低人类市场化趋向可以使资源资产价值回归到其与生俱来的有用性上，而并非一味强调其经济价值或者经济利益。这可以使资源资产价值评估人员更能中立性地去处理评估过程中所出现的主观偏好问题和主观赋值问题。

3.2.2.3　评估结论提示上的可行性原则

自然资源原始价值评估的最终目的在于促使人类在利用自然资源时，既充分考虑人类的自身利益（显性价值、隐性价值），同时也能充分保护自然资源的可持续发展（实现各个角度上的生物多样性价值），为人类的可持续发展和人与自然的和谐发展提供决策参考。因此，自然资源原始价值评估结论必须能在现实生活中有一定的可行性。评估结论提示上的可行性原则集中体现为以下三个方面的内容：

一是在社会舆论导向上。评估结论可以向世人明示自然资源原始价值依照现有人类认识水平和技术水平能予以承认的规模，这会促使人们更多地考虑如何在现有技术水平下去使用有限的自然资源来提高人类的福利。

二是在政策制定导向上。评估结果多为政策制定者提供预警咨询，以便使政策制定者所制定出的政策更符合人和自然的和谐发展。需要同时考虑到机会成本的存在，评估结果也进一步促进政策制定者将既有经济资源向替代能源方向倾斜。

三是在资源具体开发利用导向上。自然资源权益主体可以根据自然资源评估机构给出的评估结论，对自然资源使用者予以适当的价格规制，引导自然资源使用者合理使用自然资源。通过适当的价值收益来行使管理职责和财产权利，并进行适度的价值补偿以用来修复因人类行为而遭受破坏的一部分自然资源原始价值。

总的来看，自然资源原始价值的评估结论是充分进行开发，还是适度开发，甚至是适度保留等都必须要有一个明确、可行、可靠的结论，不能模糊不清、含糊其词。

3.2.3　自然资源原始价值评估方法简述

基于市场价值评估方向考虑的评估方法是租金及预期收益法、市场价值法、机会成本法等。非市场价值的评估方法有旅行成本法、享乐值法、防护成本法、恢复成本法、影子价格法、发展阶段系数法、人力资本法、能量评估法等。将自然资源原始价值与其评估方法充分结合起来，我们便可得到表3-2的内容。

表 3-2　　自然资源原始价值评估方法简述

序号	自然资源原始价值构件	自然资源原始价值评估方法
1	生命存在价值	条件价值法、人力资本法
2	经济价值	市场价值法、租金及预期收益法、机会成本法
3	消遣娱乐价值	条件价值法、享乐值法、旅行成本法
4	历史研究价值	条件价值法
5	人文教育价值	条件价值法、旅行成本法
6	科学研究价值	条件价值法
7	稳定性价值	防护成本法、恢复成本法、影子工程法、趋避行为法
8	人类意义上的生物多样性价值	条件价值法
9	生物种群意义上的生物多样性价值	条件价值法、发展阶段系数法
10	生命支撑价值	能值分析法

基于不同评估视角，自然资源原始价值评估也有不同方法。综合国内外文献资料，我们将自然资源原始价值评估方法分为市场价值评估方向和非市场价值评估方向两个大类。可以将不同的评估方法用图 3-2 归纳出来。

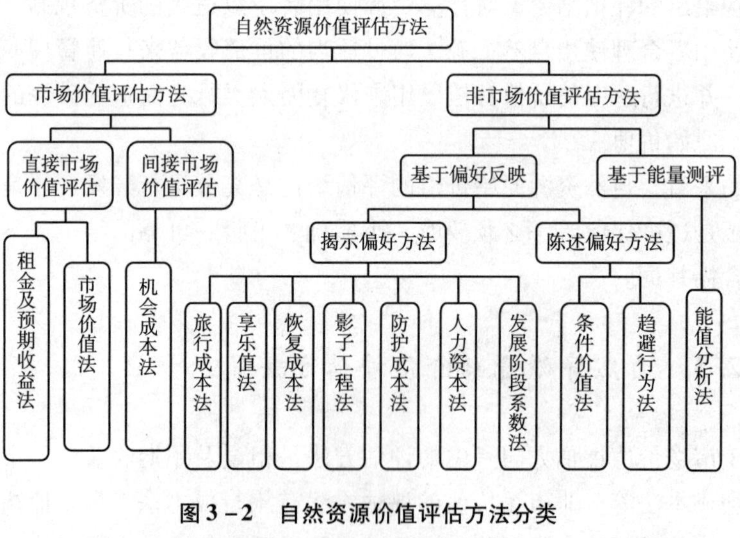

图 3-2　自然资源价值评估方法分类

基于市场价值评估方向考虑的评估方法，更多考虑的是在现实生活中直接找到类似的价值衡量标准。这个方向的研究方法主要是市场价值法、机会成本法、租金及预期收益法等。而基于非市场价值评估方向考虑的评估方法，则从替代和太阳能角度考察自然资源价值问题，这类方法比较多，如旅行成本法、享乐值法、恢复成本法、防护成本法、影子工程法、能值分析法等。由于各种方法基本含义和基本适用范围都有一定的差别，因此，为了进一步探讨各类资源资产价值构件与自然资源价值评估方法的匹配性，我们有必要适当分析各类自然资源价值评估方法的一些基本规定和适用范围。

3.2.4 对各类自然资源价值评估方法规定性和适用范围的讨论

依据价值评估是否以有市场参照物为标准，我们将自然资源价值评估方法分为两大类：基于市场价值的评估方法和基于偏好显示的非市场价值评估方法。

3.2.4.1 基于市场价值的评估方法

这类方法主要是从市场直接收益角度考察，且容易根据市场反应来直接评估价值大小的方法。根据这类评估方法可以直接认定该自然资源价值量的大小。这类方法的一个最大优势在于评估工作量不大、影响评估结果的主观因素相对较少、主观性相对较低。但这类方法的不足地方在于，其除对自然资源价值构件中经济价值能予以适当评估外，对其他价值构件评估尚未有显著优势，甚至可能因为忽略其他价值构件的存在而盲目扩大对人类有显著经济价值的有用性，致使人类肆意扩大对自然资源的索取量，破坏了自然资源的可持续发展和人类与自然界的和谐发展。从国内外文献资料来看，这类价值评估方法主要有以下三种：租金及预期收益法、市场价值法、机会成本法等。

（1）租金及预期收益法。李金昌（2002）认为，用租金或预期收益资本化法计算环境价值的基本思路是：按照经济理论，环境作为一种自然资产，它在未来一定年限内产生的物质性产品和功能性服务的价值，也即预期的收益或租金，按一定社会贴现率折为现值后，就转化为环境资产的价值即环境价值。其基本理论公式为：

$$P=\frac{a_1}{1+r_1}+\frac{a_2}{(1+r_1)(1+r_2)}+\cdots+\frac{a_n}{(1+r_1)(1+r_2)\cdots(1+r_n)}$$

其中，P 为环境价值的基本值；a_1，a_2，…，a_n 为各年的收益或租金；r_1，r_2，…，r_n 为各年的贴现率。一般在简单估算环境资产价值时，可以直接应用这个公式。但在环境资产的实际交易中，就需作两项调整：一是稀缺性即供求关系调整；二是时间价值调整。第一项稀缺性调整时要考虑的因素，主要是供给量 Q_s、供给弹性系数 E_s 与需求量 Q_d、需求弹性系数 E_d。环境资产就像存入银行的资本一样，随着时间的推移，它是要按复利的规律升值的。这一点也从一个侧面证明了环境价值越来越大的道理。经过这两项调整以后，环境价值则为：

$$P=\left[\frac{AQ_dE_d}{rQ_sE_s}(1+i)^t\right]_{t-1},P=\left[\frac{AQ_dE_d}{rQ_sE_s}e^{it}\right]_{t-1}$$

其中：P 为环境资产价值即环境价值；A 为年租金或年收益；r 为贴现率；i 为利息率；Q_d、E_d 分别为需求量、需求弹性系数；Q_S、E_S 为供给量、供给源性系数；右下角的（$t-1$）表示公式中各参数的数值，尤其是价格数据，在具体计算时，需要用 t 前一段的数值。从这个公式中我们可以看出：如果 $Q_S>Q_d$，$P\to 0$，这就是“环境时代”以前，人们认为环境没有价值的一个重要原因；如果 $Q_S<Q_d$，$P\to\infty$，这也就是环境价值越来越大，甚至可能变为“无价之宝”的重要根据。①

租金及预期收益法是马克思主义租金理论在自然资源价值（或者是价格）评估方面的一个直接运用。这种方法本质上说是在遵循市场经济条件下的交换原则来展开的。

（2）市场价值法。市场价值法（market valuation method，MVM）也称生产率变动法（changes in productivity approach，CPA），是以资源交易和转让过程中所形成的资源价格来推定评估资源价值的方法。该法先定量地评价某种资源价值的效果，再根据这些效果的市场价格来评估其经济价值。② 或者说，它是利用因环境质量变化引起的某区域产值或利润的变化来计量环境质量变化的经济效益或经济损失。如果自然资源遭到人为破坏，势必影响生态环境质量，进而引致人类正常经济收益受到影响。在这种背景下，我们就可以将因为环境质量下降导致的收益减少量视为该自然资源的价值。这种方法将环境看成是生产要素，环境质量的变化导致生产率和生产成本的变化，用产品

---

① 李金昌．价值核算是环境核算的关键［J］．中国人口·资源与环境，2002，12（3）：11－17.

② 鲍巍，姜杉，李斌．资源价值评估方法浅谈［J］．环境保护，2007（7）：33－37.

的市场价格来计量由此引起的产值和利润的变化，估算环境变化所带来的经济损失或经济效益，以此来推测自然资源的价值。

利用人类的市场机制来评估自然资源价值，一直以来是人类评估方法的主要方向，但事实上，部分自然资源价值构件在现实生活中可能无法直接用人类现实经济收益来进行主观衡量。市场价值法适用范围更多是评估自然资源价值构件中能给人类直接带来经济效益、在现实市场中直接有原生物和类似物的自然资源。因此，市场价值法更多的是研究自然资源价值中的经济价值，用其去衡量其他构件的价值构件难度可能偏大。

（3）机会成本法。机会成本（opportunity cost）是指进行一项投资时不得不放弃另一些投资，这些投资的最大获利就是该项投资的机会成本，或者说是作出某一决策而不作出另一种决策时所放弃的利益。机会成本法（opportunity cost approach，OCA）是通过分析资源的价格构成因素及其表现形式来推算求得资源价值的。在无限人类欲望面前，自然资源尤其是可耗竭性资源是有限的。因此，一种资源一旦用于某种商品的生产就不能同时用于另一种商品的生产，即选择了一种机会就意味着放弃了另一种机会。这时候就出现了所谓的机会成本。事实上，我们可以利用机会成本法通过计算资源用于消费时的机会成本，来评估自然资源价值。因此，机会成本法是一种间接的市场价值评估方法。由机会成本法原理来看，机会成本法特别适用于具有多重性价值特征的自然资源价值评估。

3.2.4.2 基于偏好显示的非市场价值评估方法

非市场价值的评估方法是相对于市场价值评估来说的，而基于偏好显示的价值评估方法侧重于从对人类自身偏好的经济收益视角转变来进行自然资源价值评估。从反映人的偏好角度看，偏好的显示可以是主动显示，也可以是被动显示。因此，反映人偏好角度的评估方法也因偏好显示的主被动性而不尽相同。主动显示偏好，或者称之为陈述偏好的评估方法主要是条件价值法、趋避行为法。被动显示偏好，需要价值评估专业人员根据专业基础知识对调查人群进行有策略性的调研，以获取偏好显示数据。这类评估方法主要有旅行成本法、享乐值法、防护成本法、恢复成本法、影子价格法、发展阶段系数法、人力资本法等。基于能量测评的价值评估方法是将地球上所有的物质转化成太阳能值，然后进行经济化转换，以实现对自然资源价值的评估。

（1）条件价值法。条件价值法（contingent value method，CVM）又称意

愿调查法，Davis 于 1963 年首次将此法应用于游憩资源的效益评估上。这种方法的原理是在假想市场情况下，通过直接调查和询问人们对某一环境效益改善或资源保护措施的支付意愿（willingness to pay，WTP），或者对环境或资源质量损失的接受赔偿意愿（willingness to accept-compensation，WTA），通过统计和数学方法得出所调查资源的价值总量。作为一种典型的陈述偏好评估法，条件价值法除可用于游憩和美学价值外，还涉及生物多样性、生态系统恢复、健康风险、文化和艺术等诸多领域的价值评估①。

但由于条件价值法是由评估者根据评估目的而设计的一系列调查表，然后再向既定对象展开调研。因此，通过条件价值法所得出来的调研数据，其主观性较强，这也因此产生了条件价值法的偏差问题。即是说，如果问卷调查自身的设计尚不全面或者不能有效反映各个价值构件，或者调查人员自身素质问题不能有效解释问卷调查的内容，或者调查对象由于个人生活背景、生活阅历、知识文化水平、收入水平等方面因素导致的各种偏差②。因此，如何规避这些偏差将成为条件价值法的一个重要完善方向。

（2）趋避行为法（averting behavior method，ABM）。当环境质量恶化时，居民经常增加费用来避免、减轻或预防因环境质量恶化对其产生的负面影响，此费用支出称之为避免支出（averting expenditure，AE）；反之，当环境质量改善时，消费者避免支出也会减少。如果 AE 与环境质量间具有完全替代关系，则可以利用消费者之 AE 变化来推估环境质量改变对其产生的福利变动。它的步骤首先是推估空气质量对居家环境清洁之影响，即推估剂量函数（dose-response functions，DRF：环境质量对市场财货产出、动植物生长，甚至人体的健康造成影响函数）；其次是推估家户之趋避行为对居家环境清洁的影响；再次是了解消费者在不同空气质量下所采取的趋避行为；最后是推估环境质量改善的效益。

（3）旅行成本法。旅行成本法（travel cost method，TCM），是美国 Clawson 于 1959 年提出的。它的使用范围更多运用在那些没有市场价格的自然景

---

① 唐增，徐中民．条件价值评估法介绍［J］．开发研究，2008（1）：74－77.

② 张志强，徐中民，程国栋等三人总结了使用条件价值法可能带来的偏差，共有 14 项偏差内容，分别是假想偏差、支付方式偏差、投标起点偏差、策略性偏差、信息偏差、不反映偏差、肯定性回答偏差、抗议反映偏差、部分—整体偏差、嵌入性偏差、问题顺序偏差、停留时间长度偏差、调查者偏差、调查方式偏差。详见：张志强，徐中民，程国栋．条件价值评估法的发展与应用［J］．地球科学进展，2003，18（3）：454－463.

点和自然环境的评估上。它的经典用法是用来评估森林娱乐休闲价值。其基本原理是通过去目的地所需交通费、住宿费、门票费等旅行费用来确定某景点服务的消费者剩余，并以此来估算该景点的价值。TCM 的隐含假设有两个方面的内容：一是弱互补性（weak complementary，WC），假设消费者没有消费与该环境财货有关的相关私有财货，则其对该环境财货的边际效用等于零；效用可分割性（separation）：假设消费者对某些旅游活动的需求可以单独推估，而不必考虑所有的旅游活动。它的基本模型有三个：分区模型、个体模型和随机效用模型。基本步骤是组织对旅游目的地旅客的抽样调查，获取调查旅客的旅行基础数据，之后对原始数据进行归并处理，拟合出相关旅行曲线，通过对相关函数求导而推算出大致的消费者剩余，以此推定该风景区的自然资源价值。这种方法的优点在于其数据的真实性较高，且易于统计。

但该法的局限性是其评价的游憩价值与区域的社会经济条件密切相关。因此计算出的价值并未反映用于游憩的森林资源的自身价值，而是区域社会经济结构的一种反映。[①] 事实上，TCM 还有一些内在的缺陷，如旅行成本（travel cost）到底应该涵盖哪些内容，门票费是基本数据，但路费、餐费、住宿费是否应该包含在内，目前还有争议，而这些费用的存在也会直接影响旅行函数的拟合，进而直接影响价值量多少。同时，TCM 估算的是自然资源（旅游目的地）的娱乐消遣价值，对其生态系统范围内的模糊价值尚不能作出有效评估。或者说，TCM 只能用以推估人们愿意为其花费支出之游憩资源的使用价值，而无法推估像位于市中心之公立公园的游憩价值，因为民众不必花费旅行成本去公园内休闲。

（4）享乐值法。享乐值法（hedonic pricing method，HPM）也称特征价格法。它是根据人们为优质环境物品享受所支付的价格来推断环境质量的价值，即将享受某种产品由于环境的不同产生的差价，作为环境差别价值。此方法出发点是某一财产的价值包含了它所处的环境质量的价值。如果人们为某一地方与其他地方相同的房屋和土地支付更高的价格，且其他各种可能造成价格差别的非环境因素都加以考虑后，剩余的价格差别可以归结为环境因素。[②]

（5）恢复成本法。作为市场成本法（market cost method，MCM）的核心内容之一[③]，恢复成本主要是指某一自然资源其内在有用性由于受到人类行

---

① 鲍巍，姜杉，李斌．资源价值评估方法浅谈［J］．环境保护，2007（7）：33－37.

② 冯俊，孙东川．资源环境价值评估方法述评［J］．财会通讯，2009（9）：138－139.

③ 市场成本法主要包括恢复成本法、防护成本法与影子工程法等三种价值评估方法。

为破坏，但能在一定范围内人类又可以通过其他各种手段恢复其原有功能而付出的成本。使用这种方法来进行自然资源价值评估的方法称之为恢复成本法（replacement cost approach，RCA）。恢复成本法主要运用于一些相对稀缺性资源的价值评估上，如水资源、森林资源、草场资源等。这类资源如若遭到了来自人类社会的破坏，其价值更多地凸显为能给人类带来直接收益的一个方面或者少数几个方面的价值内容。因此，运用现有的技术手段如果可以恢复的话，就可以将恢复成本视为这部分自然资源的价值所在。

但在运用这个方法进行价值评估时，也面临着一个问题：因为人类行为而导致的生物多样性消失，这个问题在目前的技术水平下暂时还不能靠恢复其原有生态原貌来实现。因此，在使用这个方法进行价值评估时，需要着重考虑既已消失的涵盖生物多样性价值的生态系统范围内的模糊价值存在问题。

（6）影子工程法。影子工程法（shadow project method，SPM）也叫替代工程法，是恢复成本法的一种特殊形式。它的使用范围是，常应用于环境的经济价值难以直接估算时，可借助于能够提供类似功能的替代工程来表示该生态环境的价值。比如，森林生产有机物的价值、涵养水源的价值、防止泥沙流失的价值均可采用此法。理论公式为：

$$V = f(x_1, x_2, \cdots, x_n)$$

式中，V 为被求测的生态环境价值；x_1，x_2，…，x_n 为替代工程中各项目的建设费用。[①] 或者说，当资源的生态价值难以直接估算时，可以借助能够提供类似功能的替代工程或所谓的影子工程的价值来替代该资源的生态价值。[②]

从影子工程法的概念可以看出，使用影子工程法确定自然资源价值的关键在于确定替代项目。替代项目的确定首先是替代项目的优选性，就是必须在假定有诸多可供选择的项目时，须选择出一项最接近于评估对象的替代项目。这是一件难度较大的工作，事实上，这也正是影子工程法的一个可能的缺陷。因为不同替代项目其成本与效益各不相同，将其视为资源性资产项目的替代品进行价值评估也必将有其价值大小的显著不等问题。

（7）防护成本法。防护成本法（defense cost method，DCM）有时也称防

---

① 郭明，冯朝阳，赵善伦. 生态环境价值评估方法综述［J］. 山东师范大学学报（自然科学版），2003，18（1）：71－74.

② 鲍巍，姜杉，李斌. 资源价值评估方法浅谈［J］. 环境保护，2007（7）：33－37.

护费用法（defense expenditure method，DEM），是指人们为了维持现有自然资源的事实存在而将防止成本视为其价值大小的一种自然资源价值评估方法。这种方法可能是人类无法运用现有技术手段来衡量自然资源价值大小，但又根据现有的知识储备认识到这类自然资源潜在的价值可能是无法用现有的价值评估来确认的，所以只能将其现有维持成本或防护成本视为该资源的价值。可以这样认为，防护成本法的优势在于其价值核算过程简单、可操作性强、结果明了。

但防护成本法也有一些问题不能被完全解释，甚至可以说尚不能真正解释自然资源的价值大小问题。防护成本法的评估标准来源于防护成本，但众所周知，防护成本的大小从根本上取决于自然资源本身的性质，而非人类外在的维护费用。如在不同年份里同样的资源防护成本可能出现显著不一致的情况，这时如果按照防护成本法来评估自然资源价值就可能出现价值不均的现状。再如，同样是注重消遣娱乐价值的九华山和黄山，二者的防护成本就显著不一致。九华山的防护成本侧重于人文景观的防护，而黄山的防护成本则侧重于自然景观的防护，这两者之间的差距是明显的。同时假设二者的防护成本一致，但我们能确定九华山和黄山的价值量是相等的吗？结果是不能的，黄山风景区所含的价值量可能会超过九华山，因为前者在生态系统范围内的模糊价值可能远远超过九华山，这会直接导致黄山的价值总量超过九华山。由此可见，防护成本法作为自然资源价值评估方法时，其优缺点还是很明显的。

从以上的分析可以看出，基于价值补偿方向的直接价值评估方法的一个最大优点是其可操作性较强，但正是因为这个优点使其成为其他方法“攻击”的目标。因为可操作性的存在使其在某些不能用账面成本显示出的价值恰恰被忽略了。从评估方法的完整性考虑，我们还需研究其他价值评估方法。

（8）发展阶段系数法①。李金昌（2002）引入了皮尔（R. Pearl）生长曲线模型的数学表达式，进一步拟合出发展系数法。

$$l=\frac{L}{1+ae^{-bt}}$$

其中，l 为发展阶段系数；L 为 l 的最大值；a、b 为常数；e 为自然对数的底；

① 李金昌．价值核算是环境核算的关键［J］．中国人口·资源与环境，2002，12（3）：11－17.

t 为时间。从表达式可见，当 $t=-\infty$ 时，$l=0$；当 $t=+\infty$ 时，$l=L$；当对 l 取时间 t 二阶导数，并令其等于 0，则得曲线拐点为 $t=ln(a/b)$。这时，$l=0.5L$，曲线对拐点对称。由此，得到皮尔生长曲线模型的简化形式如下：

$$l=\frac{L}{1+e^{-t}}$$

l 值越小，发展水平越低；l 值越大，发展水平越高；l 等于 1 时，皮尔生长曲线达到饱和状态，发展阶段系数取得最大值 L，即 $l=L$。假设用替代法算出的是生态价值的最大值是 V_m，则人们可以接受的生态价值 $V=lV_m$。某环境的总的生态价值则可以表示为：

$$V=\sum_{i=1}^{n}V_i+\sum_{j=1}^{m}l.V_{mj}\quad i=1,2,\cdots,n;j=1,2,\cdots,m$$

其中，V 为某环境的总的生态价值；V_i 为不需用发展阶段系数调整的各单项生态功能价值；i 为不需用发展阶段系数调整的生态功能价值的项数；V_{mj} 为需用发展阶段系数调整的各单项生态功能价值的最大值；j 为需要用发展阶段系数调整的生态功能价值的项数。

发展阶段系数的应用有一定的限制。一是看用替代法算出的生态价值是不是考虑了支付意愿问题，只有在没有考虑支付意愿，所得结果为最大值时，才需要乘上发展阶段系数加以调整。二是计算过程中使用的价格是不是市场价格。因为，在一定意义上，市场价格代表支付意愿。所以，要具体问题具体分析。有的时候，因为使用了市场价格，所得结果已含有支付意愿的意思，就不必再用发展阶段系数调整；有的时候，虽然在某些方面使用了市场价格，但总的来看，还没有体现人们的支付意愿，而且得出的结果又是最大值，这时就需要用发展阶段系数加以调整。

（9）能值分析法。20 世纪 80 年代后期，美国著名生态学家 H. T. Odum 创立了著名的能值分析理论体系，Odum 把能值（emergy）定义为：一种流动或贮存的能量中所包含的另一种类别能量是数量，称为该能量的能值。能值的实质就是包含能量（embodied emergy）。任何形式的能量均源于太阳能，故常以太阳能为基准来衡量各种能量的能值。任何资源、产品或劳务形成所需直接和间接应用的太阳能之量，就是其所具有的太阳能值（solar emergy），单位为太阳能焦耳（solar emjoules，sej）。实际运用的是太阳能值转换率，即单位能量或物质大致由多少的太阳能焦耳能值转换而来。

能值分析法，主要运用于一国生态经济系统、区域经济系统、产业生产系统等诸多方面。它的主要步骤包括能量系统模型图和能值综合图的绘制、各种能值分析表的制定、能物流量计算与能值计算评价、能值转换率和各种能值指标的计算分析、系统模拟等。①

能值分析法通过将地球上所有资源的能值转换，将所有不同衡量单位的资源转换为同一单位的太阳能值，同时通过人为的赋值因素进一步转化为人类所熟悉的经济收益指标，从而实现对自然资源价值的评估。但这种方法也有些需进一步明确的地方，如能值转换率或能值货币比率问题，这涉及具体数值的确认问题，尚需人类的主观赋值，有违评估指标选取的科学性原则。这是能值分析法理应注意的地方。

（10）人力资本法。人力资本法（human capital approach，HCA）是通过市场价格和工资多少来确定个人对社会的潜在贡献，并以此来估算生态环境变化对人体健康影响的损益。生态环境恶化对人体健康造成的影响主要有以下三个方面：一是污染致病、致残或早逝，从而减少本人和社会的收入；二是医疗费用的增加；三是精神或心理上的代价。瑞德克（R. G. Ridker）是最早将人力资本加以应用的人，他对过早死亡和医疗费用开支增加的计算公式如下：

$$V_x = \sum_{n=x}^{\infty} \frac{(P_x^n)_1 (P_x^n)_2 (P_x^n)_3}{(1+r)^{n-r}}$$

式中，$(P_x^n)_1$ 为该人活到年龄 n 的概率；$(P_x^n)_2$ 为该人在 n 年龄内具有劳动能力的概率；$(P_x^n)_3$ 为该人在 n 年龄内具有劳动能力期内被雇用的概率；V_x为年龄为 x 的人的未来总收入的现值；Y_n为该人在年龄 n 时的收入；r 为贴现率。这种价值评估方法之所以将其划分到这类方法体系中，主要还是因为其价值评估方法侧重补偿，而不是强调收益，因为每个人的主观愿望还在于能做到“长生不老”。自然资源，尤其是具有自然环境特征的资源如果受到人的客观行为影响，那就可能导致环境恶化，进而使人的生命存在价值受到危险。

① 蓝盛芳，钦佩．生态系统的能值分析［J］．应用生态学报，2001，12（1）：129－131.

3.2.5 资源资产价值构件与自然资源价值评估方法的匹配性

要实现对资源资产价值的有效评估、实现资源资产价值评估目标，我们必须将自然资源价值评估方法与资源资产价值构件有效地结合起来。考虑到各个自然资源价值评估方法在不同评估方向上各有长处或优势，因此，有必要进一步论述资源资产价值构件与自然资源价值评估方法的匹配性。

3.2.5.1 生命存在价值的评估方法

生命存在价值主要是指人的存在价值。人类生活在地球上，无时无刻不与自然资源发生直接和间接关系，离开了自然资源这个基本生存环境，人类将无法继续生存下去。正因为如此，我们不但要强调人类的自身利益，同时要综合考察自然界、自然资源的可持续性发展。而对人的价值评估也是反衬出自然资源的价值，从而达到间接评估资源资产价值的目的。由于个人从事工作的性质、受教育背景、生活环境的不同，将不同程度地导致个人的生命价值在不同地区、不同时间段有不同的量值反应，但从人类伦理学角度看，这种量值反应只是暂时的，因为人的价值是无限的。撇开人的价值争议，在面对实际问题时，尤其是涉及人的价值补偿时，就必须有一定的价值评估方法来进行有效评估。因为人生命价值的量值反应有显著差别，这需要我们在选取价值评估方法时尽可能协调各利益群体的价值冲突、尽可能考虑各利益主体间的现实需求。从现有评估看，能满足这些要求的现有方法主要是条件价值法和人力成本法①。

就条件价值法而言，通过充分的调查分析，可以明确调查对象对生命存在价值的 WTP 值或 WTA 值，通过进一步展开对 WTP 值或 WTA 值的统计分析，从而得出人的价值量。这种可以规避因调查对象背景的非一致性所带来的范围局限问题，调查结果的适用范围较广。就人力资本法而言，通过收集统一标准的数据并按照评估者的专业知识进行价值评估。这种评估是最原始的生命存在价值评估方法，能直接按照现有的市场经济技术手段和专业基础知识预测和估算生命存在价值，能最大限度地协调各利益主体间的价值冲突和平衡利益主体间的利益需求。但这种方法又由于涉及伦理问题而被人所诟病。

---

① 梅强，陆玉梅. 人的生命价值评估方法述评［J］. 中国安全科学学报，2007，17（3）：56－61.

尽管条件价值法和人力资本法在评估资源资产价值时有一些不足，但相比其他评估方法，这两种方法更能有效评估资源资产价值。

3.2.5.2　经济价值的评估方法

资源性资产的经济价值评估是资源资产价值评估过程中程序最简便、难度最低的一个价值评估构件。这其中的缘由在于经济价值的评估是严格参照人类社会现行市场反应来执行的，并不需要考虑评估指标选取上的科学性问题和评估结论上的可行性问题；而单纯的经济价值评估也不会受制于评估目标的拘束。既然如此，资源性资产的经济价值评估方法应该是强调评估数据来源直接源于现实经济数据，而不需要人为赋值或人为替代。从现有自然资源价值评估方法中，能满足这项要求的方法主要是市场价值法、租金及预期收益法、机会成本法等。

市场价值法是从资源性资产中现实的市场价格多少来衡量其价值量多少，市场价格高其价值量就高、市场价格低则其价值量就低。租金及预期收益法从资源性资产现实价格出发并引入贴现率，将未来预期收益予以市场化，从而显示出资源性资产的价值（或者是总收益）所在，进而实现对资源性资产的经济价值评估。机会成本法原则是一种市场价值评估方法，但这种方法其价值评估更多的是一种比较或者参考作用，尚不能直接评估资源性资产的经济价值。

3.2.5.3　消遣娱乐价值的评估方法

消遣娱乐价值是人从自然资源开发利用中所获得的间接隐性价值，对其的价值评估在市场上尚不能直接获取反映其价值大小的数据，因此则需从人的主观感受和实际享受成本支出两个方面来测定其价值的大小。主观感受的评测方法可以由条件价值法和享乐值法来组成，实际享受成本支出的标准评估方法就是旅行成本法。事实上，这三种方法也是为了评估消遣娱乐价值而出现的，因此它们与消遣娱乐价值有显著的匹配性。

3.2.5.4　历史研究价值的评估方法

特定历史研究价值的存在使人类更为有效地认识到自然的发展规律，为实现人与自然、环境的可持续性发展提供理论支撑。因此，历史研究价值的评估必须强调专业性和客观性，符合这两个基本要求的自然资源价值方法主要是条件价值法。资源资产价值评估人员对从事自然资源发展历史研究的专业人士（普通公民可能因为专业知识的有限性导致其对历史研究价值的重视程度、认知程度不及历史研究专业人士）展开调查，获取相关 WTA 或 WTP 数据，从而实现对资源性资产的历史研究价值的评估。

3.2.5.5 人文教育价值的评估方法

人文教育价值体现出一种社会利益价值和社会偏好价值，是人类对自然资源的一种归属感和认同感。它的价值集中表现出一种无形的价值形态，正如罗尔斯顿所说，价值越是无形的，越是社会性的和生态系统性的，个人对它们进行评价的能力就越低①。对它的价值评价要求评估者应从人的主观感受和专家分析来综合考察。条件价值法可以通过调查表的设计来获得预期信息，并利用适当数据分析技术来描述主观感受。如果需要进一步充实数据的话可以引用旅行成本法，因为旅行成本法与条件价值法尽管在实施目的方面都是为了揭示消费者偏好，但旅行成本法的实施内容与条件价值法有一定的差别。因此，为了进一步揭示消费者偏好，可以通过旅行成本法来作为补充。

3.2.5.6 科学研究价值的评估方法

自然资源科学研究的一个重要作用在于为人类的长远发展和自然界的健康发展提供前进动力。因此，对资源资产价值的评估也应主要有专业基础知识的专家学者来完成，普通公众的调查数据只能起辅助作用。而适合这项评估要求的，最佳的办法也正如人文教育的价值评估方法一样，采用条件价值法。

科学研究价值评估与人文教育价值评估、历史研究价值评估具有相似性，都强调应有行业专家的参与，这是为了纠正诸如使用条件价值法评估资源性资产所带来的偏差问题。

3.2.5.7 稳定性价值的评估方法

稳定性价值的存在对于人类的自由发展非常重要，因此，其价值评估目标强调的是自然资源现状的维持和维护，并将人类对自然资源掠夺的危害降

---

① 霍尔姆斯·罗尔斯顿．哲学走向荒野［M］．刘耳，叶平，译．长春：吉林人民出版社，2000：346.

至最低。要实现这个评估目标，就需要人类对维持和维护自然资源的成本进行适当估算，以此为基础作出价值判断。符合这种价值判断标准的评估方法在前面所涉及的方法中主要是防护成本法、恢复成本法、影子工程法、趋避行为法。

3.2.5.8　人类意义上生物多样性价值的评估方法

人类意义上的生物多样性价值侧重于强调对人有直接利用价值的生物链中所体现出的价值，这属于人类主观偏好显示的范畴，是人根据已有知识文化储备和对未来人生活质量的预期能给出的主观评价。符合这种价值评估要求的就可能是条件价值法。这种方法的天生优越性可以使更多的专家和学者，甚至是普通的民众参与到价值评估中来，从而提高价值评估的社会认同率和前瞻性，为人类提高自身福利、谋取人与自然的和谐相处提供价值判断基础。

3.2.5.9　生物种群意义上多样性价值的评估方法

生物种群意义上的生物多样性价值是人类意义上生物多样性价值理念存在范围的扩大化，因此，适合于人类意义上生物多样性价值的评估方法自然也能适合于生物种群意义上的多样性价值评估。即是说，条件价值法适合于生物种群意义上的多样性价值评估。除此之外，发展阶段系数法也能从宏观层面上分析自然资源的价值量。而这种评价方法的使用前提是对条件价值法评估的有效使用，并且同时承认条件价值法所评估的结果是适当的和有效的。从这里可以看出，生物种群意义上的生物多样性价值评估方法主要还是条件价值法，辅之以发展阶段系数法。

3.2.5.10　生命支撑价值的评估方法

生命支撑价值可能是所有自然资源价值或者资源资产价值构件中最难予以评估的，因为资源性资产的生命支撑价值往往体现出一种综合的价值趋向，这要求既要有普通公民偏好的显示，又要有专家学者的专业技术知识支撑；既要考虑到现实人类社会发展实际，又要求考虑到和谐生态环境的存在。因此，对生命支撑价值的存在要尽可能选择一些具有较为宽泛的价值评估方法。能值分析方法以太阳能为基准进行价值评估，撇开了一些微观诱导因素，实际上通过强调生态系统内的能值量来实现资源性资产的价值评估。

资源资产价值因为自然资源的内在有用性有别而显示出不同的价值取向，

资源资产价值评估方法也因此表现为不同的价值评估方法。总的来看，由于经济价值的评估方法较为成熟，其他价值评估尤其是条件价值法的适用范围较广，且能更为充分地显示出被调查人员的偏好，所以在诸多价值评估中均见其身影。在10大价值构件中，能使用条件价值法的价值构件达到7类。这充分说明了条件价值法的重要性。在今后的价值评估过程中，这种价值评估方法无疑会得到进一步的推广和完善。

3.2.6 资源资产价值评估步骤

从资源资产价值评估方法论述中可以看出，由于资源资产价值构件多样性的事实存在，资源资产价值评估过程中所涉及的范围较广、内容较多，这就需要明确资源性资产的价值评估步骤。

3.2.6.1 分离资源性资产的主体价值与辅助价值

资源性资产的主体功能因各自的内在有用性差别而显示出较大程度的区别，有些资源性资产侧重于经济价值，诸如煤炭、石油、天然气等矿产资源，因此它的主体价值主要是经济价值。但事实上，主体价值有可能是双主体价值模式，而非完全单一主体模式。对人类来说，矿产资源能直接给人带来经济收益，但同时应该考虑到的是矿产资源所在地的生物多样性价值是存在的，而且这种价值完全可能无法用价值量大小来衡量。但因为人类一味追求矿产资源的经济价值，而忽略了生物多样性价值，这无非是只突出强调利用了自然资源有用性的某个方面而已，而忽视了自然资源有用性的其他方面。从方法论上讲，这犯了以偏概全的错误。从具体评估方法上看，这种评估方法违背了资源资产价值的生态性原则。从其实际后果来看，这种资源资产价值评估忽视了人与自然和谐发展问题，势必造成自然环境的加速衰退，最终影响人类的长期发展。由此可以看出，确定资源性资产的主体价值，并进一步分离主体价值与辅助价值非常重要，会直接影响资源资产价值评估结果。

分离资源性资产的主体价值与辅助价值，关键是要对现实状态下对资源性资产的主体功能予以充分明确，同时对相关的价值流失作出适当补偿计划，尤其是涉及生物多样性价值流失时，需特别注意其价值补偿问题。这样可以促使人类在充分发现使用资源性资产的主体价值时，也注意保护资源性资产的辅助价值，实现自然资源的长期可持续性发展。

3.2.6.2 采用合适的价值评估方法分门别类进行价值评估

正如我们在研究“资源资产价值构件与自然资源价值评估方法的匹配性”问题时所说，资源资产价值的不同构件使得其各自的评估方法也未必一致，对此，我们主张对资源性资产的各个价值构件进行分门别类的评估。

分门别类价值评估是资源资产价值评估人员根据评估对象主体价值和辅助价值的分类，将各个价值构件进行细化，然后根据各个价值所对应的价值评估方法逐一展开评估。在具体价值评估中，我们需注意以下几个方面的问题：

一是进行价值评估的目的在于更好地利用自然资源来为人类服务，促进人类与自然环境的和谐发展，因此，分门别类价值评估的最后结果需通过人类的经济价值表现物——货币来表示。这样做的目的在于为我们后来获取资源资产价值的现实表现形式——资源性资产收益提供可行性参考物，也为进一步实现资源性资产收益分配提供现实基础。

二是在具体评估过程中，如果有两种及其以上的评估方法能同时对一类资源资产价值展开评估时，则取评估价值量较大者作为其价值核算依据。这么做的目的在于实现资源资产价值的最大化问题，为后来适度开展生态补偿提供充足的资金保障，也能间接推动人类社会合理使用资源性资产，实现人与自然界的和谐发展。

三是在分门别类的价值评估过程中，如果存在部分价值构件相互交叉问题，如历史研究价值和人文教育价值相互交叉地存在于同一特定自然资源环境中时，则应适当作出折中处理。因为不折中处理的后果是人为地增加或者夸大资源资产价值评估总量，可能会误导资源性资产政策制定者，这并不符合资源资产价值评估结论的可行性原则。折中处理的一个可能性方法是在充分考虑二者交叉程度的基础之上，对二者进行单独的价值评估，然后赋予适当的权重对二者进行折中处理。

分门别类价值评估的重要性在于能对资源资产价值的各个价值构件进行单独评估核算，能最大限度地对自然资源的价值进行评估。这是资源资产价值评估步骤的核心内容之一，其结果最终会影响资源性资产的总体评估价值。

3.2.6.3 对资源性资产各个价值构件价值评估量的汇总

分门别类价值评估的最终目的在于评估资源性资产总的价值量，这就要求对每一单独的价值评估量进行汇总处理，从而得出资源资产价值评估总量。

3.3 自然资源勘寻劳务价值

从资源资产产品成本角度看，自然资源勘寻劳务价值的现实经济形态就是勘寻劳务成本补偿。因此，自然资源勘寻劳务价值是勘寻劳务成本的理论表现形式。具有典型经济价值特征的自然资源如矿产资源大多深藏于地底下，为获取自然资源完全信息，人类社会需要专业勘寻劳动去勘察矿源材料、分析矿山信息。这种专业性勘寻劳务就是我们这里所说的勘寻劳务价值。与自然资源原始价值相比，自然资源勘寻劳务价值的评估是相对容易的，毕竟这种价值能够在市场上有所体现。它的价值量大小由恢复勘寻劳务的社会必要劳动时间来决定，其恢复时间越长，价值量越大。

值得注意的是，随着人类社会使用自然资源的强度日益提高，人类社会对自然资源，尤其是矿产资源的需求量呈现显著递增态势，自然资源勘寻劳务在勘寻技术保持不变的条件下势必有逐渐增加的趋势，自然资源勘寻劳务价值也因此不断提升。

3.4 国有资源资产的价值

由自然资源原始价值和自然资源勘寻劳务价值的内容可知，我们所讨论的国有自然资源价值必然有两个部分的内容组成：一是自然资源原始价值，二是自然资源勘寻劳务价值。不可置疑的是，国有自然资源只是自然资源所有权属于国家所有的一类自然资源，其价值本原与自然资源价值保持一致。因此，我们认为，国有自然资源价值也必然有两个部分组成：一是国有自然资源原始价值，二是自然资源勘寻劳务价值。后者是建立在前者基础之上的，毕竟国有资源资产在剥离了人类劳动之后，剩下的只是劳动对象的基本物质对象——自然物质，即是说此时的自然物质是作为人类劳动产品的基本物质载体而存在的。正如马克思所说："上衣、麻布等等使用价值，简言之，种种商品体，是自然物质和劳动这两种要素的结合。如果把上衣、麻布等等包含的各种不同的有用劳动的总和除外，总还剩下有一种不惜人力而天然存在的物质基质。”① 自然资源也因此作为人类劳动必然对象而存在，也正是由于这个缘故，才有了“劳动是财富之父，土地是财富之母②”这一说。因此，人类劳动和自然资源的共同作用才形成了国有资源资产，最终形成人类意义上的社会财富。

① 资本论（第1卷）[M]．北京：人民出版社，2004：56.
② [英]威廉·配第．赋税论[M]．秋霞，原磊，译．华夏出版社，2005：91.

第4章 国有资源资产收益形式

从理论上思考国有资源资产价值问题的根本目的还在于指导国有资源资产收益分配制度建设，为国家获取国有资源资产收益提供理论依据。对此，在分析国有资源资产价值基础之上，我们有必要讨论政府国有资源资产收益形式，并从理论上界定政府作为国有资源资产所有者和勘寻劳务供给者从国有资源资产收益体系中获取相关权益收益的依据、形式和规模。

4.1 国有资源资产收益的规定性分析

国有资源资产收益的规定性主要是分析对国有资源资产收益的基本属性、主客体、基本特征等，分析的目的在于对国有资源资产收益存在的内涵、外延有一个基本的范围限制，以便充分认识国有资源资产收益形式。

4.1.1 国有资源资产收益的定义与分类

资源资产是人类社会对自然资源按照人类意愿进行资产化管理和劳动改造后所形成的一项能带来预期收益的资产；收益是指“在期末、期初保持同等富裕程度的前提下，一个人可以在该时期消费的最大金额①”，它是收益主体在一定时间段内因处置资产所有权、使用权、收益权等相关权益所拥有的潜在和现实的货币收入。国有资源资产收益根源于资源资产，其基本属性是能预期给资源资产权益主体带来的货币收入。从国民经济核算体现上看，国有资源资产收益尚处于国民收入初次分配级次上，并不涉及国有资源资产收

① ［英］J. R. 希克斯．价值与资本［M］．薛蕃康，译．北京：商务印书馆，1982.

益的再分配问题，如自然资源所有者权益收益如何在各个具体的实质利益主体之间进行分配问题。从资源资产简单再生产角度看，国有资源资产收益是对不变成本C和人类劳动V的有效补偿，并不涉及利润M的实现问题。考虑到收益内置潜在和现实表现性特征，国有资源资产收益可以分为潜在国有资源资产收益和现实国有资源资产收益两个方面内容。

潜在的国有资源资产收益更多的是强调由于资源资产所有权权属尚未发生根本变化，事实上是产品尚未进行市场交换、尚未转变成商品形态，因此它并不能给资产所有者带来现实货币收益。潜在的国有资源资产收益如若转变为现实国有资源资产收益则需要一定程度的需求拉动，否则几乎不可能成为国有资源资产收益分配的对象。现实的国有资源资产收益则强调自然资源所有权或使用权的完全转移过程中，通过市场交换渠道所形成的用现实货币来表现的收益。本书研究的重点内容在于讨论政府如何通过所有者权益及其他相关权益来获取国有资源资产收益，这说明政府所获取收益的物质基础必然是确已实现了的现实收益而非潜在的国有资源资产收益。

4.1.2 国有资源资产收益形成的路径

国有资源资产收益形成过程主要考察自然资源是如何从自然状态转向人类可利用的自然资源，进而通过法律、经济和市场交换手段使其在市场经济体制中产生显著经济收益。我们可以明确的是，自然资源在这个过程中参与了自然资源产品的简单再生产。即是说，国有资源资产收益实际上是资源资产价值形态C+V在现实生活中的表现形式。考虑到诸多自然资源信息需要专业劳务去探寻，因此，在国有资源资产收益形成过程中除了相关的法律规制和经济手段之外，还必须要探寻劳务供给。综合起来看，国有资源资产收益的形成过程可以归结为图4-1。

自然状态下的自然资源对于人类来说无疑是大自然馈赠给人类社会的“礼物”，但这类“礼物”有相当一部分深藏于地下，并非裸露在地表之上。因此，只有不同程度上的专业勘寻劳务才能使这些自然资源达到为人类所利用的自然资源状态，这个阶段是自然资源勘寻阶段，是人类社会发现自然资源具有显著有用性的阶段。在这个过程中，由于有劳务的适度供给，必然要求有与之相应的成本补偿机制。在发现了自然资源确切信息之后，国家可以通过法律和国家占有制度宣示自然资源所有权归属、确定资源资产所有者地

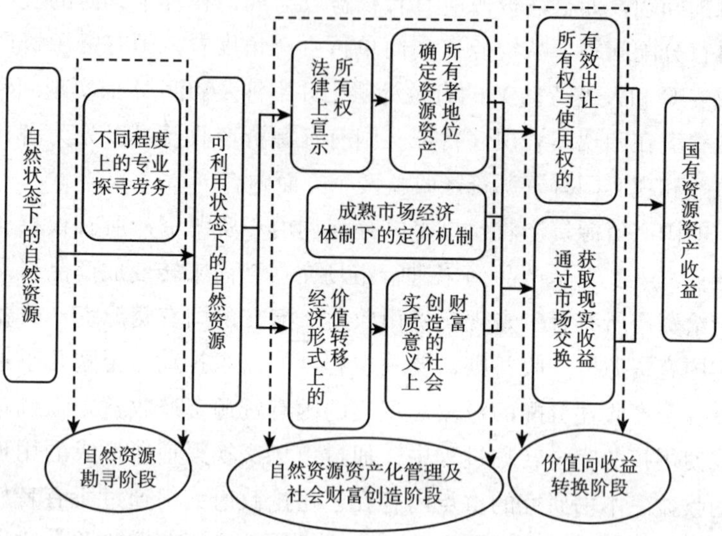

图4-1　国有资源资产收益的形成路径

位、明确资源资产所有者收益归属。与此同时，根据国有资源资产价值观念的分析我们可以看出，自然资源、国有资源资产是存在价值的，并且这种价值在特定的场合下会发生价值转移，就是说有实质意义上的社会财富出现。这个阶段是对自然资源进行资产化管理的阶段，同时也是分析资源资产参与创造社会财富的阶段。在成熟的市场定价机制背景下，这种已经发生转移了的国有资源资产价值，因自然资源国家占有这种特殊所有制制度使其可以通过出让所有权、使用权的形式获取现实经济收益，也可以同时直接实现对自然资源产品不变成本的有效补偿，最终形成国有资源资产收益。这一阶段是国有资源资产最终由价值向收益转换的阶段，也是我们分析国有资源资产收益形成路径的落脚点。当然，国有资源资产收益在形成过程中的市场定价机制是实现国有资源资产收益过程中核心要件之一。这主要是基于以下几个方面的原因考虑：一是自然资源所有权或使用权的出让需要有效的市场定价机制和有效的价值评估方法来核定其价值量大小，如果现实生活中的市场定价机制处于一种非公开的、非公平性的、封闭或者半封闭型状态，那势必会造成国有资源资产收益在定价过程中出现的收益漏损问题；二是完善的市场定价机制可以更大程度上体现国有资源资产价值，尤其是国有资源资产价值构件中那些不能直接用经济收益来衡量的价值构件如生物多样性价值、科研价值、历史研究价值等，毕竟完善的市场定价机制会考虑到人类社会的长远利益和人与自然的和谐发展问题；三是完善的市场定价机制能更好地作用于资源资产价格体系，充分反映出国有资源资产的价值构成。事实上，所有权与使用权的有效出让是实现国有资源资产收益过程中核心要件。因为只有当自然资源所有权或使用权得到有效出让之后，国有资源资产的现实收益才能得到真正实现，否则，这些所谓的国有资源资产收益也仅仅局限在潜在的收益层面上，尚不能直接形成能带给法定资源资产主体一定规模的现实收入流和财产支配能力。

4.1.3 国有资源资产收益的主客体分析

谁拥有国有资源资产收益是分析国有资源资产收益分配制度必须首先明确的前提条件，只有把这个问题明确了，收益分配的逻辑起点才会建立起来。当然，谈及国有资源资产收益主体必然要涉及国有资源资产收益客体，毕竟主体与客体是相互依存的一对矛盾统一体。

4.1.3.1 国有资源资产收益的主体

法律意义上的主体是权利义务的承受者，反映在经济学意义上可以因此将主体定性为享受经济收益并因此承担经济责任的利益主体。从这个角度看，国有资源资产收益的主体应该是国有资源资产权利义务的利益主体，是国有资源资产经济权力的承受者和资源资产相关义务的履行者。享受权利收益的主体我们称之为“受益主体”或者“受益者”，承担责任义务的主体我们称之为“承受主体”或者“承受者”。在国有资源资产收益形成过程中，国有资源资产利益关联方主要是自然资源所有者、勘寻劳务供给者。所有者通过法律形式确定其所有者地位，确保其因所有者身份而占有部分国有资源资产收益，它是国有资源资产收益体系中最重要的受益主体。勘寻劳务供给者主要是发现自然资源确切信息的专业勘寻工作者。须注意的是，国有资源资产的开发利用者则是自然资源开采和所有权或使用权有效出让过程中因有相关劳务支出而享受劳务补偿的受益主体，它此时所获得是经营利润，并不是我们这里所说的国有资源资产收益体系里面的内容。在现实生活中，国有资源资产必须通过市场机制来转让其所有权或使用权，否则自然资源仍将处于一种原始自然阶段，尚不能为人类社会福利增长提供任何可能性条件，自然资源带给人类福利状态尚处在“零福利”阶段。进一步说，即便是自然资源所有者完全有效占有资源资产，但不参与国有资源资产收益分配的所有权或占有权就会失去其占有的意义①，所有权存在的必要性也势必丧失。当然，在自然资源所有者转让自然资源所有权或使用权之前，尚有不同程度的勘寻劳务投入，它是自然资源能被人类所利用的最初劳务投入，它的成本补偿原则上也应计入资源资产收益体系中。由此可以看出，国有资源资产收益的受益主体事实上细划分为：（国有）资源资产勘寻劳务供给者、自然资源所有者，他们获取的收益相应为自然资源勘寻劳务供给者权益收益（简称为“勘寻劳务权益收益”）、自然资源所有者权益收益（简称为“所有者权益收益”）。与此同时，我们需注意的是，自然资源开发利用者因要接受资源资产、并将资源资产投入到资源资产的再生产环节中，因此它将同时承担起国有资源资产收益的承受主体角色，即是说一般意义上的自然资源开发利用者将成为国有资源资产所有权、使用权出让成本的承受者。

4.1.3.2 国有资源资产收益的客体

哲学上的客体是指主体以外的客观事物，是主体认识和实践的对象；法律上的客体是指主体的权利和义务所指向的对象。国有资源资产收益客体据此可以理解为国有资源资产收益主体认识和实践的法律对象。国有资源资产收益根源于国有资源资产价值，是国有资源资产价值的现实转换形式。因此，国有资源资产收益客体的价值基础应该是国有资源资产价值。在具体的产品价值表现形式中，国有资源资产收益客体表现为是产品价值 C + V + M 中的 C + V 部分。自然资源所有者拥有自然资源所有权，实际上是对 C 拥有独占权、支配权、使用权；相应地，在自然资源作为国有资源资产的原材料或者不变成本进入生产流程之后，C 的价值转换形式必然在最后的国有资源资产价值产品 P 中有所体现，这也形成了自然资源所有者权益收益的微观价值客体。承认国有资源资产价值的存在并不能为现实国有资源资产收益分配提供现实的物质基础，这需要对国有资源资产收益的现实物质客体有个总体把握。在现实生活中，自然资源如若成为增进人类福利的一个有效措施，则必须将其投入正常的社会生产体系中，进而形成一定规模的社会财富。同时，我们可以确定的是“社会财富是由各种生产要素共同创造的②”，这里的各

---

① 肖艳霞．正确认识生产要素参与收益分配［J］．社会主义研究，1999（4）：18－21.

② 敖华．从分配三要素看按生产要素分配［J］．首都师范大学学报（社会科学版），2005（4）：54－59.

种生产要素当然包括了自然资源。既然如此，国有资源资产收益主体理所应当从确已实现了的社会财富中获取其权益范围内的收益。此时，国有资源资产收益的现实物质客体也就相应表现为自然资源在生产过程中所创造的社会财富。

当然，我们需要注意的是国有资源资产收益的理论客体是国有资源资产价值，但国有资源资产价值向国有资源资产收益进行转换时，还须注意转换过程中的几个问题：一是转换的目的。国有资源资产价值向国有资源资产收益转换的目的主要是从制度上形成规范约束经济人行为、有序开发自然资源尤其是开发不可再生资源的有效机制，切实有效保护自然资源，从而实现自然资源所有者权益收益、勘寻劳务权益收益。二是转换的形式。自然资源所有权者在可以转让资源资产使用权的背景下由接受使用权的市场经济行为主体代表自然资源所有者执行使用者权益，并从中获取开发利用者利润。因此，国有资源资产价值向国有资源资产收益的转换过程，就是自然资源所有者出租租赁、代理经营、直接转卖资源资产的过程。进一步看，这种国有资源资产收益形式事实上可以细化为以租为核心内容的收益形式。三是转换的结果。国有资源资产价值向资源资产收益转换的结果，就是价值通过资源资产的各种收益形式来统一体现的。事实上，尽管各种收益形式表述方法不一致，但最终还是可以通过现有的货币符号来统一表示。

4.2　政府国有资源资产所有者收益

自然资源所有者占有资源资产的目的并不是为了简单的法律宣示，毕竟这种宣示也仅仅是通过法律手段来规制其他经济行为主体的行为，并有效保障其所有者地位不受侵犯。资产占有的最终目的还在于获取占有收益——通过有效占有自然资源来获取相关所有者权益收益。

4.2.1　政府国有资源资产所有者收益的依据

从图4-1国有资源资产收益形成路径可以看出，自然资源所有者获取国有资源资产收益的依据主要来自法律依据、经济依据和制度依据等三个方面。

就法律依据而言，自然资源所有权的“私人”所有是自然资源所有者获取资源资产收益的法律依据。国家通过立法机关或者权力机关赋予非政府法人组织或政府职能部门所有者地位，使其依法拥有资产的自然资源所有权——占有权、使用权、收益权、处分权等相关权力。事实上，一旦国家赋予既定组织的自然资源所有者地位，则该所有权就具有完全排他性特征，任何人和任何组织都不能因此而侵犯自然资源所有者的合法权益尤其是由此产生出的资源资产收益。否则，自然资源所有者有权依据国家法律法规对违规的责任人或组织提出相关反制措施。即是说，自然资源所有者在法律规定范围内拥有对自然资源所有者的一切权力，当然也包括获取收益的权力。

就经济依据而言，自然资源所有者即便是拥有了自然资源所有权，但该资源资产在社会生产活动中尚未创造任何社会财富，或者说该资源资产处于有待开发阶段，则此时自然资源所有者获取国有资源资产收益的经济基础或者物质基础将不存在。我们认为，自然资源所有者获取国有资源资产收益的经济依据或者物质基础当然是资源资产既已创造出的社会财富。社会财富是指劳动者在生产过程中创造的具有对人有使用价值的劳动产品①，它事实上是人类劳动与自然资源相结合的产物，只有对人类有显著有用性的自然资源，人类才有动力去对它进行资产化管理，并将其作为生产过程中的不变成本纳入生产环节中。只要人类社会创造了适合人类社会发展和进步的社会财富，就等于说自然资源、国有资源资产价值得到了完全或者绝大部分转移，资源资产作为自然资源产品生产要素参与了社会财富的创造，也就相应有从中获取部分社会财富份额的权力，这是要素贡献分配论的理论推导结果，同时也符合法国经济学家让·巴蒂斯特·萨伊按要素所有权分配的观点。即是说，此时的自然资源所有者因资源资产的生产要素地位而有权参与社会财富的分配。

就制度依据而言，我国实行的自然资源国家占有制度事实上确立了国家凭借自然资源所有权参与国有资源资产收益分配的制度依据，而这个依据也与法律依据一样，使作为自然资源所有者的国家在获取所有者权益收益时具有显著的制度排他性。

自然资源所有者凭借法律依据、经济依据和制度依据分享了国有资源资

① 社会财富在社会生产各个环节中的作用来讲，它可分为生产性财富（生产资料、劳动力）、流通性财富（作为生产结果的各种形态的劳动产品）、分配性财富（各种收入、基金）、消费性财富（生活资料）。参见：巫继学．社会财富的马克思主义经济学理解［EB/OL］．光明网－光明观察，http：//guancha. gmw. cn/content/2008－12/15/content_869358. htm，2008－12－15.

产所创造的社会财富，这是我们研究政府国有资源资产收益的逻辑起点。

4.2.2　政府国有资源资产所有者收益的形式

自然资源国家占有制度确定了任何国有资源资产使用者都会因为其特定行为而付出相应的使用成本费。在社会主义国家里，这种使用成本费便成为理论上的国有资源资产使用租金，即国家在保留终极所有权的基础之上对国有资源资产的使用权在一定时间段和一定区域范围内予以出租所获取的租金，亦即马克思所说的地租或者租金。马克思从地租的不同形式中总结出来地租的实质，即“地租是土地所有权在经济上的实现，不同的人借以独占一定部分土地的法律虚构在经济上的实现”①。事实上，地租是土地所有权者实现自己所有者权益的一个方式，是土地使用者向土地所有者支付的经济代价。如果出租土地取不到相应的地租，意味着土地所有权的取消和土地所有权的废除。当然，这里的土地所有权也可以推广至整个诸如矿业等自然资源中，毕竟“关于农业所要说的地租，大体上也适用于采矿业”②。将地租的适用范围扩大至整个自然界，我们可以发现，存在所有权垄断的地方，如若国有资源资产的潜在使用者准备使用既定的国有资源资产，则使用者必须向国有资源资产所有者支付相关的使用费或地租。自然资源国家占有制度是一种显著的所有权垄断制度，地租也就成为我国实现所有者权益收益的主要表现形式，同时也因地租的缘故可以称之为国有资源资产使用租。出于研究必要考虑，也是为了进一步研究国有资源资产所有者权益的实现问题，我们依据马克思关于地租构件内容的分析，从绝对地租和级差地租两个方面来拓展资源资产使用租。

4.2.2.1　资源资产绝对地租

绝对地租是指由于土地私有权的存在，租种任何土地都必须缴纳的地租。其价值实体是农产品价值超过社会生产价格以上的那部分超额利润，即土地所有者凭借土地私有权的垄断所取得的地租。土地所有者对于他的土地，不论是优等地或劣等地，总要取得一定的地租，否则，他宁愿让土地长期闲置，

① 资本论（第三卷）［M］. 北京：人民出版社，2004：715.

② 资本论（第三卷）［M］. 北京：人民出版社，2004：727.

也不肯让别人无偿使用。这种地租的存在并不以土地或者其他自然资源的品位价值和地理位置直接相关，也不以劳动生产率的高低相关，它是由所有权绝对垄断造成的。它是“土地所有权本身已经产生地租”① 的一个直接体现，也是土地所有权在经济上的体现，反映着土地使用者与土地所有者的经济关系。在社会主义市场经济体制下，土地属于国家或集体所有，“土地所有权”归国家和集体所有。它是国家“私有”或集体“私有”这种特殊私有制形式在社会主义国家中的特殊表现形式。因此，绝对地租在社会主义市场经济条件下当归国家和集体所有。当然，绝对地租的实现需要国有资源资产所有权和使用权的有效分离，这是对自然资源进行资产化管理的内在要求。从所有权层次上考虑，绝对地租可以认为这是国家对国有资源资产拥有终极所有权在收益角度上的一个直接体现。所谓终极所有权是指国家对企业国有资产拥有实质性的、最终的所有权，它是指国家是社会资产的真正拥有者。② 相比较而言，直接所有权是指国家准予经营资源资产企业所拥有的资产处置权、支配权进而使用权。正是因为国有资源资产的所有权最终属于整个国家所有，国家有权利获取国有资源资产的任何合理和合法收益，并且这种获取收益的权利并不需要考虑经济行为主体，尤其是自然资源使用者的经营能力和现实获利能力。换句话说，向国有资源资产使用者征收绝对地租是国家行使终极所有权的结果。

我国对自然资源实行资产化管理之后，国家凭借对国有资源资产的终极所有权也相应地拥有向资源资产使用者征收绝对地租的权利。国家对资源资产使用者征收资源资产绝对地租的一个现实形式可以理解为是资源资产税。税收是为了弥补一般公共服务成本而存在的，这种政府收入筹集手段的显著性具有普遍、强制性征收特征。而资源资产绝对地租是依据国家对资源资产的“私有”所有权向所有资源资产使用者所筹集的一项强制性征收，它也具有普遍性和强制性征收特征。因此，我们认为，理论上的资源资产所有者权益实现形式之一的资源资产绝对地租，在实现生活中可以采取税收的形式来征收。当然，收费也是一种绝对地租的实现形式，世界上诸多国家采用的权利金制度实质上就是收费。作为一项“取之于已”的收入形式，资源资产绝对地租的有效征收也需考虑以下两个方面的问题：

---

① 资本论（第三卷）[M]. 北京：人民出版社，2004：854.

② 辛向强. 红墙决策——中国政府机构改革深层起因 [M]. 北京：中国经济出版社，1999：560.

一是资源资产绝对地租征收额度的高低问题。作为资源资产绝对地租的征收方来说，它属于“经济人”假设范畴，资产所有者所希望的结果是资源资产绝对地租越高越好；但作为资源资产使用者来说，在“经济人”假设背景下，它所希望的目标是资源资产绝对地租征收得越低越好，甚至为零。两者之间的博弈现状导致了作为资源资产所有者的国家陷入了两难局面，这个两难局面的核心内容就是资源资产绝对地租的征收额度问题。

二是资源资产绝对地租征收对象的确定问题。由于资源资产绝对地租根源于绝对地租，因此国家可以对所有资源资产使用者征收，也可以对部分资源资产使用者征收，这是资源资产所有者的权利。但在这个征收对象的选择上，资源资产所有者必须考虑到征收绝对收益可能带来的负面影响或潜在不稳定性。

4.2.2.2 资源资产级差地租

级差地租是由于农业发展各个阶段的土地自然肥力的差别而产生的（这里还是把土地的位置撇开不说），就是说，它的产生是由于最好土地面积有限，是由于等量资本必须投在对等量资本提供不等量产品的不同的各级土地上。[①] 不耕种更坏的土地，地租也可以在一向最坏的土地 A 上产生的方法，也就是说，地租的产生是由于土地 A 的个别的一向起调节作用的生产价格，和最后一个生产力不足的追加资本在较好土地上提供的必要追加产品所有的新的更高的生产价格相比，有一个差额，这个差额就是级差地租。[②] 从级差地租的形成过程来看，级差地租主要是由两个方面的原因造成的。一是自然资源所处地理位置和自然资源质量（此时的级差地租被称之为级差地租Ⅰ)。就地理位置而言，即使在土地肥力无显著差异的地块，由于地理位置的缘故也可能导致各自生产成本差距明显，致使资源资产的收益也会出现较大差异。地理位置相比较好的土地将势必因此获取一定规模的级差地租，即所谓资源资产地理位置型级差地租Ⅰ。就自然资源质量而言，以土地资源为例，由于肥力的差异，在同等投资的情况下，其产量和收益也会出现差异，肥力较高的土地其附着物产出水平较高，自然获取了较高的收益，进而获取级差地租。我们在分析自然资源有用性过程中提及自然资源有用性有质的区别，即自然

---

① 资本论（第三卷）[M]. 北京：人民出版社，2004：742.

② 资本论（第三卷）[M]. 北京：人民出版社，2004：838.

资源存在着品位价值的区别。因此，自然资源中的土地资源、矿产资源等也将不可避免地存在着类似于土地肥力差距的品位价值差别。依据级差地租的形成过程，这种品位价值也势必产生级差地租Ⅰ，即所谓的资源资产品位价值型级差地租Ⅰ。二是劳动生产率高低的问题（此时的级差地租被称之为级差地租Ⅱ）。在同一块土地上连续追加投资，每次投资的劳动生产率必然会有差异，只要高于劣等地的生产率水平，就会产生超额利润。这种由于在同一块土地上，各个连续投资劳动生产率的差异而产生的超额利润化为地租，即为级差地租Ⅱ。级差地租Ⅰ和级差地租Ⅱ的实例，如随着人类文明的演进，人类的城市化水平将日益提高，城市核心区周围的土地位置与其他地方的土地相比，其对人类发展的优势更为明显，因此，级差地租Ⅰ在这些地区就非常明显。依据国家对土地的所有权，对这些土地的出让收入征收级差地租Ⅰ也就成为行使土地资源所有权的必然选择。同时，国家为了进一步提高自然资源的开发力度，大力推进基础设施建设，使自然资源所在地与其他地区之间的资源开发成本有显著差别，导致各地同类型资源资产在同一投资成本背景下的劳动生产率必然有差异，进而导致资源资产收益也相应出现较大差距，这种收益上的差距就是事实上的级差地租Ⅱ。由于级差地租Ⅰ和级差地租Ⅱ实现起来有一定的差别，我们将其分开讨论。

（1）地理位置型级差地租Ⅰ。资源资产级差地租存在的最基本原因是地理位置优劣，也正是由于地理位置的差别才导致了企业经营成本的高低不等。对于国家来说，谈论地理位置并没有任何意义，只有当地理位置超出国家的物理界限，地理位置才有差别。但这显然不是级差地租产生的地理条件。对于一国范围内的任何经济主体来说，拥有不同地理位置将意味着企业拥有不同的经营场所，企业的运输成本差距就会凸显。距离原材料地理位置较近且与产品集散地（市场消费中心区）较低的企业，其成本自然较低。而由地理位置优越带来的诸如信息优势、人才优势、机会成本等优势也会逐渐体现出来。因此，国家征收地理位置型级差地租Ⅰ不但是国家行使资源资产所有者权益的直接体现，而且也是调节企业间成本差距的一个重要方法。因地理位置所产生的资源资产级差地租Ⅰ的多少，可以通过考察不同地理位置间企业经营成本差距来实现。当然，有些由地理位置所带来的其他优势，事实上是无法通过资源资产级差地租Ⅰ来调节的。这里的企业间经营成本也主要是运输成本问题。企业间的运输成本差直接导致了企业经营成本差距，且这里的运输成本在现实生活中比较容易进行价值衡量和成本核算。因此，我们在进行资源资产级差地租Ⅰ征收核算时，主要是用企业间的运输成本来作为替代核算依据。当然，征收资源资产级差地租Ⅰ还需注意以下几个方面的问题：一是对地理位置优越性的定性问题。何谓地理位置优越？这需要一个衡量标准，这也关系到企业间运输核算成本的高低问题，自然也关系到资源资产级差地租Ⅰ高低问题。从级差地租的含义上看，级差地租更多的是一种模糊概念，并不是一个可以具体测量的收益形式，其大小的衡量方式只有通过一些替代工具来开展。用运输成本来替代地理位置级差收益，事实上是已经忽略了影响地理位置级差收益的其他因素，因此我们必须制定一个公允的衡量标准，以此来评估地理位置是否优越。二是对运输成本的定性问题。往往靠近自然资源的企业其地理优势较为明显，运输成本也相对较低，但这可能导致其与产品消费目的地和使用目的地之间的距离较远，进而形成两个运输成本的问题，即产品较远地导致的运输成本问题和原材料较远的运输成本问题。这就需要我们对企业运输成本作定性处理。三是对运输成本差距是否全部设为资源资产级差地租Ⅰ的问题。运输成本作为资源资产级差地租Ⅰ的替代因素，其大小直接关乎地理位置级差收益的大小，因此是否将这种大小差距直接设为资源资产级差地租Ⅰ还有待进一步研究。全部设定的做法，对于地理位置优势并不明显的企业有一定的市场竞争优势，但对地理位置优势较为明显的企业则可能是一种成本，这并不是市场竞争的结果，政策执行难度较大。若非全部设定则可能导致地理位置已经处于优势地位的企业市场竞争优势更为明显，市场的公平竞争就可能难以实现。四是征收对象的设定问题。资源资产级差收益征收对象是资源资产所有者为获取级差收益时所必须面对的问题。事实上，资源资产各类收益征收对象的确定问题一直都是资源资产所有者、管理者所必须面对的问题，在这里有所体现，在之后的资源资产级差地租Ⅱ、资源资产绝对地租也要涉及这个征收对象问题。个别企业尽管地理位置较为优越，但属于国家扶持的类型，那它的地理位置级差收益是否该征收？需要明确的是，并非所有企业都会被征收资源资产级差地租Ⅰ，这需要我们本着公平、公正的原则进一步设定资源资产级差地租Ⅰ的征收对象。

（2）品位价值型级差地租Ⅰ。资源资产品位价值的高低直接关系到自然资源的有用性多少问题，进而关系到资源资产价值大小问题，而自然资源及资源资产这种品位价值的高低并不是由资源资产所有者、勘寻劳务供给者提供的，而是天然形成的。马克思认为：“一个葡萄园在它所产的葡萄酒特别好时（这种葡萄酒一般说来只能进行比较小量的生产），就会提供一个垄断价格。由于这个垄断价格（它超过产品价值的余额，只决定于高贵的饮酒者的财富和嗜好），葡萄种植者将实现一个相当大的超额利润。这种在这里由垄断价格产生的超额利润，由于土地所有者对这块具有独特性质的土地的所有权而转化为地租，并以这种形式落入土地所有者手中。"① 这说明，当某种自然资源存在着其他地区的同类资源所没有的或者较少拥有的有用性时，资源资产所有者就完全可能利用这种特殊有用性来获取超额利润。作为这类资源的所有者，国家或政府完全可以通过其所有权向资源开发利用者征收一定规模的地租来参与资源资产收益的分配，进而实现所有者权益收益。这里的地租为了区分因地理位置带来的级差地租，我们将其视为品位价值型级差地租Ⅰ。我国国内地区的鸡血石、宝石、紫砂等自然资源因其内部物理化学成分的特殊性导致其功能有特别之处，最后引致其有用性也有特别的地方。这使得这部分特殊资源的开发者有可能利用这些特殊有用性所获取的市场定价权力而获取相对较高的收益，或获取超额垄断利润。既然矿产资源这种特殊有用性是天然形成的，并非企业家通过人为因素铸就的，那么在这类资源开发利用过程中，国家就有权获取品位价值型级差地租Ⅰ。当然，我国国内某些特殊稀有矿产资源如重（轻）烧镁、电熔镁、铝矾土、萤石等，其内在特殊有用性是国外同类资源里所不具备的，原则上也可以征收品位价值型级差地租Ⅰ。总而言之，品位价值型级差地租Ⅰ强调的是资源资产有用性多少，以及资源自身物理化学密度强弱的问题。这与地理位置型级差地租Ⅰ有着显著区别。我们需要注意的是，品位价值的高低是由自然资源内在属性所决定，人类社会只是在现有知识文化水平之下发现这种品位价值的事实存在而已，但资源资产富含的这类特殊有用性若要实现其收益则需在资源资产市场来实现。这要求政府在征收品位价值型级差地租Ⅰ时必须考虑到市场反应。品位价值型级差地租Ⅰ主要存在于矿产资源、森林资源中。前者可以是一些稀有金属矿中含有对人类发展有特殊科研价值、经济价值的元素；后者则可以是包含特定旅游、科研、历史研究等价值。这些资源的稀缺性导致资源所有者完全可能通过征收品位价值型级差地租Ⅰ的形式来实现其所有权的垄断地位，借以实现资源资产所有者权益收益。但我们须注意的是，尽管征收品位价值型级差地租Ⅰ的资源资产所有者能够因此实现所有者权益收益，但这种收益规模会因竞争规律的影响及购买者的需要和支付能力的变化而变化。过分强调垄

① 资本论（第三卷）[M]. 北京：人民出版社，2004：877.

断性和特殊有用性，则可能会打击资源资产产品购买者的购买欲望，从而降低资源资产的现实价格和利润，最终影响这部分资源资产收益的最大化实现。

（3）资源资产级差地租Ⅱ。资源资产级差地租Ⅱ是由自然资源不同生产率所引起的。马克思认为，级差地租实质上终究只是投在土地上等量资本所具有的不同生产率的结果。① 与此同时，马克思也认为，级差地租Ⅱ的基础和出发点，不仅从历史上来说，而且就级差地租Ⅱ在任何时期内的运动来说，都是级差地租Ⅰ。② 由此可以看出，级差地租Ⅱ是由级差地租Ⅰ逐渐深化延伸出来的，并不是一个绝对独立的地租形式，有别于级差地租与绝对地租之间的平行关系。既然如此，作为资源资产所有者的国家在决定征收资源资产级差地租Ⅱ时，必须考虑级差地租Ⅱ形成过程中有多少已经在级差地租Ⅰ中被征收。如果不能有效衡量，则可能导致级差地租重复征收的问题。事实上，这种衡量过程也是一个模糊衡量的过程。在级差地租Ⅰ的计算中我们引入了交通运输成本来替代地理位置型级差地租Ⅰ，对品位价值型级差地租Ⅰ则需考虑市场反应。而级差地租Ⅱ是由前两者延伸而来，因此对这种级差地租的征收规模难度确定更高，尤其是劳动生产率的高低贡献更难以从各个因素中有效分离出来。因此，我们在这里也只能选用替代法来核算计征资源资产级差地租Ⅱ。这种替代法笔者侧重于选择将政府为有效开发存量自然资源而产生的基础建设投资作为资源资产级差地租Ⅱ的替代品。其中的缘由主要基于以下几点考察：一是基础建设容易量化，这是基础设施建设最为显著的特点，也是将其视为资源资产级差地租Ⅱ的一个最直接原因。二是基础建设的显著外部性决定了市场经济条件的经济人不会积极主动地参与到自然资源基础建设中来，这又需要政府出面予以适当的政策和资金引导。三是引起自然资源劳动生产率高低不等的原因众多，如资源资产开发利用企业劳动力技术水平、管理水平、资金投入等，基础设施建设只是其中一个，在级差地租Ⅰ已经确认征收的情况下，资源资产所有权的垄断性就变得不是那么显著，这时政府如若征收的资源资产级差地租Ⅱ则需使用外部成本来统一核算其收益规模。对此，我们可以将国家的基础设施投资成本全部或部分视为资源资产级差地租Ⅱ。但仍然需注意以下几个方面的问题：首先是征收规模的问题，即是否将国家投资成本全部或部分设定为资源资产级差地租Ⅱ的问题。征收规模的大小直接关系到企业（或称为资源资产使用者）的经营成本和经营风险，直

---

①② 资本论（第三卷）[M]. 北京：人民出版社，2004：759.

接影响了企业的市场竞争力，进而会直接影响自然资源的有效开发使用。因此，征收规模的大小问题必须明确。其次是征收方法的设定问题，即是一次性征收还是分批征收的问题。一次性征收无疑会使资源资产使用者的当期财务成本陡增，这明显不利于资源资产使用者的长期发展。因此在这个问题上，我们趋向于选择分批征收的方法。最后是征收对象的确定问题，即是面向所有资源资产使用者征收还是面向部分资源资产使用者征收的问题。这需要对当时的国家政策予以充分考量，进而作出范围的适当确定。

资源资产的级差收益是资源资产所有者行使资源资产所有权权益在收益分配形式上的直接体现，征收依据是资源资产所有者的权益。事实上，国家凭借所有者权力所获取资源资产级差收益与资源资产绝对地租一样，都是国家“取之于己”的一种财政收入手段，并不是因为国家没有直接参与市场经营活动而不能获取此项收入。

4.2.3 政府国有资源资产所有者收益的规模决定因素

国有资源资产收益规模在既定时间内是相对固定的。因此，政府国有资源资产所有者收益在实行自然资源国家占有制度背景下有其内在必然性。受一国经济发展水平、经济社会政策、国际经济发展环境等因素的影响，政府作为国有资源资产所有者所获取的国有资产收益规模并非完全一致。为从制度上完善我国政府凭借所有者权益获取有效的国有资源资产收益制度，我们有必要对政府国有资源资产所有者收益的规模决定因素展开讨论。从一国的经济社会政策到制度规章，从一国经济发展水平到国际经济发展环境，他们共同构成了政府所获取的所有者权益收益规模决定因素。

4.2.3.1 国家政策导向

既然实行自然资源国家占有制度，国家按照生产要素在社会财富创造过程中所做的贡献比率获取与此相对应的国有资源资产收益，这是遵循市场经济规则的必然结果。但由于国家是一个尚无实际执行力的、虚置的所有者，它在获取所有者权益收益时的动力往往不及普通经济人那样明显，这就导致作为国家权力执行者的政府在制定相关收益获取政策时可能不严格按照市场规律办事，即在获取国有资源资产收益时可能会征收相关的收益，也可能不予征收；有时征收规模比较大，有时规模较小。这就说明所有者权益收益规模可能会受到来自国家政策的影响。

从完善国家财政收入体系角度看，我们认为国家必须从既已实现了的国有资源资产收益体系中获取相关的所有者权益收益，这实际是对我国当前忽略自然资源使用租的否定。我国政府在制定政策时不应该在这个问题上有所动摇。当然，如果国家对获取国有资源资产收益方面的政策从紧，完全做到考虑国有资源资产收益应收尽收，则此时国家势必获取既定时间段内的最大规模所有者权益收益，国家获取国有资源资产收益的比例也将达到最大。当然，如果国家从松制定收益获取政策，则此时的所有者权益收益规模将与松紧比例严格一致。总的来看，国家政策导向会直接影响所有者权益收益规模，二者呈现正相关关系。

4.2.3.2　规章制度的完备程度

政策导向强调的是在相对长时间范围内一国政策发展纵向趋势问题，而规章制度的完备性强调的是既定时间范围内一国政策发展横向完善问题。在国家宏观政策指引下，如果规章制度非常完备，尽管一国经济在不同历史发展阶段会有不同水平的波动，但完备的规章制度会对此有合理的自动调节，也必然能满足按照要素贡献率参与社会财富的分配。反之，不健全的规章制度则可能加剧经济发展的非均衡性，影响经济的长期健康发展。因此，从经济长期发展角度看，规章制度的完备将会促进国家在既定时间段内获取持续稳定的所有者权益收益，且能有效防止经济的非均衡波动。

4.2.3.3　国家经济发展水平

国家经济发展水平越高，对自然资源的需求量就会越大，在既定自然资源尤其是枯竭型自然资源规模背景下，依据市场供需变化，自然资源价值评估结果必然增加，国有资源资产收益总量也必然提高。在所有者权益收益占国有资源资产收益比例既定的条件下，所有者权益收益规模随着国有资源资产收益总量规模的增加也呈现一个显著递增的趋势。反之，国家经济发展水平较低，则在封闭经济条件下，作为自然资源所有者的国家从中获取的国有资源资产收益规模较低。二者有显著的正相关关系。

4.2.3.4　既定时期内的物价水平

既定时期内的物价水平越高，以货币形式表现的国有资源资产收益总量就越大，国家凭借所有者权益所获取的绝对额就会越高。反之亦然。但众所周知，因物价上涨所带来的收益增长问题并非真实收益的增长，此时的收益增长仅仅是数字的增减问题，并非社会财富的真正增加。从绝对额来看，国家所获取的所有者权益收益规模因物价上涨必然有上升的趋势。

4.2.3.5 国际政治经济环境

国际政治经济环境直接关系到一个开放社会自然资源的需求关系，进而冲击原本处于封闭的国内经济，改变国内自然资源的需求关系，最终对自然资源使用成本和资源资产收益产生直接冲击。以石油资源为例，当国际局势紧张时，受困于供给的有限性，导致国际油价飙升，石油输出国家政府凭借石油资源所有权可以直接参与石油溢价收益分配，提高了整个所有者权益收益规模。但我们也应看到，如果出现国际政治经济环境动荡情景，国家经济运行的良好外部环境必将遭到破坏，国内经济的可持续发展必然会受到影响，资源资产的需求问题必将重新调节，国家从国有资源资产收益体系中所获取的收益也势必受到影响，可能性较大的趋势是下降。这就要求我们客观分析此决定因素对所有者权益收益规模的影响。

总体来看，国家凭借国有资源资产所有者权益所获取的国有资源资产收益是作为生产要素所有者参与社会财富分配的一个具体表现，其收益规模的大小直接取决于该资源的价值量大小，取决于一国经济发展水平，当然也取决于国际国内经济社会发展环境。现阶段我们从完善财政收入体系角度来认识国家凭借国有资源资产所有权参与国有资源资产收益分配必须首先明确国家的政策导向，国家获取自然资源使用租即国有资源资产收益凭借的是国有资源资产的所有者权益，而非政治权利，并且这种权益收益的获取是遵循市场竞争规律的必然结果，而非国民财富的索取。

4.3 政府国有资源资产勘寻劳务所有者收益

自然资源勘寻劳务在市场经济条件下可以由追求完全盈利性的市场经济主体来提供，但随着自然资源勘寻难度的提升，市场经济主体参与自然资源勘寻活动的积极性日趋下降。勘寻劳务产品供求市场失灵与勘寻劳务产品准公共产品属性逐渐显现出来，政府作为勘寻劳务所有者的充分必要条件均具备。在此背景下，政府作为勘寻劳务所有者有权从既已实现了的国有资源资产收益体系中获得与权益相对应规模的收益。这种收益便是政府作为勘寻劳务所有者所获取的国有资源资产收益。

4.3.1 政府国有资源资产勘寻劳务所有者收益的依据

总体来看，资源资产劳务供给者的劳务供给收益获取依据主要存在于生产要素贡献和劳务供给成本补偿两个方面。在市场经济条件下，勘寻劳务成果包含着诸多有关自然资源信息如自然资源存储量、存储位置、资源品位高低等。这些自然资源信息同时也是资源资产生产企业所必须的基础资料，等于说勘寻劳务的成果实际成为资源资产产品原材料的一个组成部分，并作为生产要素投入到资源资产生产企业当中去了，创造了社会财富。由此可以看出，勘寻劳务参与了社会财富的创造。反过来，社会财富也为勘寻劳务供给者获取勘寻劳务供给收益提供了良好的物质基础。从要素分配论角度看，我们可以认为，勘寻成果可以作为企业的一种生产要素而存在。既然能作为生产要素而存在，那么这种要素的所有者就有权获取与这种生产要素在社会财富创造过程中的贡献大小相匹配的要素收入。同时我们还应看到，自然资源勘寻劳务在具体执行过程中是可以有效分割为单个个体的，并可以将其对资源资产生产的贡献逐步分解到劳动者个人身上，这就说明资源资产勘寻劳务具备“私有”属性。一旦确认资源资产勘寻劳务具有此属性，作为资源资产勘寻劳务的所有者就可以根据市场供求大小决定其供应量多少，以获取相关收益。

4.3.2 政府国有资源资产勘寻劳务所有者收益的形式

从国有资源资产勘寻劳务供给者在现实生活中的实际表现来看，勘寻劳务供给者有两个类型：一是法人组织；二是自然人。二者均可以利用自己手中的专业勘寻知识在国家法律法规政策规定范围之内开展资源资产勘寻活动。二者获取勘寻收益的路径基本一致，都是通过自己利用已形成的勘寻成果出让其所有权给资源资产信息使用者，并从中获取勘寻劳务收益，也可以用勘寻成果出让费来表示这种收益形式。政府作为国有资源资产勘寻劳务供给者之一，它并不可能直接参与勘寻劳务的供给，而是通过财政拨款或者授权国有企业参与勘寻劳务的供给。因此，政府获得的勘寻劳务收益是从事自然资源勘寻劳务供给的国有企业上缴的利润。

4.3.3 政府国有资源资产勘寻劳务所有者收益的规模

考虑到勘寻劳务的需求量由市场决定，因此，勘寻劳务权益收益规模大小，事实上可以通过市场反应来做进一步的判断。依据经济学供给原理，我们基本上可以推导出决定政府作为国有资产勘寻劳务所有者获取勘寻劳务收益的规模决定因素。

4.3.3.1 勘寻活动的技术装备水平

技术装备水平越高，勘寻劳务报酬在横向勘寻时间一定的情况下，其所要求的收益规模相对较高，这是依据市场规则所能获取的成本补偿。相比较而言，技术装备水平较低的勘寻劳务所需要的成本补偿也相对较低。二者呈现正相关关系。

4.3.3.2 勘寻技术人员的专业知识水平

勘寻行为需要有专业技术背景，需要有大量的专业基础知识。专业知识水平越高，既定时间内所包含的劳动价值相对较高，所需要的成本补偿就高，勘寻劳务权益收益规模就较高。反之亦然。

4.3.3.3 从事勘寻事业的人员规模

在信息完全对称的情况下，勘寻劳务市场如果勘寻劳务供给量小于需求量，则随着从事勘寻事业的人员越多，所要求的勘寻劳务补偿规模就越大；在勘寻劳务供给量大于需求量的背景下，二者必然会出现负相关关系。在这里我们需要假定市场处于出清状态，勘寻劳务权益收益与市场需求呈现自动有效调节状态。

我们还需进一步明确政府与勘寻劳务供给者之间的关系。勘寻劳务供给者权益收益是勘寻劳务供给者按照勘寻在社会财富形成过程中所做的贡献而收受的劳务报酬收益。对诸如石油、煤炭、铁矿石等不可再生资源的储备量、储藏位置、品位价值预测等方面的专业性问题，需要有一支专业的自然资源探寻队伍来解决。这支队伍的专业技术技能、探寻仪器装备、探寻人员知识背景等方面的要求比一般的探寻队伍要求较高，并且探寻成本和收益并不严格匹配，这对于一般的市场行为主体来说，其参与勘寻劳务供给的动机就不是很明确，参与的积极性可能会下降。且随着人类社会对自然资源使用范围的扩大、程度的加深，自然界存在的存量自然资源尤其是不可再生资源呈现出显著下降的趋势。这种趋势的存在必然使得自然资源勘寻难度日益加大，勘寻劳务投入的风险系数也因此逐渐增加，勘寻劳务的正外部性日趋明显，市场行为主体参与勘寻劳务供给的可能性势必更低。这就需要我们从我国国情和勘寻劳务这项特殊劳务出发，加强国家财政资金投入和政策扶持力度来积极引导社会力量有效参与到自然资源探寻队伍中。从勘寻劳务直接作用对象来看，勘寻劳务无疑是一种特殊服务，是国家为资源资产开发利用者所提供的特殊劳务服务。既然如此，我们可以将勘寻劳务设定为一种准公共产品，即此产品（服务）的使用具有一定排他性。依据公共财政理论，我们可以认为准公共产品或服务的成本应该由享受这项特殊服务的消费者来承担。这种成本反映在国有资源资产收益体系中的便是勘寻劳务权益收益。根据要素贡献大小以及前期投资比例，政府可以从确已实现了的国有资源资产收益体系中获取一定规模的勘寻劳务权益收益。由此可见，政府可以成为勘寻劳务供给者，勘寻劳务供给者也可能是政府。随着时间的推进和不可再生性资源的消耗，政府在勘寻劳务供给者构成体系的重要性也将会变得越来越突出。这一点我们可以参考图4－2的内容。

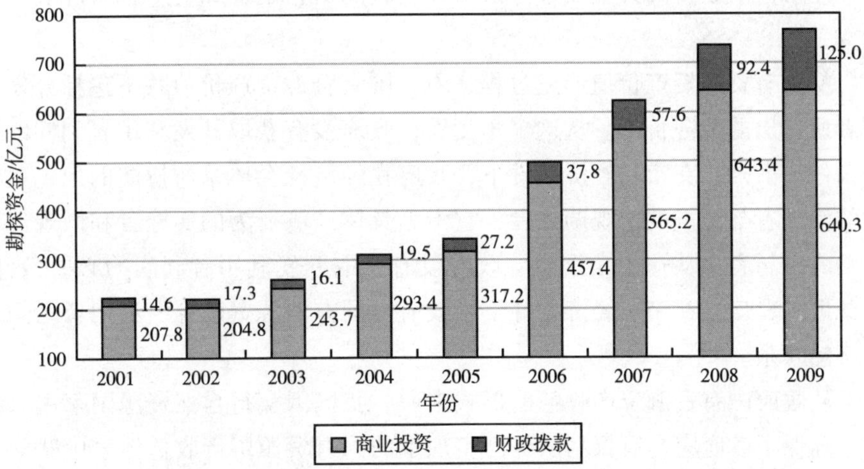

图4－2　我国政府地质勘探资金构成

资料来源：中华人民共和国国土资源部网站，http：//www.mlr.gov.cn/zygk/#

从图 4-2 可以看出，随着自然资源探寻难度的加大，用于勘寻劳务方面的财政支出规模呈现显著上升趋势。2005~2009 年，国家财政用于勘寻劳务方面的财政支出每年的增长速度分别达到 34%、40%、50%、60%、34%。无论是绝对规模的增长，还是相对规模的增长，国家财政在这方面的支出规模十分显著。这就说明，我国的勘寻劳务权益收益未必全属于国家所有。

在确定政府与勘寻劳务供给者之间的关系之后，我们可以对勘寻劳务权益收益的归属有一个明确的界定。按照生产要素参与创造社会财富所做的贡献同时也依据勘寻劳务成本承担比例，我们可以因此明确政府获取勘寻劳务权益收益的份额。完全由自然人或非政府法人组织出资的勘寻劳务，则自然人或法人完全享有国有资源性资产勘寻劳务权益收益；由自然人、非政府法人以及政府法人组织合资的，则按各自的认股比例来确定勘寻劳务权益收益。

4.4 政府与国有资源资产开发利用者之间的关系

自然资源开发利用者利润是从事国有资源资产开采和管理过程中的因投入必要开采劳务和管理劳务依据市场经济原则所能获取的权益收益。它是自然资源开发利用者从自然资源所有者、资源资产勘寻劳务供给者那里分别获取国有资源资产所有权或使用权、勘寻成果使用权之后，因参与创造资源资产产品价值所获得的开发成本补偿和开发利润，它是资源资产产品价值 P 中的 M。

从国有资源资产价值形成过程来看，国有资源资产价值并不包括开发利用者所付出的劳务价值。从这个角度看，政府没有获取开发利用者利润的充分条件。另外，在市场经济条件下，政府在经济社会体系所扮演的角色是社会的治理者与经济的宏观调控者，它不是具体经济行为的实施者和微观经济活动的参与者。从这个角度看，政府没有获取开发利用者利润的必要条件。由此可以看出，在市场经济条件下，政府与国有资源资产开发利用者之间没有必然联系。

从政府国有资源资产收益的形式来看，我国因实行自然资源国家占有制度，确保了政府完全有权利从确已实现了的国有资源资产收益体系中获取与所有者权益相对称的政府国有资源资产所有者收益。考虑到政府参与勘寻行为的比例有大有小，因此政府国有资源资产勘寻劳务所有者收益规模也随这个比例相应发生变化。而在市场经济条件下，政府获取开发利用者利润的充分必要条件不具备，因此政府不可能取得国有资源资产开发利用者利润。我们可以将政府凭借所有者权益、勘寻劳务供给者权益所获取的政府国有资源资产所有者收益与政府国有资源资产勘寻劳务所有者收益进行比较，即图 4－3 所示内容。

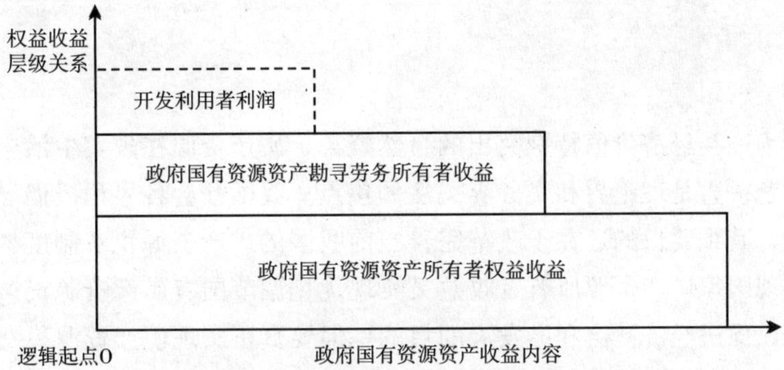

图 4－3　不同类型政府国有资源资产收益之间的层级关系

依据图 4－3，我们可以看出，政府国有资源资产所有者收益是最基础的，也是最重要的国有资源资产收益，其次是政府国有资源资产勘寻劳务所有者收益。开发利用者利润用虚线来表示，说明这种收益对政府来说，可能性极小，可以忽略不计。

第5章　国有矿产资源资产收益制度

作为一类经济价值特别突出的自然资源，矿产资源在现实生活中的收益实现问题一直是理论界和实务界关注的焦点。我国社会各界积极倡导的资源税改革，其主要目的还在于改革完善当前我国的矿产资源税费制度，使之达到既实现国家矿产资源所有者收益又实现优化调节国有矿产资源资产收益分配格局，促进经济社会和谐发展的目的。但要真正实现矿产资源税费改革目标，我们还须从厘清矿产资源租、税、利、费关系出发，结合政府国有矿产资源资产收益的理论与实际，在综合考察国有矿产资源资产收益现状与理论上的国有矿产资源资产收益实现之间的差距基础之上，寻找问题存在的根源，依据政府国有矿产资源资产收益形式研究结论，提出完善我国政府国有矿产资源资产收益的制度构想。

5.1　国有矿产资源资产收益的规定性分析

作为国有矿产资源资产收益的物质本原，我们在讨论政府国有矿产资源资产收益制度时必须明确两个概念：一是矿产资源的概念；二是国有矿产资源资产收益的概念。这是理论分析的逻辑起点。

5.1.1　矿产资源的概念

矿产资源是由地质成矿作用形成的有用矿物或有用元素的含量达到具有工业利用价值的，呈固态、液态或气态赋存于地壳内的自然资源；或是指由地质作用形成的，在当前和可预见将来的技术条件下，具有开发利用价值的、呈固态、液态和气态的自然矿物。[①] 经典的矿产资源概念告诉我们，矿产资源对人类社会的有用性突出表现在矿产资源为人类社会生产和发展所提供的基本工业原材料，这是现阶段人类社会最为看重的矿产资源价值所在。而这种有用性则被更多的人认为这可能就是矿产资源价值的唯一所在。事实上，矿产资源同其他一切自然资源一样，其价值构件并不简单由其经济价值来表现，它存在期间内的科研价值、生物多样性价值、历史研究价值均是值得人类社会去重视和发现的。

5.1.2　国有矿产资源资产收益的概念

国有矿产资源资产收益是国有矿产资源资产由其原始的自然资源状态向国有矿产资源资产产品转换过程中所实现的收益，它是国有矿产资源资产所有者处置国有矿产资源资产所有权所获取的收益、国有矿产资源资产勘寻劳务供给者获取国有矿产资源资产勘寻劳务所有者收益之总和。通常情况下，作为国有矿产资源资产所有者的国家，它获得了全部国有矿产资源资产所有者收益；根据国有矿产资源资产勘寻成本承担比例，国家获得了全部或部分国有矿产资源勘寻劳务所有者收益。

5.1.3　国有矿产资源资产收益的价值本原

国有矿产资源资产根源于国有矿产资源，国有矿产资源资产价值根源于矿产资源原始价值。因此，国有矿产资源资产收益的理论根源是国有矿产资源资产价值。依据国有资源资产价值构成分析内容，我们可以进一步推导出矿产资源资产收益的价值本原是矿产资源原始价值和国有矿产资源勘寻劳务价值。

矿产资源原始价值是指国有矿产资源内置的诸如经济价值、生命支撑价值、历史研究价值、人文教育价值、科学研究价值、稳定性价值、人类意义上的生物多样性价值，以及生物种群意义上的生物多样性价值等价值构件。当然，我们不能否认的是，矿产资源原始价值的主要价值构件是经济价值、

---

① 全国科学技术名词审定委员会．术语查询结果［EB/OL］．http：//www.cnctst.gov.cn/pages/homepage/result.jsp#

历史研究价值和科学研究价值。国有矿产资源勘寻劳务价值是矿产资源专业勘寻工作者在发现矿产资源储存地、品位信息、开采年限等内在信息时所付出的劳动，它是勘寻劳务价值在资源资产价值体系中的最直接表现形式，与其他自然资源相比，矿产资源的勘寻劳务成本较高，其价值收益也比较突出。国有矿产资源资产收益事实上根源于上述两类矿产资源资产价值形式。

5.2 政府国有矿产资源资产收益的形式

我国对矿产资源实行国家占有制度和资产化管理制度。国家及其权利代表者作为矿产资源的唯一所有者，它的收益实现问题是我国政府行使国家矿产资源所有权在经济上的集中体现。政府国有矿产资源资产收益是政府凭借所有者权益和勘寻劳务权益参与矿产资源资产收益分配所取得的收益。在国有矿产资源资产收益分配过程中，政府的角色必然是所有者角色，可能是勘寻劳务供给者角色；政府国有矿产资源资产收益的形式也因此可以明确为矿产资源资产所有者权益收益（简称“矿产所有者收益”）、矿产资源资产勘寻劳务权益收益（简称“矿产勘寻者收益”）。依据政府获取不同类型国有资源资产收益的层级关系，我们可以发现，国家从国有矿产资源资产收益体系所获得的收益份额以所有者权益收益为主，以国有矿产资源资产勘寻劳务所有者收益为辅。

5.2.1 矿产所有者收益

矿产所有者收益是国有矿产资源所有者凭借所有者权益向国有矿产资源资产使用者征收的、以矿产资源资产在矿产资源资产产品形成过程中的贡献率为衡量标准的收益。依据政府国有资源资产收益的形式内容，我们可以将矿产所有者收益分为矿产资源绝对地租、矿产资源级差地租。

5.2.1.1 矿产资源资产绝对地租

矿产资源的国家占有制度和法律对矿产资源的国家所有宣示证实了国家权力行使者的政府，完全有权利从既已实现了的矿产资源资产收益中获取其所有者权益范围内的收益。矿产资源的所有者向矿产资源资产开发利用者征收绝对地租也就成为资源所有者实现其所有者权益的必要手段；反过来，矿产资源资产绝对地租也是矿产资源“私有”的必然结果。绝对地租具有显著普遍性征收特征，即是说，只要使用了资源资产所有者的自然资源，则使用者必须支付相应的成本或者租金。这里的普遍性征收暗含了两层意思：一是强制性，即只要使用相关资源就必须缴纳使用金，否则就不会得到所有者的使用授权；二是普遍性，即任何经济主体要想获取资源的使用权就必须缴纳使用金，原则上不应该出现一部分经济主体缴纳而另外一部分则享受政策优惠不缴纳的现象。

5.2.1.2　矿产资源资产级差地租

政府参与国有资源资产收益分配的形式中，有地理位置型级差地租Ⅰ、品位价值型级差地租Ⅰ、资源资产级差地租Ⅱ等三种类型。我国政府在实现矿产资源资产级差地租收益时是否真正有上述三种收益则需要进一步讨论。

一是就矿产资源资产地理位置型级差地租Ⅰ而言，我国中西部的矿产资源与东部地区的矿产资源相比，其地理位置相对较为偏僻，运输成本较高。东部地区由于地理位置和交通基础设施建设的缘故，显现出其地理位置的优势，在矿产资源品位价值大致相同的情况下，东部地区国有矿产资源所有者势必获取地理位置型级差地租Ⅰ。

二是就矿产资源资产品位价值型级差地租Ⅰ而言，不同地区国有矿产资源资产品位价值高低不等，直接造成了各地区国有矿产资源资产开发利用者的经营成本差距。因此，在国有矿产资源资产开发利用过程中，存在着理论上的矿产资源资产具有品位价值型级差地租Ⅰ。国有矿产资源资产勘寻劳务的一个重要内容是分析国有矿产资源的品位价值。事实上，在国有矿产资源使用权出让之前，国有矿产资源资产的品位价值已经客观存在于自然界，勘寻劳务只是将这部分品位价值信息按照人类的主管表达方式呈现出来，矿产资源资产的品位价值型级差地租Ⅰ也因此能够被确定下来。但在现实生活中，品味价值所带来的差别收益必须通过市场交换来实现。因此，品位价值型级差地租Ⅰ可以根据同地区的矿产资源价格差额来确定征收。

三是就矿产资源资产级差地租Ⅱ而言，其产生的根源是地理位置和品位价值不同所导致的经营者在资本、技术、人力投入相等的条件下产出规模不尽相同，即是说存在着劳动生产率高低不等的现象。既然有劳动生产率高低的问题，就必然存在着生产率较高的经营者获得相对较高的报酬、生产率低的经营者获得相对较低的报酬。但这只是理论推导结果，政府要想真正获取矿产资源资产级差地租Ⅱ并非易事。因为矿产资源资产级差地租Ⅰ能通过各种替代手段予以征收，但矿产资源资产级差地租Ⅱ是级差地租Ⅰ的原因产生出来的，它并不能从确已实现的国有矿产资源资产收益体系里面单独剥离出来，或者说剥离的难度非常大、成本非常高。但出于维护所有者权益收益考虑，这部分收益只能考虑一些折中与替代的办法来征收。

在国有矿产资源资产产品价格体系中，理论上的矿产资源资产级差地租或多或少有所体现，我们从2010年8月底的铁矿石价格可以看出其中的原理来（见表5－1）。

表5－1　　2010年8月30日各地铁矿石价格

地区	品位/%	价格/元·吨	备注
河北唐山	66	1220～1230	干基、含税
河北迁安	66	1240～1250	干基、含税
河北承德	65	1130～1140	干基、含税
辽宁本溪	66	1140～1150	干吨、含税
辽宁抚顺	66	1140～1150	干吨、含税
湖北大冶	63	1000～1020	干基、含税
湖北鄂州	64	1040～1060	干基、含税
湖北大冶	65	1080～1100	干基、含税
山西黎城	65	1150	干基、含税
安徽芜湖	64	1230	干基、含税
安徽安庆	63	1230	干基、含税
安徽繁昌	65	1280	干基、含税
山东淄博	65	1320	干基、含税
包头	66	870	干基、含税
哈密	63	740～760	干基、含税
乌鲁木齐	65	740～760	干基、含税
河北保定	64	950～970	湿基、不含税
河北涞源	66%酸	950～970	湿基、不含税
唐山滦县	66	930～940	湿基、不含税
邯郸武安	64%碱	980	湿基、不含税

续表

地区	品位/%	价格/元·吨	备注
河北邢台	65%酸	960~970	湿基、不含税
邢台沙河	64%碱	970	湿基、不含税
辽宁朝阳	66	860	湿基、不含税
朝阳北票	66	850	湿基、不含税
辽宁辽阳	66	850~860	湿基、不含税
辽宁建平	66	860	湿基、不含税
辽宁鞍山	66	870~880	湿基、不含税
山西代县	64	840	湿基、不含税
山西五台	64~65	840~850	湿基、不含税
山西繁峙	65	850~860	湿基、不含税
山西灵丘	65	840~850	湿基、不含税

资料来源：我的矿业网2010年8月30日统计数据，http：//www. myore. cn/jiagedetail. asp？tbl = hangqing_kd&id = 80937

注：根据资料消息，黑体字哈密和乌鲁木齐两地的铁矿石价格有“包运”价格优惠。

（1）矿产资源资产地理位置型级差地租Ⅰ。在矿产资源品位价值基本一致的情况下，东西部地区铁矿石价格有较为明显的差距。在西部的新疆哈密和乌鲁木齐两地，铁矿石的品位分别为63%与65%，与国内其他地区的铁矿石品位相差无几，但其价格（干基、含税）差最高达到了580元每吨（与山东淄博的相比），这个差距是显著的。在干基、含税价格可比地区，中部与东部地区距离铁矿石消费集散地的远近也会影响价格，如安徽芜湖、安庆、繁昌三地的铁矿石价格就比其他中部地区高，究其原因还在于其运输成本较低，即在同等条件下，铁矿石最后到达开发利用者手中时的成本比其他地方低。在市场经济条件下，大宗商品价格大体保持一致，安徽三地就可以通过提高铁矿石价格的方式来获取价格差收益，以及此处的运输成本差收益，从而实现不同地区间的铁矿石价格平衡问题。在湿基、不含税价格可比地区，环绕经济发达地区的铁矿石价格普遍比诸如山西等地的铁矿石价格高，这其中应该有运输成本的差距成分。这种因运输费用所引起的价格差，根据我们前面的理论分析，可以视为矿产资源地理位置型级差地租Ⅰ。当然，这种价格差收益以多大比例集中到所有者手中呢？这就需要考量在既定时间段里我国所面临的国际国内经济环境以及市场预期反应。

（2）矿产资源资产品位价值型级差地租Ⅰ。表5－1所体现出的品位价值并不是十分的明显。正常情况下，品位价值高的铁矿石价格相对较高。如湖北大冶铁矿石品位每相差一个百分点，则其价格就相差80元，这可能就是我们这里所提及的矿产资源资产品位价值型级差地租Ⅰ。但在湿基、不含税价格可比地区，因为地区差距所引致的运输成本差距，导致地理位置条件较好的地区铁矿石价格相对较高，如河北的涞源和邯郸的武安两地铁矿石价格；品位相对较高的朝阳北票和其他辽宁铁矿石价格则相对较低。在我国品位价值型级差地租Ⅰ的资源可能更多集中在煤炭资源上，因为煤炭有诸如长焰煤、褐煤、不粘煤、弱粘煤、中粘煤、焦煤、气煤、气肥煤、肥煤、瘦煤、贫煤、贫瘦煤、无烟煤等13类具体的煤炭资源种类。不同类型的煤炭资源价格高低不等，从物理学和化学研究角度看，这类划分依据当然是煤炭资源本身所包含的物理化学属性，即是我们这里所说的煤炭资源品位价值高低问题。由此可以看出，品位的高低也能直接影响资源资产产品的价格高低，影响不同品位矿产资源的收益，最终影响品位价值型级差地租Ⅰ的高低。

需注意的是，表5－1无法推算出矿产资源资产级差地租Ⅱ，这主要是该批收益项目并不能有效反映出国家基础建设成本的实际分摊量。

5.2.2 矿产勘寻者收益

矿产勘寻者收益是国有矿产资源资产收益的衍生收益，并非矿产资源的原生收益。对诸如煤炭、铁、铝、石油等矿产资源来说，需要专业的地质探测队伍利用专业勘寻技术知识对其资源存量、存在范围、品位等诸多内在信息进行综合测评，以便矿产资源开发者从中有针对性地选择矿产资源进行投资。在探寻过程中发生的劳务供给是为探明和发现矿产资源而产生的，是矿产资源的伴生行为，因此它的成本补偿应当计入矿产资源收益体系中。矿产资源资产探寻劳务的基本物质对象是矿产资源，它的最终服务对象是矿产资源开发利用者。在具体的矿产资源开发利用过程中，探寻劳务成本补偿费用作为矿产资源原始资本投资也可以在最终的矿产资源资产产品价格或者矿产资源资产产品利润中以产品成本的形式体现。由于勘寻劳务的成本易于核算，且完全可以通过市场交换的渠道来实现，因此矿产资源资产勘寻劳务收益能够被现存的市场经济技术手段所处理。从某种程度上讲，矿产勘寻者收益是国有矿产资源资产收益的主要表现形式，毕竟其他类型的自然资源大多裸露于地表之上，勘寻劳务主要是测定这些自然资源的存在范围，并确定使用者的权益范围，因此其勘寻劳务的供给量相对较少，勘寻劳务权益收益水平也相对较低。

5.2.3 政府与矿产开发利用者之间的关系

从普通的矿产资源开发利用者来看，煤炭、石油、天然气等矿产资源现阶段大都进行了资产化改革，但对诸如钨、钼、钽、锗、铌、锆、镓、铟、铊、铼、铀、铍、锂、铷、铯、钍、镭、钋、锕、黄金等具有战略资源特征的矿产资源来说，国家则采取特殊生产经营模式，如授权国有企业开采管理或者由政府职能排除结构组织经济行为主体参与资源的开采管理，可以确保战略性资源的国家持续占有，有利于保障国家的资源安全，能在一定程度上获取开发利用者权益收益。需注意的是，在完善的市场经济体制中，政府在矿产资源资产形成过程中所扮演的角色，更多是所有者和勘寻劳务供给者，开发利用者角色则不宜扮演。这主要是政府是国家权力代表者，如果政府参与了非市场失灵领域的市场竞争，则无异于是与民争利，有碍于市场的健康发展和政府职能转变。因此，我们认为，在一些具有战略资源特征的矿产资源可以采取国家授权特定国有企业开采管理之外，其余矿产资源在现实市场经济体制下能予以市场化运作的，则实行市场化管理。

基于政府国有矿产资源资产收益的份额考虑，政府必然获取全部的矿产所有者收益，部分地获取矿产勘寻者收益。政府所获取的矿产勘寻者收益份额按照政府在勘寻劳务供给过程中的成本支出比例来分享。政府所获取的矿产开发利用者收益份额按照收益产生行业特征具体作出安排：出于国民经济安全运行考虑和维持经济可持续性发展的，同时也需要政府组织经营的产业或行业生产的，政府可以获得以利为代表的收益；其他情况下，则按照市场体制要求政府退出竞争性行业，忠于提供市场失灵方向的公共服务和公共产品准则，自然不从中获取相关权益收益。

5.3 政府国有矿产资源资产收益的国际经验借鉴

他山之石可以攻玉，国外政府在取得矿产资源资产收益方面的经验可能会在健全我国政府取得国有矿产资源资产收益制度上提供参考。

5.3.1 国外政府国有矿产资源资产收益的形式

5.3.1.1 直接以税收形式存在的矿产资源资产收益取得制度

税收是各国政府获取国有矿产资源资产收益的一个普遍做法，但各国可能会采取一般意义上的税收如资源税、所得税、开采税等形式来征收，也可能会在这基础之上加征一定幅度的超额利润税或暴利税。是否征收超额利润税或暴利税这个会依各国的实际情况而定。

就一般税收而言，在澳大利亚采矿，按照该国法律规定，所有采矿企业均要向联邦政府、所在州政府缴纳一定数额的矿业税。同时，政府也通过其他法规制定了许可证税收制度并据此获取特许权使用费。矿业税率的形式、高低则根据拟采矿的矿种、矿山所在地及矿产品分组确定。① 阿尔及利亚根据2005年制定的《新碳氢化合物法》规定外国石油公司因为存在石油开采行为，必须向该国政府缴纳支付地表税、石油所得税、附加所得税等税收。② 美国路易斯安那州依据不同开采行为，对开采不同的自然资源分别课征规模高低不等的开采税。一般情况下，该州政府对石油开采行为征收石油开采税，对天然气行为征收天然气开采税，对煤、矿石、盐、硫等开采行为征收非石油天然气类矿产开采税。就具体的税率而言，除石油开采税税率执行从价定率征税制度外，其他的征收办法均实行从量定额征收策略。③ 从各国资源税的立法概况来看，现今征收资源税大多属于级差资源税。④

就超额利润税或暴利税而言，资源超额利润税就是对矿山企业超过基本投资收益以上的利润征收一定比例的税收，其目的在于通过国家的干预政策来调节因不同矿山企业因资源丰度等自然条件不同所造成的不同级差收益，实现不同采矿权人能在同等条件下公平竞争。资源超额利润税并不是国外政府常设税种，特别是诸多市场经济国家中，这种税种也不是一个常见税种。

---

① 国务院发展研究中心“澳大利亚矿业管理”考察团．澳大利亚的矿业管理及其启示［J］．中国发展观察，2008（10）：46－48.

② 宋国明．阿尔及利亚矿业管理及政策变化［J］．国土资源情报，2008（10）：16－19.

③ 郭小东．资源税制改革探析［J］．当代经济研究，2007（3）：57－60.

④ 中国社会科学院经济研究所《经济走势跟踪》课题组．资源税的国际经验与借鉴［EB/OL］．中国社科院经济研究所，http：//ie. cass. cn/window/jjzs. asp？id＝500，2007－11－13.

自澳大利亚1975年首次提出该税种以来，理论界和实务界对其争论一直未停止过，各国在推行这项制度时基本上持谨慎态度。目前世界上也只有少数几个国家在推行这项制度。巴布亚新几内亚对矿业公司征收了附加利润税。如果现金收益率超过20%，则按照规定该矿业公司在回收其初始投资后就要向政府缴纳35%的附加利润税。巴西政府对符合法律规定的超额利润征收10%的超额利润税。有个别国家的自治政府，如加拿大新布伦瑞克省政府就规定，在扣除公司所得税和权利金之后，会对纯利润超过10万加元（按当时的物价水平综合核定具体的数额）的超额利润征收税率为16%的采矿税（实际上就是超额利润税），对纯利润在10万加元以下的超额利润不征超额利润税。加拿大政府规定，对投资收益率超过35%的超额利润（净现金流利润）开征超额利润税，税率为45%。[①] 个别国家还强调对个别盈利能力特别强的行业征收超额利润税。这类国家有个特点，那就是税收征管能力并不是很强，实际上是将超额利润税视为一种普遍征收的税种来看待。阿尔及利亚政府规定，对所有石油企业均征收规模不等的石油暴利税，税率确定在盈利额的5%～55%。安哥拉政府规定，对石油生产企业，除征收一般公司税和石油税外，还另行征收15.75%的超额利润附加税。[②]

5.3.1.2 冠以费之名行税之实的矿产资源资产收益取得制度

并非所有能用税来表现的收益都冠以税之名，部分市场经济国家征收的权利金就是其中一例。权利金表面上看是费，但其本源是税，只是它冠之以费之名，行税之实。在市场经济国家，政府和矿业公司均将所征收的权利金视作矿山企业的一项与工资和保险等无区别的经营成本，可在计算所得税和其他税项应税收入中扣除。权利金作为一种绝对地租，反映的是矿产资源（一般是地下矿产资源，少许属于露天矿）的原位价值，是采矿权人向矿产资源所有权人的补偿，[③]是所有者权益在经济上的直接反映。

世界各国根据本国经济社会水平、矿业发展状况、矿产资源丰度和矿种的不同及国际矿产品市场价格状况和其他国家权利金费率水平，制定了一套不同矿种的矿产权利金费率标准。权利金费率标准并非一成不变，而是根据

---

① 钟自然．中国矿业税费制度及其国际比较分析［EB/OL］．国土资源部咨询研究中心，http://www.crcmlr.org.cn/results_zw.asp? newsId = L709170836241752，2004-09-17.

② 宋国明．阿尔及利亚矿业管理及政策变化［J］．国土资源情报，2008（10）：16-19.

③ 马伟．国外矿业税收制度及其对我国的借鉴［J］．税务研究，2006（7）.

经济发展的要求和世界矿业的发展变化进行不断调整。通过分析几十个国家现行的矿产资源权利金费率标准可以看出，不仅各国权利金费率标准相距甚远，就是同一国家内不同矿产资源的权利金费率也有很大差别，但多数国家、多数矿产资源的权利金费率都保持在2%~8%之间。如美国对联邦土地上可租让矿产的权利金费率为：石油、天然气、煤炭（露天矿）12.5%，地热10%~15%，其他矿产多为5%。西澳大利亚多数矿产的权利金费率为5%，南澳大利亚权利金费率为2.5%。泰国为5%，巴布亚新几内亚对所有矿产采用统一的权利金费率即1.25%。①

哥伦比亚的1991年《政治宪法》第360条规定，开采不可再生自然资源要"以权利金的方式进行经济补偿"。该国宪法还规定，不可再生自然资源所在地区和运输这些不可再生资源的部门和地区均有享用权利金的权力。《政治宪法》第361条规定，为了照顾那些对于享受到权利金收入的地区和部门，该国政府通过建立国家基金会来统筹安排具体的分配工作，但这些权利金使用途径进一步限制为促进矿业、环境保护和地区发展等项目的资金筹措上。② 蒙古国法律规定从事矿业活动需要支付权利金。石油为12%~12.5%，在签订石油《产品分成合同》时由双方商定，从石油出口收入中按比例收取。对于国内销售的煤炭和普遍存在的矿产资源其权利金为产品销售额的2.5%。其他固体矿产资源为其产品销售额的5%。③ 权利金从本质上说是自然资源所有权人通过所有权权益所征收的收益，它原则上应该归管辖区内全体居民所有，如美国阿拉斯加州规定至少25%的全部矿产资源租金、矿区使用费、矿区出让收益、联邦矿产收入分成以及州级红利应设立为永久基金，并成立州政府所有的营利性机构——阿拉斯加永久基金会（APFC），负责为本州公民管理和保护石油等资源的租金收入以及其他信托基金本金用于长期投资，未经公民投票不得支出；基金投资收益可按立法会和州长决定支出。④ 当然，正是由于权利金是所有权的产物，才导致所有者有"滥用"权利金的嫌疑，如2010年5月，智利政府就准备为筹集因地震毁损的城镇和基

---

① 钟自然．中国矿业税费制度及其国际比较分析［EB/OL］．国土资源部咨询研究中心，http：//www.crcmlr.org.cn/results_zw.asp？newsId = L709170836241752，2004－09－17.

② 付庆云．哥伦比亚的权利金收益分配［J］．国土资源情报，2006（2）：1.

③ 宋国明．新矿法实施后的蒙古矿业管理制度［EB/OL］．资源网，http：//www.mlr.gov.cn/wskt/flfg/201003/t20100327_143011.htm，2010－03－27.

④ 齐物．资源收益资本化——美国阿拉斯加州永久基金的启示［N］．中国证券报，2007－7－29（A18）.

础设施的重建投资资金而向该国的铜矿开采者征收调整后的矿业权利金，以解除地震灾区重建的资金短缺困境。[①]

在采用权利金制度的基础之上，部分国家还对矿产资源开发者征收一定规模的矿区使用费，但矿区使用费的征收方式则不完全一致。矿区使用费一则可以是根据产量价值来征收一定比例的矿区使用费，二则可以是按矿区面积来征收的矿区费，三则可以是以租金、特许权使用费等形式所征收的使用费。[②]

5.3.2　国外政府国有矿产资源资产收益的征收形式

收益征收形式在现实生活中无疑就两种，一是从价定率，二是从量定额。其中，从价定率主要适用于特许权的发放渠道上；从量定额则主要运用在税收、权利金等方面上。以澳大利亚为例，澳大利亚矿业税收制度主要有以下几种：固定费率的许可证税收制度，按单位重量收取；从价费率的许可证税收制度，按照产值的一定比例计算税率；与利润挂钩的许可证税收制度，也称为资源税租金；混合许可证税收制度，按照固定从价制与利润挂钩制相结合的办法征收。[③]

5.3.3　矿产资源资产收益的国际经验借鉴

国有矿产资源资产收益是国家行使矿产资源所有权在经济上的集中体现。在国外诸多市场经济国家中，政府国有矿产资源资产收益的途径更多的是通过权利金或各种税收来实现。从上述政府获取国有矿产资源资产收益的实践来看，我们可以总结出以下经验：

一是对所有矿产资源开发者均普遍征收矿产资源相关税费，即是说，只要对矿产资源有一定的勘寻、开发利用行为就必须因此付出经济成本，任何组织和个人都不例外。我国当前个别地方政府为了发展地方经济、一味追求经济增长总量，对所辖区域范围内盲目开采矿产资源、滥挖滥采现象制止不

---

① 袁国华．智利计划提高矿山权利金［N］．中国国土资源报，2010-5-17.

② 郭小东．资源税制改革探析［J］．当代经济研究，2007（3）：57-60.

③ 国务院发展研究中心“澳大利亚矿业管理”考察团．澳大利亚的矿业管理及其启示［J］．中国发展观察，2008（10）：46-48.

力，严重侵蚀了国有矿产资源所有者收益，致使国家财富流失于开发利用者中间。国有矿产资源资产收益普遍征收特征无法真正体现出来。

二是坚持以从价定率为主、从量定额为辅的征收方式。从价征收可以充分实现除了自身规定收益范围之外的溢价收益，这个优势恰恰是实现矿产资源资产收益的一个显著特征。我国当前的收益征收形式上却主要以从量定额为主，这种方法尽管征收便利，但事实上却不利于实现矿产资源所有者获取任何溢价收益。这是值得我们借鉴的一个经验。

三是从市场经济本身的需求角度和资源自身价值大小层面确定矿产资源资产收益规模，并进一步确定政府从矿产资源资产收益体系中所获取的份额。市场经济国家无论是以权利金形式获取国有矿产资源资产收益，还是以超额利润税形式获取的国有矿产资源资产收益，其收益规模都是以市场体制所反映出来的实际收益情况来定。政府在收益实现过程中更多的是制定矿产资源资产收益分配的级次和制度以及监督实施收益获取方案，并不能直接确定每个矿产资源型企业应该缴纳多少权利金、多少矿产资源资产税费。

国外的经验是有参考价值的，但同时我们也需注意一些潜在问题，在具体收益称谓上，“权利金”这种说法就需我们三思。作为舶来品，权利金用在自然资源收益上有内涵上不确定性特征。从字面理解上看，权利金是凭借权利（更多情况下是所有者权利）所获取的收益（或经济收入），这正是自然资源所有者所要表达的意思。但换一个内容来说，作为劳动者的工资收入，他也是凭借所有者权利获取了报酬，依据权利金所要表达的意思来看，此时的工资也应该是一种权利金。都是权利金，但两者所要表达的内容显然不是一回事。因此，从这个角度上看，权利金不应该出现在资源资产收益体系中。此外，国外诸多资本主义国家强调的自然资源或者资源资产的私有而非公有，因此他们在出让矿产资源资产所有权时基本上是一次性出让所有权，并且所有权出让之后其所有者可以在不同人群之间、代际之间进行所有权转让。在此背景下，国外市场经济国家更多依靠税收工具来实现矿产资源资产收益。但此时的收益实现制度更多的是在收益再分配范畴内，并不是本书所指的初次分配范畴。这种制度背景在我国是不具备的。因此，尽管国外在矿产资源资产收益实现方面可能有相关的税收政策来实现，但由于这两类税收政策适用的策略和目的不尽一致，我们不能盲目崇拜国外在矿产资源收益取得方面的管理经验和制度设计，这是需要我们在借鉴国外经验时需引起重视的一个内容。

5.4 我国政府国有矿产资源资产收益的现状及存在的问题

5.4.1 我国政府国有矿产资源资产收益的现状

我国目前对矿产资源实行国家占有和资产化管理策略。现阶段我国政府从国有矿产资源资产收益体系中所获取的收益主要有以下两个方面的内容：一是所有者权益收益；二是勘寻劳务权益收益。从历史发展沿革来看，我国政府国有矿产资源资产收益从最初的单纯资源税（包括20世纪80年代初实行的国有企业利润上缴部分）到现在所拥有的相关使用权出让收入，逐渐形成了政府国有矿产资源资产收益的有效体系。系统梳理相关收益项目后，我们归纳总结出表5－2的内容。在表5－2中，我们将国有矿产资源资产收益

表5－2 我国政府国有矿产资源资产收益的现状

	收益名称	征收法律政策依据	法律条文下的基本用途	收益的理论本原
原生收益	矿产资源补偿费[①]	矿产资源法、国务院矿产资源补偿费征收管理规定	维护国家对矿产资源的财产权益	矿产资源资产绝对地租
原生收益	矿区使用费[②]	海洋石油资源缴纳矿区使用费暂行规定	扩大国际经济技术合作，鼓励开发我国石油或天然气资源	矿产资源资产绝对地租
	资源税[③]	资源税暂行条例	调节矿产资源级差收益	矿产资源资产绝对地租
	煤炭价格调节基金[④]	全国各地省市级政府制定的相关政策	调控煤炭市场价格	矿产资源资产绝对地租
	石油特别收益金[⑤]	国务院关于开征石油特别收益金的决定	推动石油价格机制改革，促进国民经济持续健康协调发展	矿产资源资产绝对地租
衍生收益	采矿权价款[⑥]	矿产资源勘查区块登记管理办法	实现采矿权有偿取得	矿产资源资产探寻劳务权益收益
	采矿权使用费[⑦]	矿产资源法	维护矿产资源的国家所有权	矿产资源资产绝对地租

续表

	收益名称	征收法律政策依据	法律条文下的基本用途	收益的理论本原
衍生收益	地质成果资料有偿使用费⑧	各地省级政府相关法规	实现国家地质工作成果资料的有偿使用	矿产资源资产探寻劳务权益收益

注：①矿产资源补偿费是指国家作为矿产资源所有者，依法向开采矿产资源的单位和个人收取的费用。参见：国务院关于修改《矿产资源补偿费征收管理规定》的决定［Z］. 国务院第222号令，1997-07-03；国土资源部（现自然资源部）. 关于进一步规范矿产资源补偿费征收管理的通知［Z］. 国土资发〔2013〕77号，2013-08-15. ②矿区使用费指在中华人民共和国境内从事合作开采陆上、海洋石油资源或者天然气资源的中国企业和外国企业所缴纳的部分收费项目。参见：财政部. 中外合作开采陆上石油资源缴纳矿区使用费暂行规定［Z］. 财政部令［1990］3号，1990-01-13；财政部 国家税务总局. 关于修订《中外合作开采陆上石油资源缴纳矿区使用费暂行规定》的通知［Z］. 财税［1995］63号，1995-07-28. ③资源税是以各种应税自然资源为课税对象，为了调节资源级差收入并体现国有资源有偿使用而征收的一种税。参见：国务院关于修改《中华人民共和国资源税暂行条例》的决定［Z］. 国务院令第605号，2011-09-30. ④煤炭价格调节基金是指政府为调控煤炭市场价格，促进煤炭工业持续健康发展，依法向煤炭、焦炭生产企业征收的专项基金。参见：陕西省物价局. 陕西省煤炭价格调节基金征收使用管理办法［Z］. 陕价监发［2005］137号，2005-08-12；内蒙古自治区人民政府关于印发自治区煤炭价格调节基金征收使用管理办法的通知［Z］. 内政发［2009］53号，2009-06-18. ⑤石油特别收益金指国家对石油开采企业销售国产原油因价格超过一定水平所获取的超额收入按比例征收的收益金。参见：财政部关于印发《石油特别收益金征收管理办法》的通知［Z］. 财企［2006］72号，2006-03-25；财政部关于提高石油特别收益金起征点的通知［Z］. 财税［2014］115号，2014-12-25. ⑥采矿权价款是指国家将其出资勘查形成的采矿权出让给采矿权人，按规定向采矿权人收取的价款。参见：财政部，国土资源部. 关于印发《探矿权采矿权使用费和价款管理办法》的通知［Z］. 财综字［1999］74号，1999-06-07. ⑦采矿权使用费是指国家将矿产资源采矿权出让给采矿权人，按规定向采矿权人收取的使用费。参见：财政部，国土资源部. 关于印发《探矿权采矿权使用费和价款管理办法》的通知［Z］. 财综字［1999］74号，1999-06-07. ⑧地质成果资料有偿使用费，是指地矿管理部门对使用国家地质工作成果资料的单位所收取的工本费用。参见：国家物价局，财政部. 关于发布中央管理的地矿系统行政事业性收费项目及标准的通知［Z］. 价费字（1992）251号，1992-06-03.

说明：征收法律依据也同时包含相关宏观管理和职能部门发布的有关实施细则、相关具体规定、执行办法等；具体收益形式选择上，以全国范围内普遍征收项目为标准。诸如煤矿转产发展基金、闭坑地质报告许可专项资金、石油、天然气勘察开采登记费、探矿权价款、探矿权使用费、采矿权登记费、探矿权登记费、土地复垦费、耕地开垦费、矿产资源储量报告评审费等相关费用因其性质属于公共管理费用，因此暂不纳入我们这里所搜集的收益项目体系中。

原则上分为两大类，一是原生收益，二是衍生收益。这主要是出于分析各种收益原始出处考虑的，原生收益侧重于强调国有资源资产的原物收益，是国有资源资产所有者处置国有资源资产所有权或使用权所获取的收益；衍生收益侧重于强调国有资源资产的孳息收益，是国有资源资产所有者处置国有资源资产辅助物或者其他附着在国有资源资产之上的权益出让收益。为了明确各个收益形式的基本概念，我们通过引用国家法律法规政策规定适当做了说明，但出于行文严肃性考虑，我们将各个收益形式的概念以脚注的形式出现。

当然，这里需要说明的是，我们所搜集的国有矿产资源资产收益形式尚不考虑省级以下政府以各种名义收取的政府财政性资金，同时也不包括诸如工商注册费之类的行政管理费用和诸如增值税、所得税、营业税、个人所得税等涉及国有矿产资源资产收益再分配之类的收益项目。

限于数据资料搜集的缺失，我们仅引用探矿权、矿业权出让收入来说明我国政府现阶段处置矿产资源使用权过程中获得所有者权益收益情况。受各年出让数量的影响，我国政府从探矿权、矿业权处置过程中所获得的收益并不十分稳定。以探矿权为例，2006 年与 2009 年的差距就非常明显，后者仅为前者的 30%。尽管采矿权收益差距不是很显著，但也有一定的震荡。截至 2017 年 12 月 31 日，出让探矿权 749 个，同比下降 36.6%；出让价款 32.96 亿元，同比下降 81.8%。出让采矿权 1576 个，同比下降 14.5%；出让价款 174.74 亿元，同比增长 0.8%。从出让方式看，以“招拍挂”方式出让探矿权 228 个，以“招拍挂”方式出让采矿权 1250 个。①

5.4.2　我国政府国有矿产资源资产收益的特征

我国政府现阶段所获取的国有矿产资源资产收益具备四个方面的特征：具体形式较多、征收形式以从量定额为主、征收职能部门较多、承担的社会职能较多。

5.4.2.1　收益具体形式较多

从矿产资源勘寻到转让勘寻成果，再到出让或转让国有矿产资源资产开发利用权或使用权（见图 5－1），我国政府从中获取了诸多形式的收益。既有原生收益，又有衍生收益；既有以税形式存在的收益，又有以费形式存在的收益。这与国外矿产资源资产收益以权利金为主的收益形式相比，其形式显著较多。当然，收益形式较多也可能导致同一性质的收益项目出现多次重复课征的问题。如现阶段我国政府征收的矿产资源补偿费与资源税，二者理论本原基本一致，其征收目的也基本相同，两者分项征收有重复课征的嫌疑。

① 自然资源部．中国土地矿产海洋资源统计公报（2017）［EB/OL］．自然资源部，http：//gi.mlr.gov.cn/201805/t20180518_1776792.html，2018－05－18.

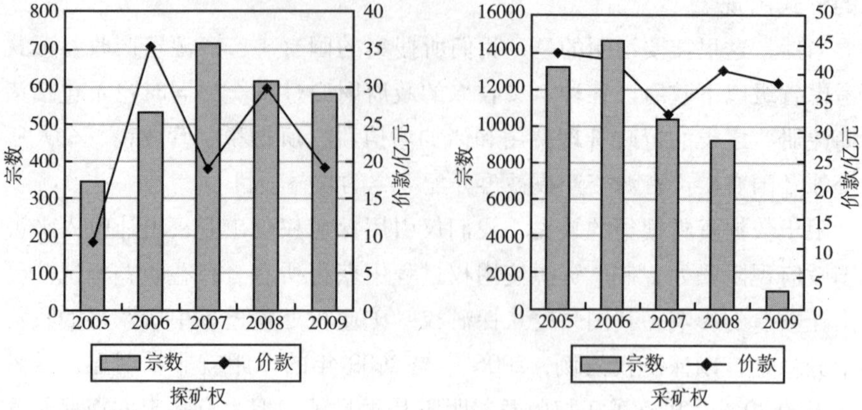

图 5-1　矿业权招拍卖出让收入

资料来源：中华人民共和国国土资源部（现自然资源部）网站，http://www.mlr.gov.cn/zygk/#

5.4.2.2　征收形式以从量定额为主

征收形式采取从量定额还是从价定率是一国政府获取资源资产收益必须考虑的问题。从量定额的最大优势在于征收便利，因为一旦确定征收对象后，按照预定征收额度就可以向既定征收对象收取预期费用。征收便利的事实存在也降低了征收成本，简化了征收程序。表 5-2 所搜集的 8 种收益形式中，资源税、煤炭价格调节基金、地质成果资料有偿使用费、矿产资源储量报告评审费、采矿权价款、采矿权使用费等 6 个收益项目属于从量定额范畴。特别是作为我国矿产资源主要税种的资源税竟然也是采取从量定额的方式来完成征缴，这在国际上是很少见的。毕竟采用从量定额征收并不符合资源资产收益的有效取得规范。

5.4.2.3　征收依据与征收职能部门较多

表 5-2 所反映出来的我国政府国有矿产资源资产收益形式，有来自国家最高权力机关和立法机关颁布的法律，有国家最高行政机构发布的制度和条例，也有行业主管部门制定的章程和规定，甚至还有地方省级政府执行的政策规定，充分说明了我国政府现阶段参与矿产资源资产收益分配方面的依据较多，呈现一定层次性。既然征收依据有层次性特征，那么征收部门也就相对较多。

5.4.2.4　承担的社会职能较多

从国有资源资产收益的获取目的上看，本书研究的政府国有矿产资源资产收益取得问题主要还是为政府获取充分的国有矿产资源所有者收益和国有勘寻劳务所有者收益。但我国现阶段的矿产资源资产诸多收益项目却承担着较多的经济社会职能，如维护与实现所有权国家所有职能、调节级差收益职能、完善价格定价机制，甚至还有扩大国际经济技术合作等方面的职能，凸显职能多样化特征。

我国政府现阶段所获取的国有矿产资源资产收益是国家矿产资源所有权在经济上的集中体现，也能在某种程度上体现勘寻劳务权益收益。但这种现状与我国当前经济社会发展形势和理论上的国有资源资产收益形式对政府国有矿产资源资产收益的要求距离还有多远，产生差距的缘由在哪里？需要我们在后面的阐释中作出明确的回答。

5.4.3　我国政府国有矿产资源资产收益实现过程中所存在的问题

从“中国在资源税收体系中存在的漏洞”到“中国的国民财富因某些垄断国企上市而流失海外”①，樊纲的观点印证了我国现阶段政府获取的国有矿产资源资产收益方面尚存在诸多问题。尽管表5-2明示了现阶段我国政府凭借所有权和勘寻劳务所有权等权益获取了诸如资源税、采矿权价款、采矿权使用费等多种收益，但由于自然资源原始价值和国有资源资产收益理论研究的滞后，以及政府国有矿产资源资产收益制度研究的不充分，我国政府在参与国有矿产资源资产收益分配过程中，出现了诸多基础理论和实践制度方面的问题。

5.4.3.1　部分国有矿产资源资产收益的法定目的与各自理论本原有一定分歧

表5-2说明，我国政府现阶段获取了诸如矿产资源资产所有者权益收益与勘寻劳务权益收益等方面的国有矿产资源资产收益。其中，所有者权益收

---

① 郭大鹏．中国企业家：中国资源税变革步伐正悄然加快［EB/OL］．新浪网财经纵横，http://finance.sina.com.cn/g/20050412/18471510925.shtml，2005-04-12.

益以矿产资源资产绝对地租为主，勘寻劳务权益收益主要是矿产资源自身信息的确认方面的劳务支出。受诸多主客观因素的影响，我国政府获取的部分国有矿产资源资产收益的法定目的与其内在的理论本原并不具有显著的一致性。这个问题的存在使得我国政府在获取这部分国有矿产资源资产收益时的理论根据并不十分充分，最终导致这类收益项目在经济形势发生改变时其适应能力并不十分突出。最典型的例子莫如我国的资源税。根据我国《资源税暂行条例》规定，我国的资源税是为了调节矿产资源级差收益而存在的，即是说它并不是矿产资源绝对地租的收益实现形式。事实上，资源税从其制定的终极目标来看，它应该是国有矿产资源资产所有者向矿产资源资产使用者征收绝对地租的一个具体表现形式。正是因为这个分歧的存在导致现阶段我国资源税的现实目的阐述与其理论本原产生了显著冲突，说明我们对资源税的内在本质属性还没有完全与其现实表现特征相结合起来，更没有明确国有矿产资源资产的绝对地租形式。我们可以具体分析煤炭价格调节基金。煤炭价格调节基金表面上看是政府为调节煤炭价格而设置的一项政策性规费或收费，但我们认为，此调节基金并非一般意义上的规费，它是我国政府获取矿产资源资产绝对地租的一种特殊表现形式。因为我国国有矿产资源资产收益大部分按照从量定额的模式来获取收益，但这种征收方式根本就不可能实现资源资产的溢价收益。煤炭价格调节基金通过政策约束使煤炭资源的所有者能从煤炭资源价格上涨过程中获取部分溢价收益，这其中最根本的依据在于煤炭资源的所有权属于国家，其理论本原应该是煤炭资源绝对地租。因其他收益获取手段无法充分实现所有者权益收益，采取市场经济条件下的收入筹集手段是必然选择。同样的逻辑也适用于石油特别收益金。由此我们可以看出，我国政府现阶段所获取的部分国有矿产资源资产收益其初始目标与理论本原有显著的分歧，这些分歧如果不能得到根本意义上的解决，势必会影响我国政府现阶段所推行的资源税税制改革方向，最终影响资源税改革的成功可能性。

5.4.3.2 所有者权益收益、公共管理者权益收益、劳务供给者权益收益三者关系混淆

2007 年，山西省率先在全国试行煤炭可持续发展基金制度，2007 年 4 ~ 12 月，山西省累计征收基金 103.1 亿元；2008 年 1 ~ 7 月，山西省累计征收

基金121余亿元。[①] 将计算单位的月份折算成年份计算可知，2007年、2008年山西省征收的煤炭可持续发展基金粗略估算分别为137.4亿元和207.4亿元。同期山西省的资源税分别为25.8857亿元和31.7432亿元。[②] 作为矿产资源所有者权益收益的资源税占同期作为矿产资源公共管理者权益收益的煤炭可持续发展基金的18.84%和15.31%。加上其他相关公共管理者权益收益，我们可以确定的是，从煤炭资源角度看，煤炭资源的公共管理者权益收益规模远远超过了所有者权益收益规模，依据图4-1所示的资源资产收益层级关系，在现有收益规模既定的条件下，我们认为，前者对后者带有“侵占”的嫌疑。所有者权益收益被“侵占”这一问题的根结，还在于所有者权益收益在执行起来很难量化，且执行的刚性较强，没有相对较高的自由裁量权。与此同时，尽管理论本原涉及矿产资源所有者权益收益的项目较多，但这些收益来源大多是通过从量定额的形式出现的，这显然不利于实现国有矿产资源资产所有者拥有因市场价格上涨所带来的直接溢价收益。而大多数管理者权益收益如煤炭可持续发现基金则采用比例费率征收方法，它更大程度上参与市场竞争直接收益分配，是一种费用征收效率较高的收益实现形式。同时，国有矿产资源资产勘寻劳务供给者权益收益由于采用定额式征收方法，因此其收益规模也相对较低。在大多数情况下，矿产资源勘寻劳务供给者权益收益由拥有较强收益获取冲动的行政主管部门通过征收公共管理者权益收益来逐步替代。在此背景下，公共管理者权益收益有“挤占”劳务供给者权益收益之嫌。造成上述问题的根本原因还在于我们对矿产资源所有者权益收益、公共管理者权益收益、劳务供给者权益收益关系的不明确。所有者权益收益属于矿产资源的本原收益，公共管理者权益收益与劳务供给者权益收益属于矿产资源衍生收益。前者涉及“本”的问题，后者则属于“末”的问题，将二者混淆，实际上产生了本末倒置的问题。当然，这种现状的存在必然会导致矿产资源所有者权益收益被漠视、公共管理者权益收益被重视、劳务供给者权益收益被忽视现象，其危害性十分明显，最直接的后果莫如我国国有矿

---

① 山西收缴煤炭基金方式重大变革［EB/OL］. 煤炭网，http：//www.coal.com.cn/CoalNews/ArticleDisplay_166465.html，2008-09-10.

② 国家统计局.2008年中国统计年鉴［EB/OL］. 中国国家统计局网站，http：//www.stats.gov.cn/tjsj/ndsj/2008/indexch.htm

国家统计局.2009年中国统计年鉴［EB/OL］. 中国国家统计局网站，http：//www.stats.gov.cn/tjsj/ndsj/2009/indexch.htm

产资源资产收益的大量流失、矿产资源的肆意开采、企业公共管理者收费过重导致其正常的税费遵从度较低、国民收入格局严重不合理。这些问题的存在事实上是我国国有矿产资源收益分配体系不完善、政府国有矿产资源资产收益各项依据使用不合理的表现。这个问题是值得我们引起重视的，毕竟矿产资源资产在其所有权归属国家所有的前提之下，原则上应该是国有矿产资源资产所有者收益规模达到最大才是正常状态。

5.4.3.3 政府国有矿产资源资产收益规模总体上缺乏刚性体制约束

从所有者权益收益、公共管理者权益收益、劳务供给者权益收益三种收益关系那里，我们已经可能明确了所有者权益收益的弱刚性现象。这种现象的存在使得我国政府在参与国有矿产资源资产收益分配时，往往缺乏刚性的制度约束，进而导致我国现阶段“出资者”权益收益的大量流失。这里的刚性体制约束主要是由于我国还未真正建立起政府国有资源资产收益的制度。事实上，我国个别资源型企业为谋求海外上市，在进行企业经营利润核算时，将矿产资源资产所有者权益收益视为矿产资源经营者的主营业务收入，并通过分派股息和红利的形式分割给国外投资者，造成了资源资产收益严重外流问题。政府国有资源资产收益制度显著缺乏体制约束。

5.4.3.4 具体的国有矿产资源资产收益实现制度还需完善

首先是政企分开的问题。在市场经济条件下，政府的角色是宏观调控，为市场经济主体创造公平竞争环境和良好社会发展环境，它参与市场经济运行的场合是追求利润最大化的其他市场参与者不愿意涉足的、带有显著正外部性的公共产品和公共服务。相反，企业作为市场经济参与的核心主体，它的存在目标是追求利润最大化，或者说是效益最大化。它的行为是否会产生负外部性，这不是企业自身所关注的，它是由权力机关或政府通过法律法规制度约束来发现的。因此，政企分开要求我国政府与矿产资源型企业必须有一个强有力的权力约束范围，哪些事务是政府职责范围的事，哪些事务是企业的责任？这些都需要我们进一步去明确。在我国现阶段，矿产资源型国有企业在得到政府授权情况下，可以组织开展职权范围内的事务，但其边界责任尤其是涉及企业社会责任时则并不是十分明确。毕竟国有矿产资源资产企业不能既承担政策执行者角色又承担政策制定者角色。这需要我们在接下来的制度设计中予以充分考虑。

其次是市场公平竞争环境培育问题。市场经济体系完全确立的基础在于公平竞争环境的确立。受到国有企业在某些产权问题上的特殊待遇影响，我国民营企业或者私营企业在进入矿产资源开发利用环节中不同程度上处于弱势地位，也因为大多数民营企业的技术水平、资金实力、人才储备等方面的限制，使其在参与矿产资源市场竞争中存在着先天性缺陷。这就更需要政府在培育矿产资源市场竞争环境中强调公平竞争性以及公平准入制度。市场公平竞争环境的存在能使各个利益主体间的权益得到最大可能满足，矿产资源资产所有者按照市场公平竞争原则也必然获取严格按照市场原则和生产要素贡献大小获取现有经济条件下的最大化收益。

再次是现实部分收益分配制度的设计问题严重滞后。以资源税为例，资源税目前的征税方法是从量定额，并非从价定率。这实际上从制度上损失了矿产资源资产所有者权益收益，并没有实现政府从市场竞争机制中获取正常的矿产资源溢价收益。从理论上讲，这种溢价收益的缺失事实上是矿产资源资产价值由理论价值形态向现实收益转化过程中的制度缺失或制度低效率问题。纵观表5－2所列举的收益内容，其中的大部分收益项目均采用从量定额计算形式实现收益。依从量定额与从价定率两种收益征收形式来看，要想从现实经济收益中获取更大的份额或者实现其预期的收益目标，从价定率或许是最好的征收方式。

最后是矿产资源资产收益承受者负担的高低问题。我国矿产资源开发企业的税费负担到底是高还是低，理论界至今还有争论。普遍的观点是大型国有企业的税费负担偏重，但由于其经营业务较广，利润来源也相对较多，可以适当冲销其税费成本；因此这种税费负担水平在当前也是可以承受的；对于中小型国有矿产资源开发企业来说，其社会负担较重，在受到经营业务限制的背景下其税费负担就相对较重；对于私营企业来说，其社会负担最轻，经营灵活，因此其税费负担是相对较轻的。矿产资源资产收益承受者税费高低直接影响到在现有市场利益分配格局下经营者的利润高低问题，也就直接影响了整个市场对矿产资源资产产品的反应程度，最终影响政府国有矿产资源资产收益的规模。

由以上分析我们可以看出，当前我国政府国有矿产资源资产收益所出现的问题，有理论方面的认识问题，也有实践过程中的制度设计问题。但实践来源于理论认知，实践过程中的制度设计出现了纰漏，这其中的根由应该是理论基础的认识缺位。因此，我们有必要依据国有资源资产收益实现形式和政府国有资源资产收益形式，并在借鉴国外政府国有矿产资源资产收益的基础之上，对我国政府国有矿产资源资产收益的形式进行理论上的界定，并设计出我国政府国有矿产资源资产收益的制度。

5.5 完善我国政府国有矿产资源资产收益制度的构想

根据理论上的国有矿产资源资产收益实现形式，我们将现阶段我国政府国有矿产资源资产收益的制度设计，按照收益的逻辑实现顺序，分为探寻者收益制度构想和所有者收益制度构想。

5.5.1 政府矿产勘寻者收益制度的构想

就勘寻劳务权益收益而言，它的实现实际上是对勘寻劳务成本支出的有效补偿。对政府获取的矿产勘寻者收益制度设计，我们拟从以下四个方面来展开：一是矿产勘寻者收益受益者的确定；二是矿产勘寻者收益承受者的确定；三是矿产勘寻者收益的征收形式；四是矿产勘寻者收益的规模设计。

5.5.1.1 矿产勘寻者收益受益者的定位

由于勘寻劳务可以依据市场经济规则来确定其成本构成，所以其收益的受益者可能存在着多重性特征。根据勘寻劳务成本支出规则，如果勘寻劳务成本全部由国家财政负担，则这部分勘寻劳务权益收益将全部归国家所有；如果勘寻劳务成本部分由国家财政负担，其余由社会资本负担，则此时的勘寻劳务权益收益，依据相互之间达成的勘寻劳务成本收益协议规定来共同分享；如果勘寻劳务成本全部由社会资本负担，则此时的勘寻劳务权益收益原则上全部归该社会资本所有者。一般情况下，我们可以根据国家财政和社会资本出资比例来确定矿产勘寻者收益的实际受益者。当然，这里也从制度上确定受益者分享各自权益范围内的矿产勘寻者收益量的问题。

5.5.1.2 矿产勘寻者收益承受者的定位

任何拟对接收或者投资矿产资源资产的经济行为主体都必须对潜在的或者是现实的投资对象有一个信息储备过程，这个过程就是一个获取矿产资源资产信息的过程，也是经济行为主体消费矿产资源资产勘寻劳务产品的过程。既然是消费了相关产品服务，作为“消费者”的矿产资源资产勘寻劳务使用者也必然是矿产勘寻者收益的承受者。即是说，任何使用了矿产资源资产勘寻劳务成果的经济行为主体都是矿产勘寻者收益的承受者。一般情况下，矿产勘寻者收益承受者由矿产资源资产开发利用者来承担，因为它是矿产资源资产的接收者。既然是接收者，就必然作为矿产资源资产收益的直接承受者身份出现。否则，矿产资源资产在矿产资源的再生产过程中的出资者身份便不可能得到明确。

5.5.1.3　矿产勘寻者收益的征收形式

由于现阶段矿产资源资产勘寻劳务是政府或者其他市场经济主体作为一项特殊公共服务来提供的，它的成本补偿可以按照勘寻成本规模一次性或多批次向矿产勘寻者收益承受者收取。特别地，考虑到矿产资源资产勘寻劳务的属性问题，我们并不以市场利润最大化（至少是财政负担范围内勘寻成本支出）为行为发生目标，分享溢价收益的从价定率征收方式可能并不适合于矿产勘寻者收益。因此，在现有两种收益征收方式中，我们可以选择从量定额的方式来予以征收。此处选择这种方式，一则可以按照市场规则获取成本补偿收益；二则可以提高征收效率，降低征收成本。

5.5.1.4　矿产勘寻者收益规模的确定

既然矿产勘寻者收益是市场交易的结果，因此，矿产勘寻者收益的规模必然会根据矿产资源资产勘寻劳务实际发生成本和矿产资源资产信息市场需求反应来确定，尤其是前者的重要性更为突出，可直接作为矿产勘寻者收益的规模确定依据。每一个地区范围内的矿产资源资产收益成本并不严格一致，所以供给者可以根据各个地区间的勘寻劳务实际支出成本来确定各自的收益实现规模。从这个角度看，矿产勘寻者收益规模的确定，基本上是按照市场成本收益方法来确定的，有其显著的定价依据存在，其收益规模确定难度并不是很大。

矿产勘寻者收益角度的制度设计侧重点在于确定勘寻劳务权益收益的承受者和受益者以及征收形式，这是需要我们注意的。但从目前矿产资源资产收益的整体实现角度看，矿产勘寻者收益并不是现阶段完善我国政府国有矿产资源资产收益制度的关键，关键问题还在于从所有者角度来完善国有矿产资源资产收益取得制度。

5.5.2 政府矿产所有者收益制度的构想

任何国有矿产资源使用者要想获取国有矿产型资源的使用权就必须付出相应的成本。基于我国政府国有矿产资源资产收益制度所呈现的问题，我们拟从以下几个方面来完善矿产所有者收益制度。

5.5.2.1 矿产所有者收益受益者的确定

基于矿产资源资产所有权归国家所有这一制度性前提，我们可以在这里毫无疑问地将矿产所有者收益受益者确定为矿产资源资产所有者的国家及其权利直接行使者的政府。至于具体由哪一级政府来全权代表国家行使所有权，我们建议由中央政府来充当这个角色，同时中央政府根据法律法规授权地方省级政府来具体承担相关职责。

5.5.2.2 矿产所有者收益承受者的确定

任何使用国家所有的国有矿产资源资产都必须付出相关的成本代价，因此，任何矿产资源资产的使用者必然是矿产所有者收益的承受者。在市场经济体制下，这里的承受者可以是国有的矿产资源型企业，也可以是非国有的矿产资源型企业，甚至可以是其他非矿产资源型企业。这个可以根据实际使用者的社会属性来定。

5.5.2.3 矿产所有者收益现实表现形式的确定

表5-1已经明确了现阶段我国政府国有矿产资源资产收益理论实现形式与现实表现形式之间的匹配性，与所有者权益收益理论实现形式有较高匹配性的现实表现形式是税收。因此，我们这里拟采用税收这种收益表现形式来表示现阶段我国政府所获取的矿产所有者收益。但这里需注意的是，由于矿产所有者收益由绝对地租和级差地租两部分组成，因此在使用税这种收益实现形式来表示所有者权益收益时，我们需对不同的所有者权益收益采取不同的税收称谓。就绝对地租而言，我们拟采用矿产资源使用税这个称谓；就级差地租而言，我们拟采用矿产资源级差收益税这个称谓。考虑到矿产资源资产级差地租有矿产资源资产地理位置型级差地租Ⅰ、矿产资源资产品位价值

型级差地租Ⅰ、矿产资源资产级差地租Ⅱ三种类型，矿产资源级差收益税又可以拆分为三大类：第一类是矿产资源资产地理位置型级差收益税；第二类是矿产资源资产品位价值型级差收益税；第三类是矿产资源资产劳动生产率级差收益税。

5.5.2.4 矿产所有者收益征收规模的确定

矿产所有者收益的征收规模是设计政府获取矿产所有者收益制度的核心问题。征收规模较高，有利于实现矿产所有者收益，但同时也会使矿产资源资产承受者的经济负担偏重和承受成本偏高；征收规模过低，不利于实现矿产所有者的权益收益，且容易造成所有者收益的制度流失问题。我国政府当前获取矿产所有者收益的规模在制度上正面临着后一个问题。这就要求我们在设计政府获取矿产所有者收益规模时必须从理论上对其进行范围界定。

理论上的范围界定，事实上是对政府获取矿产所有者收益规模进行原则性假定。首先是坚持与经济发展水平相一致的原则。收益规模根源于经济发展水平，即是说：经济发展水平越高，矿产资源资产参与创造的社会财富总量规模就越大，政府获取与要素贡献率相一致的收益规模就高；反之，经济发展水平较低，政府从中获取的收益规模也相对较低。由此可以看出，政府获取的矿产所有者收益规模必须与经济发展水平相一致。由于我国东、中、西部地区间的经济发展水平有较大差异，为了避免矿产资源资产收益出现严重地区间外溢现象，我们强调与经济发展水平相一致原则时，还须对经济发展水平的区域性均衡指标予以充分考察。经济发展水平较高的地区，所在地政府获取的收益如果高于其他地区，则此时该地的经济发展水平应参照其他经济发达的地区经济发展水平而定，原则上应多缴纳一定规模的收益，否则必将导致矿产资源资产使用者获取显著的制度外收益，同时也会导致矿产资源资产所有者收益地区间严重外溢问题。其次是坚持与矿产资源资产产品生产技术水平相一致的原则。一般情况下，生产技术水平越高，矿产资源资产承受者从中获取的附加值相对较高。这一方面是因为生产技术在社会财富创造过程中的贡献率提高；另一方面是因为矿产资源资产在社会财富创造过程中的重要性相对下降。为了维持所有者权益的相对重要性，矿产资源资产所有者因其所有者身份也可以参与到其中获取一定规模的收益。再次是坚持与矿产资源开发过程中的客观因素相结合的原则。矿产资源大都深埋于地底下，在开发利用过程中的潜在威胁有些可以预料，但有些突发事故却是无法事先发现的。这就需要我们在理论上推导政府获取矿产所有者收益规模时将这些可能存在着的客观因素予以剔除。最后是综合协调各经济主体间权益收益关系原则。资源资产参与创造的社会财富总量是既定的，政府如果凭借所有者权益索取过多，必然会减少其他利益主体从中获取的收益规模。反之，如果政府获取的收益规模过低，则会损伤所有者权益。从全国范围内通盘考虑政府获取的矿产所有者收益规模是综合协调各经济利益主体权益收益关系的一个重要原则。在坚持原则性假定基础之上，我们可以对各个具体的所有者权益收益规模确定规则有一个概况性的思路。基于不同收益范畴，我们对此有不同的策略。结合到现阶段我国政府获取矿产资源资产收益的形式，我们有以下几个方面的规模确定规则：

一是矿产资源资产地理位置型级差收益税规模确定规则。依据我国对政府获取矿产资源资产地理位置型级差地租Ⅰ时所确定的收益确定准则，我们将企业间的运输成本视为矿产资源资产地理位置型级差收益税的征收规模。运输同类矿产资源到达同一销售地点，这期间发生的运输成本差异可能会显著，尤其是企业为获取矿产资源在东西地区开展运输业务时，此时的运输成本就逐渐凸显出来。东部地区因为靠近矿产资源消费地，其拥有的运输成本优势较为明显。因此，向东部地区享受这种地缘优势的矿产资源型企业征收基于同类资源由西向东部地区开展运输业务所产生成本一定比例的矿产资源资产地理位置型级差收益税是必然选择。如果享有地缘优势的矿产资源型企业是就近获取矿产资源的，则依据运输成本差额较大幅度地征收矿产资源资产地理位置型级差收益税；如果是远距离取得矿产资源的，则原则上不予征收矿产资源资产地理位置型级差收益税。究竟取多大比例的征税成本，我们可以根据各个取得区域优势的企业与没有区域优势企业之间的运输成本差来考察。这个比例可能会按照社会公允比例来确定，这个征收比例同时也是我们平常所说的税率。从激励企业做大做强角度考虑，全额征收几乎不可能，正常情况下维持在50%这个最高限。同时，出于普遍居民心理承受系数考虑，最低限则不能低于20%。

二是矿产资源资产品位价值型级差收益税规模确定规则。并不是所有具有品位价值差异的矿产资源都应征收矿产资源资产品位价值型级差收益税，最显著例证如表5-1所示的铁矿石品位价值问题。只有对那些品位价值显著较高并由此产生显著收益的矿产资源才有征收矿产资源资产品位价值型级差收益税的可能性。正因为有这个可能性，我们才可以进一步确定其收益实现规模。矿产资源资产产品因其节约运输成本的原因使其拥有了一定的产品价格竞争优势，因此对其产品价格优势比照矿产资源资产地理位置型级差收益税征收比例，即按税基的20%～50%征收矿产资源资产品位价值型级差收益税势在必行。

三是矿产资源资产劳动生产率级差收益税规模确定规则。事实上，劳动生产率级差收益税受到其理论本原的影响而在现实生活中的征收难度非常大。为缩小因历史发展和自然形成所造成的现阶段无力扭转的劳动生产率差距，国家出于宏观治理角度考虑加大了对资源富集地的基础建设力度，以此来提高经济发展较为落后地区劳动生产率水平。我们的观点是将这种基础建设成本部分地视为矿产资源资产级差地租Ⅱ。但需要我们注意的是，我们在这里采用的征收方案是比照为提高劳动生产率而修建基础建设的成本而定，这仅仅是一种替代方法。替代规则是：每单位承担成本＝基础建设成本（全部或部分摊销）÷既定设计年限内的总使用量，矿产资源资产使用者实际承担成本＝每单位承担成本×使用者使用量。享有矿产资源资产级差地租Ⅱ的经济行为主体则相机按照一定比例实际承担成本，即向政府缴纳矿产资源资产劳动生产率级差收益税。具体的矿产资源资产级差地租Ⅱ实现路径是，假设有A、B两个资源富集地，其中A地距离经济中心或资源消耗中心C较近，此时假设A的劳动生产率L_A大于B的劳动生产率L_B。受经济发展水平的影响，连续追加对A的投资带来的利润正常情况下将超过B，即是说有$MR_A > MR_B$。为使$L_B \to L_A$，国家加大了对B地的基础建设投资力度。随着基础建设的完工，B地的信息、技术、人才等提高L_B的因素也逐渐与A地靠拢，$L_B \to L_A$的目标基本实现。从整个劳动生产率提高路径看，正是因为国家的基础建设才使劳动生产率有提高的可能。在未进行基础建设投资之前，$L_B < L_A$是暂时不能扭转的。这说明一个事实，那就是基础建设成本可以成为级差地租Ⅱ的一个简单替代品。A地资源使用者可能在B地没有相关基础设施之前就拥有了相关的级差地租Ⅱ。但基础建设修建好之后，产生级差地租的根源消失。这个级差地租Ⅱ的实现路径就给了我们寻找相关替代品的一个最好途径。按照相关替代规则，我们也就可以确定矿产资源资产劳动生产率级差收益税规模。

上述三种矿产资源资产级差收益税规模的确定，实际上是一种"顺推制"的规模确定方法，这种方法的核心内容就是确定矿产资源资产级差收益税的税基。顺推制下的税基确定主要是依据内外部环境所导致的价格差来统一确定。矿产资源资产地理位置型级差收益税规模确定的关键在于确定运输成本所导致的价格差，由此确定此时的矿产资源资产级差收益税税基；矿产资源资产品位价值型级差收益税规模确定的关键在于确定因品位价值所带来的显著价格差，由此确定此时的矿产资源资产级差收益税税基；矿产资源资产劳动生产率级差收益税规模确定关键在于核实矿产资源资产使用者的矿产资源资产使用量，使用量不一致必然使得各自承担的税负高低不等。

四是矿产资源使用税规模确定规则。我们在分析政府国有资源资产收益形式时确已说明我们政府现阶段有理由获取国有资源资产收益，但现在的问题是我国政府国有资源资产收益规模无法确定，这一点在国有矿产资源资产中表现得更为突出。我们对此的主张是实行“倒推制”的收益确定方法。实现倒推制的路径是，首先确定矿产资源资产企业的利润总额，此处的利润总额 = 矿产资源资产产品业务收入 - 矿产资源资产产品业务成本 - 生产矿产资源资产产品直接相关的必要营业和财务费用 - 可能存在的矿产资源资产级差收益税。这里需要注意的是，“直接相关”的确定依据是看此项费用是否对矿产资源资产产品收入的实现有实质性贡献，以及是否构成实际意义上的初次分配内容。确定利润总额实际上就已经确立了矿产资源使用税的税基。其次是确定矿产资源使用税的税率。税率的高低直接影响矿产资源资产使用者的承受成本，也同时影响了政府实现矿产所有者收益的总体规模。但直接确定其税率高低问题是一件难度偏大的事。我们建议首先选择一个行业在不同地区进行测算相关成本占毛收入的比重，并演算出利润总额，即矿产资源使用税税基占毛收入的比重，比照分析相关标准，根据国家的初次分配政策设计出一个公允税率。

政府获取矿产所有者收益规模制度的确定，是我们设计政府国有矿产资源资产收益制度的关键，尽管这项收益是政府“取之于己”的收入实现形式，但由于这项收入规模的大小会直接影响国有矿产资源资产开发利用者的利润水平。在条件许可的情况下，我们可以考虑建立一个指标体系的方法来确定政府国有矿产资源资产收益规模，这样做的科学性更高，也更能适应经济行为主体的投资需要。

5.5.2.5 矿产所有者收益征收形式的确定

从量定额与从价定率是资源资产收益的两种征收形式，正如我们在讨论现阶段我国政府国有矿产资源资产收益所面临着的问题一样，我国政府要真正分享国有矿产资源资产的溢价收益，就必须采取从价定率这种收益征收方式；否则，矿产所有者收益必将面临大量流失的问题。核算矿产资源资产使用税、矿产资源资产级差收益税税基的根本目的在于确定政府获取矿产所有者收益的可能性规模。随着经济的发展，国有矿产资源资产价值的现实表现形式——国有矿产资源资产收益也必然得到进一步的认可，国有矿产资源资产收益规模必然呈现一个逐步递增的态势。如果政府按照从量定额的征收方法来参与国有矿产资源资产收益分配，这势必会丧失因经济发展带来的部分国有矿产资源资产溢价收益。因此，我们主张在政府获取国有矿产所有者收益时，其征收方式应严格采用从价定率，而不是从量定额。

完善我国政府国有矿产资源资产收益制度的构想，关键在于确定政府国有矿产所有者收益制度，并同时确定政府获取国有矿产所有者收益的规模。在确定所有者权益收益规模时，税率高低的确定直接影响了国有矿产资源资产使用者的负担水平，这就需要我们在条件具备时制定出国有矿产资源资产收益指数，以此来更为科学地界定政府国有矿产资源资产收益的理论界限。

第6章 国有土地资源资产收益制度

政府处置国有土地资源资产使用权所获取的国有土地资源资产收益，是我国政府土地资源资产所有权在经济上的集中体现。在众多国有土地资源资产收益表现形式中，最突出的收益形式莫如经济较为发达的城镇人民政府处置城镇国有土地使用权所获取的土地出让金。理论研究的目的还在于根据理论分析结果来审视现实。国有资源资产收益理论分析结果，要求我们在明晰政府国有土地资源资产所有收益与国有土地资源勘寻劳务所有者收益的基础之上，对土地资源所有者在现实生活中所获取收益的现状进行分析，深究政府在获取相关收益时所出现的问题，并依据国有资源资产收益理论研究结果，对政府国有土地资源资产收益形式和规模提出原则性建议。

6.1 国有土地资源资产收益的规定性分析

作为政府国有土地资源资产收益的基本对象，我们需对土地资源及国有土地资源资产收益的定义和特征有一个全方面的了解，这是我们分析问题的逻辑起点。

6.1.1 土地资源的定义

土地资源是指在当前和可预见未来的技术经济条件下可为人类利用的土地，是一个由地形、气候、土壤、植被、岩石和水文等因素组成的自然综合体。[①] 蒙吉军（2005）认为土地资源概念有狭义和广义之分。狭义的土地资源是指在一定的经济技术条件下，能直接为人类生产和生活所利用，并能产生效益

---

① 全国科学技术名词审定委员会．术语查询结果［EB/OL］．http：//www.cnctst.gov.cn/pages/homepage/result.jsp#

的土地，如耕地、农田水利设施用地、林地、养殖水面、草地，以及构（建）筑物的城乡住宅和公共设施用地、交通水利设施用地、工矿用地、军事设施用地、旅游用地等。盐碱地、沙地、荒草地等，因在现实经济技术条件下很难直接利用，因此被称为“未利用土地”，不在土地资源之列。广义的土地资源观点认为，土地资源是当今世界上所有既存各类土地（当然包括南极、高山等这些人们较少涉足地区的尚未真正开发利用的土地）对人类社会经济的发展所具有、存在着的一定的社会效益、经济效益和环境效益。[①]

土地资源作为人类社会赖以生存和发展的物质基础，是人类农业生产的基本材料，是人类社会一切生产和一切存在的物质基础和能量源泉。当然，随着人类社会对土地资源利用水平的提高，土地资源对人类社会的内在有用性也必然得到进一步的拓展，土地资源对整个生态系统的有用性也随着人类认识水平的提升而进一步凸显。

6.1.2 土地资源的分类

考虑到不同地区、不同种类土地资源在现实生活中的表现形式、存在目的、内在有用性等方面的显著差别，土地资源的收益种类和规模也不尽相同，这就要求我们在分析土地资源资产收益之前必须对土地资源进行适当的分类，从而确定一个总的分析模块。依照土地利用程度，我们将土地资源分为确已利用土地，包括耕地、林地、草地、工矿交通居民点用地等；适宜开发利用土地，如宜垦荒地、宜林荒地、部分盐碱地等；暂时难以利用的土地，如戈壁、沙漠、高寒山地等。这种分类着眼于土地的利用现状以及将来的可利用程度，以此可以拓展出土地资源的分析内容。这种方法也可以推导出土地资源的经济社会效益。因此，这种分类方法在某种程度上可以成为我们分析土地资源资产收益的分类方法。当然，在现实生活中，我们还可以根据土地资源的利用类型将土地资源划分为耕地、林地、牧地、水域、城镇居民用地、交通用地、渠道、工矿、盐场、石山、高寒荒漠、戈壁沙漠等。为了研究需要，我们在第一种分类方法的基础之上对土地资源进行归类划分。结合三产业划分标准，我们将土地资源中的能够在大农业利用范畴下的土地视为“农用地”。农用地在分离出林地（属于国有森林资源性资产收益讨论范畴）与

---

① 张博．土地资源收益分配制度［D］．东北财经大学，2007：17.

养殖水面（属于国有水资源性资产收益讨论范畴）之后，它的基本内容实际是现阶段我们所说的耕地，即能种植农作物的土地。现实生活中的耕地也可以分为灌溉水田、水浇地、旱地等三类。将土地资源中的能够在工业和服务业利用范畴下的土地视为“建设用地”：指建造建筑物、构筑物的土地，包括城乡住宅和公共设施用地、工矿用地、交通水利设施用地、旅游用地、军事设施用地等①。将暂时不能使用的其他土地资源视为“未利用地”，它事实上是除农用地和建设用地以外的土地资源，包括荒草地、裸土地、裸岩石砾地、盐碱地、沙地、冰川与永久积雪地以及其他形式的未利用地。这样的分类方法主要基于以下三个方面的考虑。一是现阶段我们出让的使用权是出让既定年限内的土地资源使用权，这说明在决定年限内，土地资源的使用现状基本上是得到了维持和保障。因此，这种分类方法能够确定土地资源使用状态的持续性。二是这种方法可以更为直观地分析国有土地资源资产收益问题，因为不同种类用途的土地资源其收益形式、收益规模必然有差别。农业用地的生产行为具有显著正外部性和弱质性，其收益能力自然相对较低。相比较而言，建设用地的盈利性更强，未利用地则基本上形成不了现实收益。三是充分考虑到土地资源的总量有限性、区位差异性、位置固定性、利用方向变更困难性、经济供给稀缺性特征，以便利用人类社会现有知识技术水平对土地资源进行分类利用，使土地资源资产所有者能从处置国有土地资源资产使用权过程中获取相对更多的收益，尤其是充分实现土地资源资产的所有者权益收益。

6.1.3 国有土地资源资产收益的定义

土地资源资产是对土地资源进行资产化管理后形成的、一项能给土地资源所有者带来预期收益的资产。众所周知，我国土地资源所有权属于国家或集体，资产化管理后的土地资源也必然属于国家或集体。考虑到本书主要分析属于国家占有范畴的自然资源，因此我们这里对土地资源属于集体这种权属类型暂不做考虑。作为土地资源资产所有者的国家，国家当然拥有了处置国有土地资源资产的权力，即拥有在保障所有权的基础之上处置国有土地资源资产使用权的权力。处置使用权在经济上的表现就是给所有者带来预期收益，即国有土地资源资产所有者收益。依据国有资源资产收益理论分析结果，

① 全国科学技术名词审定委员会．术语查询结果［EB/OL］．http：//www.cnctst.gov.cn/pages/homepage/result.jsp#

我们可以确定的是，国有土地资源资产所有者收益是国有土地资源资产收益的一个组成部分，当然也是核心部分。国有土地资源资产收益是国有土地资源资产从资产形态向土地资源作为原材料投入到经济社会生产过程中所生成的收益，它是土地资源从初始状态向土地资源资产产品，并逐步向生产资料或生产劳动对象转化过程中所产生的收益。这其中的收益产生过程实际就是土地资源从被人类社会发现、确认基础信息、资产化管理、使用权处置的过程。对此，各个利益相关主体必然会根据收益产生过程中的权益范围来获取与权益相应的收益。我国土地所有制现状说明了我国政府在全国范围内拥有一定规模的国有土地资源资产所有权，它当然会拥有这部分国有土地资源资产的初始使用权，即国有土地资源资产使用权尚未出让之前所存在的使用权。须注意的是，国有土地资源资产也需要一些具体信息确认方面的勘寻劳务，因此，国有土地资源资产收益也应包括有勘寻劳务权益收益。

国有土地资源资产收益的物质本原是土地资源，对国有土地资源资产收益的特征分析就必然从土地资源这个角度来展开，同时也考察资产这个特定条件对土地资源的有效规制问题。土地资源的特征覆盖在总量有限性、区位差异性、位置固定性、利用方向变更困难性、经济供给稀缺性等方面的内容上，这决定了国有土地资源资产收益必然具备以下三个方面的特征：一是收益规模的长期递增性与短期确定性并存的特征。根据国有资源资产价值构件结论，我们可以明确的是国有土地资源资产价值存在着稀缺性价值，稀缺性价值的存在必然会使得国有土地资源资产价值在长时间内呈现递增趋势。作为价值的现实经济表现形式，国有土地资源资产收益在长期范围内也必然表现出显著的递增性特征。但在土地使用权有效出让时期内，收益可以一次性缴纳，也可以按出让协议约定缴纳期限和次数。但在出让协议期内，其收益规模的总量是既定的，并不能随意更改。因此，在短期内或者在协议期内，国有土地资源资产收益规模有确定性特征。二是收益存在的区位性与内生性并存的特征。国有土地资源资产收益因为不同土地资源类型所处的不同地理位置而有显著差别。农村土地的使用权出让价格正常情况下会低于经济较为发达的城镇土地使用权出让价格，这其中的缘由主要还是因为收益的区位性问题。同时，不同类型的土地资源与此相匹配的土地资源资产带给其所有者的收益大小也不一致，农业用地的收益规模从某种程度上说会低于建设用地的收益规模，这是由土地资源所处地理位置和经济发展需要共同决定的，并不是在短期内正常经济行为所能改变的。这说明国有土地资源资产收益具有显著内生性特征。三是收益决定的政策性和总量性并存的特征。政策性特征主要是指国有土地资源资产收益规模的决定受各地经济发展政策的影响比较大，尤其是在签订使用权出让协议时，其收益规模受到来自各级政府政策的影响比较大。总量性特征则侧重于强调诸如涵盖所有者权益收益的土地资源资产收益取得规模不能超过土地资源资产使用者的经济承受能力。

国有土地资源资产收益的规定性分析，从理论上确定了本书对土地资源研究范围和对国有土地资源资产的研究视野，这为我们之后考察现阶段我国政府获取的国有土地资源资产收益范围指出了可能性方向，也为我们进一步分析我国政府国有土地资源资产收益过程中所存在的问题提供了理论分析范围。

6.2 政府国有土地资源资产收益形式

结合土地资源和国有土地资源资产收益的定义和特征，我们可以明确的是我国政府获取的国有土地资源资产收益，事实上是政府处置国有土地资源资产使用权所获取的收益，相当于资源资产收益体系中的出让所有权收入。鉴于国有土地资源资产作为市场经济中的一项特殊资产，能成为农业生产的基本对象、工业和服务业生产活动的基本附着空间，并能作为所有社会生产的基本元素参与到社会财富的创造过程中，因此它的收益必然可以用所有的国有资源资产收益形式来表现。即是说，现阶段我国政府获取的国有土地资源资产收益形式可以是与处置土地资源资产使用权直接相关联的绝对地租、级差地租、勘寻劳务权益收益等。首先，从理论上讲，作为土地资源资产所有者的政府必将对任何使用土地资源资产的经济行为主体征收一定规模的绝对地租。这是政府国有土地资源资产收益的一个理论表现形式。其次，城镇里的土地资源资产与经济中心的距离远近有差距，经济辐射能力强弱因此变得十分显著，不同地段利用同类品位价值的土地资源所产生的收益必然不同，这就产生了国有资源资产收益体系中的地理位置型级差地租Ⅰ。最后，由于土地资源有显著的富饶和贫瘠之分，二者的差距直接影响了同样的投资规模可能会带来高低不等的国有土地资源资产收益，直接影响了经济行为主体的行为选择。因此，不同地区间的土地资源必然存在着土地资源资产品位价值型级差地租Ⅰ。是否存在着理论上的土地资源资产级差地租Ⅱ，这需要我们进一步拓展分析层面。级差地租Ⅱ产生的根由是由于劳动生产率的差异导致连续投资所产生的收益差额，即我们平时所说的超额利润。这个收益的产生基础可能是有土地的品位价值，也可能是土地的地理位置，也可能是二者共同作用。就城镇土地而言，各个地段的地价可能因为距离经济繁华地带远近的缘故使得连续投资所产生的收益差即超额利润是可能存在的；就农村土地而言，连续投资于土质较好、靠近水源、阳光充足的农地，其产出率可能会高于其他农地，也随即产生了所谓的超额利润。由此可见，土地资源存在着级差地租Ⅱ。这是理论推导的必然结果。但现实情况下，这种理论上的级差地租Ⅱ可能无法真正获取。原因就是它在社会财富创造过程中的贡献率无法从国有资源资产收益体系中有效剥离出来，且在现实生活中我们也无法找到类似于国家为提高劳动生产率而修建驶向矿产资源富集地的基础建设成本这样的级差地租Ⅱ替代品。因此，我们在现实生活中讨论政府获取土地资源资产所有者权益收益时，可以将级差地租Ⅱ从理论体系中划去。绝对地租、级差地租事实上是国有土地资源资产所有者收益的有效组成部分，作为国有土地资源资产所有者的政府也可能因为提供勘寻劳务而获取国有土地资源资产勘寻劳务所有者收益。考虑到国土安全性和勘寻劳务供给便利性，国有土地资源资产的勘寻劳务更多由政府来提供。从这里可以看出，我国政府因提供勘寻劳务也获取了国有土地资源资产勘寻劳务所有者收益。综上所述，我国政府理论上获取的国有土地资源资产收益，主要有土地资源资产绝对地租、土地资源级差地租Ⅰ、国有土地资源资产勘寻劳务所有者收益。

6.3　我国政府国有土地资源资产收益的现状及存在的问题

作为土地资源资产的所有者，我国政府获取了相当规模的国有土地资源资产收益。在这些收益项目中，各级政府处置城镇土地使用权所获得的城镇土地出让金收益项目尤为引人瞩目。

6.3.1　我国政府国有土地资源资产收益的现状

在实行自然资源国家占有制度下，我国政府通过划拨、出让、租赁、作价出资或入股等方式处置国有土地资源资产的使用权，并因此获取了诸如土地出让金、土地租金、土地收益金等形式的国有土地资源资产收益。根据之前我们对国有土地资源资产收益的规定性分析结论，在遵循国有资源资产收益形式研究结论基础之上，我们将全国范围内属于国有土地资源资产收益范畴的收益归纳到表6-1中。出于行文严肃性考虑，我们将各具体收益的定义以脚注形式出现。

表6-1 我国政府国有土地资源资产收益的构成

	收益名称	征收法律政策依据	收益的理论本原
原生收益	土地使用权出让金①	土地管理法、城镇国有土地使用权出让和转让暂行条例	所有者权益收益（绝对地租）
	增容地价②	厦府办［2008］26号	所有者权益收益（绝对地租）
	土地租金③或城镇个人使用国有土地地租	土地管理法、国发（2001）15号	所有者权益收益（绝对地租）
	土地使用权作价出资或土地入股金④	土地管理法	所有者权益收益（绝对地租）
	城镇国有土地补偿费⑤	土地管理法	所有者权益收益（绝对地租）
	临时使用土地补偿费⑥	土地管理法	所有者权益收益（绝对地租）
	城镇土地使用税⑦	城镇土地使用税暂行条例	所有者权益收益（级差地租）
原生收益	耕地占用税⑧	耕地占用税暂行条例	所有者权益收益（绝对地租）
	新增建设用地土地有偿使用费⑨	财综字［1999］117号，财综［2006］48号	所有者权益收益（绝对地租）
衍生收益	土地收益金⑩	城镇国有土地使用权出让和转让暂行条例	所有者权益收益（绝对地租）
	征地管理费或土地管理费⑪	国家物价局、财政部，价费字（1992）597号	勘寻劳务权益收益
	土地登记费⑫（含地籍测绘费）	国土籍字（1990）93号，财预［2000］127号	勘寻劳务权益收益
	地籍档案资料查询费	发改办价格（2003）1107号	勘寻劳务权益收益
其他	外商投资企业用地使用费或场地使用费⑬	中外合资经营企业法、国务院关于鼓励外商投资的规定	所有者权益收益（绝对地租）

注：①土地使用权出让金是指土地行政主管部门通过出让的方式将土地使用权在一定年限内让与土地使用者，由土地使用者向土地行政主管部门缴纳相当于整个使用期间土地使用价值（价格）的费用。参见：新疆国土资源厅．国土资源收费项目和标准［EB/OL］．http//www.xjgtzy.gov.cn/10036/10300/2009/11637.htm，2009-11-06. ②增容地价是指建设用地经批准增加容积率或建成后实测建筑面积超出缴交地价建筑面积，经批准补办增容手续的，应向土地管理部门缴纳相应的土地出让金或配套费。参见：厦门市人民政府办公厅．关于印发厦门市建设用地增容审批及地价征收管理办法的通知［Z］．厦府办［2008］26号，2008-02-01. ③土地租金是指国家将国有土地使用权租赁给土地使用者，并由土地使用者按照标准向国家缴纳的价款。（资料来源与“土地使用权出处”一致）

④土地使用权作价出资或土地入股金是指土地行政主管部门委托具有资质的估价机构在评估土地使用权价格的基础上，通过对评估出的地价进行作价出资入股后投入到企业的总股本中，企业获取国有土地使用权，土地行政主管部门（或其委托的国有资产投资经营机构）按照土地使用权价格在企业总股本所占的比例参与企业的分红。（资料来源与“土地使用权出处”一致）⑤城镇国有土地补偿费是指在城市规划区范围内，土地行政主管部门对以划拨方式取得国有土地使用权的建设单位和个人征收的用于补偿城市政府进行基础设施和公益事业设施建设的费用。（资料来源与“土地使用权出处”一致）⑥临时使用土地补偿费是指建设用地单位除了通过征用、划拨、出让等方式依法取得永久性或较长期限土地使用权外，因需要材料堆场、运输通道和其他临时设施必须另行增加短期用地，或者由于地质勘查、铺设地下管线、建设其他地下工程等需要短期占用土地，致使原土地所有者或使用者遭受损失，由土地行政主管部门向临时用地者收取并返还给原土地所有者或使用者用于补偿他们的损失的费用。（资料来源与“土地使用权出处”一致）⑦城镇土地使用税是以开征范围的土地为征税对象，以实际占用的土地面积为计税标准，按规定税额对拥有土地使用权的单位和个人征收的一种行为税。参见：国务院关于修改《中华人民共和国城镇土地使用税暂行条例》的决定［Z］. 中华人民共和国国务院令（第483号），2006－12－31. ⑧耕地占用税是国家对占用耕地建房或者从事其他非农业建设的单位和个人，依据实际占用耕地面积、按照规定税额一次性征收的一种税。参见：中华人民共和国耕地占用税暂行条例［Z］. 中华人民共和国国务院令（第511号），2007－12－01. ⑨新增建设用地土地有偿使用费是指国务院或者省级人民政府在批准农用地转用、征用土地时，向取得出让等有偿使用方式的新增建设用地的县、市人民政府收取的平均土地纯收益。⑩土地收益金是指土地使用者将其所使用的土地使用权出租，就其所获取的租金收入，按规定比例向国家缴纳的价款，包括土地使用者将划拨土地使用权或者连同地上建筑物和其他附着物出租给其他使用者，或改变划拨土地使用权批准用途进行经营而向国家缴纳的土地收益；土地使用者将其所使用的土地使用权或者连同地上建筑物和其他附着物转让，就其转让土地交易额按照规定比例向国家缴纳的土地增值费。它是国家对土地进行基础设施投入而形成的增值收益。国家土地管理局（现自然资源部相关职能部门）. 划拨土地使用权管理暂行办法［Z］. 国家土地管理局令〔1992〕第1号，1992－03－08；吉林省财政厅. 吉林省国有土地收益金征收管理办法［Z］. 吉政发（1996）31号，1996－09－05. ⑪土地管理费是指土地行政主管部门办理建设用地手续时收取的用于开展土地利用现状调查，变更调查、城镇地籍调查、实地调查被征拨土地的面积、地类、界限、权属和地面附着物状况，拟定征拨用地方案，协调征拨用地中的矛盾等各项业务工作，以及为了这些工作而开展的业务培训、宣传教育、经验交流、信息化建设所必需的业务工作经费，包括土地征迁管理费（征地管理费）、非农业建设征拨未利用土地管理费、临时用地管理费和采挖用地管理费。⑫土地登记费是指国有土地使用者、集体土地所有者、集体土地建设用地使用者进行初始土地登记和变更土地登记时所缴纳的费用。⑬场地使用费是指外商投资企业使用国有划拨土地使用权，按照法律法规的规定向国家缴纳的费用，包括场地开发费和土地使用费。场地开发费是外商投资企业必须支付的一次性缴纳的土地开发费用，包括征地拆迁费用和基础设施建设费用。土地使用费是外商投资企业有偿使用土地资源的费用，在使用土地的期限内都要缴纳。

说明：尽管国内诸多省份对土地资源资产使用者征收诸如耕地开垦费、土地复垦费、土地闲置费、土地荒芜费等收费，但这些费用从内容上说属于公共管理费用范畴，已经不属于所有者权益收益范畴；其他在土地资源资产使用权转让阶段征收的相关税费属于再分配范畴，不属于本书讨论政府获取土地资源资产收益的范畴。

从表6－1我们对国有土地资源资产收益的基本分类可以看出，国有土地资源资产收益主要分为原生收益和衍生收益两大类。原生收益更多的是所有权与使用权自身参与市场经济活动时所产生的收益；衍生收益则强调附着于所有权与使用权之上并依附于原生收益的收益。同时，表6－1中体现出的我国政府国有土地资源资产收益体系，我们可以明确的是，我国政府处置土地资源资产使用权过程中获取的收益主要是从以下几个方面来展开的：一是通过市场直接交易的手段如招标、拍卖、挂牌和协议方式出让国有土地使用权所获取的收益；二是通过行政划拨（包括转让划拨、变现处置划拨）取得的土地价款、股价收益；三是通过出租国有土地资源资产以及土地资源附着物获取的出租收益；四是通过提供勘寻劳务成果的形式获取勘寻劳务所有者收益。从国有资源资产收益形式上看，现阶段我国政府所获取的国有土地资源资产收益基本囊括了国有土地资源资产所有者收益和国有土地资源资产勘寻劳务所有者收益这两个政府理论范畴之内的收益。为了更为直接地显示出我国政府从出让国有土地资源资产过程中所获得的国有土地资源资产收益情况，我们通过表6－2来具体说明近年来我国政府获取的国有土地资源使用权出让收益情况。

表6－2　　2007～2014年国有土地资源使用权出让收益情况

年份	广义土地出让金收入/亿元	年度增长率/%
2007	7285.00	—
2008	9942.00	36.47
2009	14255.80	43.37
2010	29397.98	106.25
2011	33477.00	13.88
2012	28892.30	－13.70
2013	41638.36	44.12
2014	42949.61	3.15

资料来源：财经智库．中国土地出让金收支状况：2007－2014年［EB/OL］．搜狐财经，https：//www.sohu.com/a/212665450_807373.

从表6－2可以看出，尽管我国土地出让面积在2005～2009年5年里呈现动荡起伏状态，有增有减，但通过招拍卖形式获得的土地使用权出让收入呈现显著上升态势，这说明我国政府国有土地资源资产所有者收益有显著上升趋势。

6.3.2　我国政府国有土地资源资产收益的特征

从表6－1所整理出的收益项目来看，我国政府现阶段获取的国有土地资源资产收益总结起来主要包含有以下几个方面的特征：

一是在收益的存在区位上，城镇土地收益相对较高、农村土地收益相对较低。农村税费改革之后，我国政府从农村国有农用地里获取的收益基本上趋向于零。当前我国政府从农村获取的国有土地资源资产收益可能更多是通过出租或出让农村土地中的国有土地来获取收益，如土地租金。受到农村经济发展的实际和国家农村政策的影响，这种租金规模相对较低。与农村相比，我国城镇国有土地收益是我国政府现阶段参与国有土地资源资产收益分配的主要渠道，无论是国有土地资源资产收益中的原生收益还是衍生收益基本上都是以城镇土地为基础来展开的，其中的土地使用权出让金已经成为现阶段我国地方政府财政收入的一个重要组成部分。城镇土地收益相对较高、农村土地收益相对较低也自然成为我国现阶段政府国有土地资源资产收益的一个重要特征。

二是收益确定规则上，规模较大的收益项目以市场公平交易为主，规模较小的收益项目以政府定价为主。规模较大的国有土地资源资产收益项目更多体现出土地资源资产在社会财富创造过程中所做贡献大小。因此，政府作为国有土地资源、国有土地资源资产所有者，也作为市场经济参与者，当然有动力借助于市场机制的作用来获取更多的经济收益，这符合市场经济条件下的经济人假设前提。但在一些收益规模相对较小的项目上，政府为了降低收益取得成本，更趋向于采取直接政府定价的收益确定规制来获取收益。

三是在收益的类别上，原生收益规模相对较高、衍生收益规模相对较低。此处的原生收益是国有土地资源作为生产要素参与市场经济活动所实现了的经济收益，衍生收益是国有土地资源附着物在土地资源资产出让之后因存在载体功能而获取的收益补偿。二者产生的物质本原差别使得两者的收益规模也有显著不同。考虑到土地资源的特征，政府在获取国有土地资源资产收益时更多考虑到土地资源自身使用权的市场交易价格，而忽略了土地资源附着物市场反应情况，衍生收益的实现程度相对较低。这种现状的结果就是国有土地资源资产收益体系中的原生收益规模相对较高，衍生收益规模相对较低。

四是在所有者收益体系的构件上，绝对地租比重较大，其他所有者收益比重相对较低。从土地资源资产原生收益角度看，所有者收益是政府国有土地资源资产收益的主渠道，但在主渠道内部，政府凭借所有者权益所获取的收益依照政府国有资源资产收益的形式，又可分为资源资产绝对地租、地理位置型级差地租Ⅰ、品位价值型级差地租Ⅰ、资源资产级差地租Ⅱ等。从

表6－1的收益项目来看，我国政府所获取的所有者权益收益以绝对地租的比重最为显著，这点无论是收益项目多少还是收益规模大小都可以得到佐证。

总的来看，现阶段我国政府在获取国有土地资源资产收益，尤其是获取国有土地资源资产所有者收益方面的制度更为明确，这是我国国有土地资源所有制的一个最大优势。全国各省、市、县级政府在处置国有土地资源资产使用权时所获取的所有者收益规模也较为显著，个别地方的财政收入在很大程度上依赖于政府处置国有土地资源资产使用权时所获取的收益，尤其是土地出让金收入。由此可见，我国政府从国有土地资源资产使用权处置过程中的收益获取特征。

6.3.3 我国政府国有土地资源资产收益实现过程中所存在的问题

与国有矿产资源资产收益、国有水资源资产收益、国有森林资源资产收益不同的是，以土地出让金收入为代表的、规模较大的国有土地资源资产收益大都通过市场机制来实现。这种收益实现体制能在现有的市场经济发展水平下综合反映出市场供需状况，充分实现国有土地资源资产的溢价收益。从某种程度上说，我国政府确已实现了国有土地资源资产所有者收益。现实问题是各级政府所获取的国有土地资源资产收益，尤其是规模较为显著的收益项目并未真正纳入各级政府财政预算管理范畴之内，成就了各级政府的预算外资金收益规模迅速增长的趋势。越是预算外缺乏监督的收益，就越容易在规模获取上得以保证。这其中的根由还在于地方政府在市场经济条件下也符合“经济人”假设范畴。这在另一个侧面上佐证了我国政府现阶段确已实现了国有土地资源资产收益这一基本事实。这个事实是上述三类型国有资源资产收益在目前的收益获取制度下所不能及的。由于我国各级政府实现了相对过多的国有土地资源资产收益，实际上是增强了地方政府对国有土地资源资产收益尤其是土地出让金的依赖性，并且这个问题已经对地方财政的可持续性发展产生了一定的负面影响，甚至对房价也有一定的非理性推动效用。既然有如此多负面问题的存在，我们有必要讨论这些问题产生的路径，以期对讨论我国政府国有土地资源资产收益制度有所启示。

6.3.3.1　提高地方政府对国有土地资源资产收益尤其是土地出让金的依赖性

从财政管理制度上看，纳入财政预算管理的财政收入受限于制度约束，在事权与财权严重不匹配的情况下，地方政府在财政支出压力面前有积极寻求预算外、制度外的财政收入的动机和愿望。土地出让金作为政府一项特殊形式的财政收入，在更多城市被视为是施政当局的小金库，更容易使地方政府有内在的驱动力去通过处置国有土地资源资产使用权来获取土地收益，进而达到在短时间内扩充本级政府财政收入的目的。既然处置土地使用权能在短时间内获取显著财政收入，并且能获取良好的官员晋升效用，那么地方主政官员和地方政府对产业升级、提高第二、第三产业附加值与技术含量的积极性必然不高。由此一来，地方政府从房地产业中获取财政收入的潜力和可持续能力必将下降，地方政府财政收入对土地收益的依赖性更高，财政收入的筹集机制势必因此进入一个恶性循环的阶段，加重地方财政收入对国有土地资源资产收益尤其是土地出让金的依赖程度。这种依赖性的产生过程可以通过图6-1来表示。

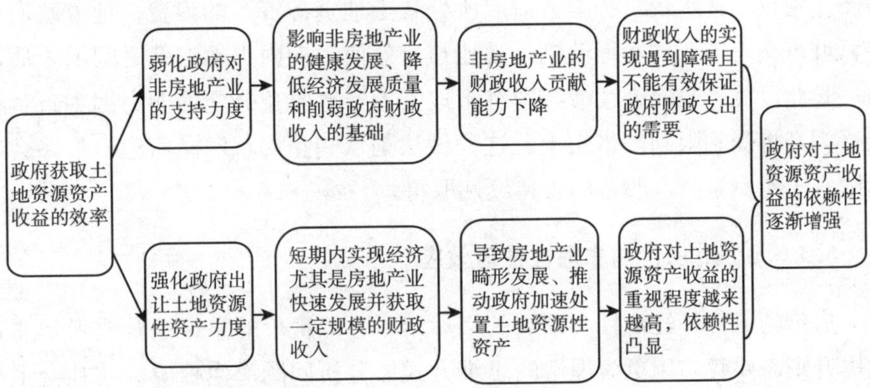

图6-1　地方政府对国有土地资源资产收益的依赖

从图6-1可以看出，地方政府在获取不同种类的财政收入时，它最看重的是时效短、规模大的项目。处置国有土地资源资产使用权无疑具备这两个条件。地方财政对土地出让金的这种依赖性使得全国范围内的土地出让金规模越来越大、地方财政对以土地出让金为核心内容的国有土地资源资产收益的依赖性越来越强。这是短时间内地方政府还无法真正扭转的问题，充分显示出一种土地财政饥渴症，当然也是完善我国政府取得国有土地资源资产收益制度必须解决的问题。

6.3.3.2 对国有土地资源资产收益的可持续性发展有一定负面影响

现阶段政府国有土地资源资产收益的实现程度是在所有国有资源资产行列中最为显著的，从财政对它的依赖性来说，已经超出了国有矿产资源资产收益对地方政府的重要性。这其中的缘由并不是地方政府不善于利用国有矿产资源资产来获取国有资源资产收益，而是国有土地资源资产能在短时间内带来巨大的国有土地资源资产使用权处置收益，并且国有土地资源资产产品生产过程中能在短时间产生大规模的 GDP 和财政收入，这是地方政府主政官员积极处置国有土地资源资产的一个潜在动力和内在驱动。但盲目大规模出让国有土地资源资产、忽略经济发展水平尤其是普通居民的实际收入水平和经济发展潜力，必将使国有土地资源资产收益的可持续性发展受到影响。因为经济发展水平是决定收益规模的根本性因素，忽略了经济发展水平这一根本性因素，必然使地方政府有盲目批租现象，进而导致国有土地资源的大量闲置和城区建设的盲目扩大问题。如果经济发展水平跟不上，国有土地资源资产使用权出让步伐，势必会造成所处置土地资源资产的浪费，地方政府为经营城市又有内在的卖地动机，批地与有效使用期内土地浪费之间的矛盾凸显。长此以往，政府连续参与国有土地资源资产收益分配的能力因为盲目批地行为必将受到限制。事实上，这种做法是饮鸩止渴、涸泽而渔，最终会影响国有土地资源资产收益的可持续性取得。

6.3.3.3 对房价的非理性推动效应

房价的提升是经济社会发展的必然结果，但房价的急速提升或者是非正常提升则需要我们用更为理性的思维方式去分析问题产生根源。在社会主义市场经济体制下，房地产价格大都由市场供需情况而定，这是市场经济直接决定的。但由于本书所指的土地资源资产属于国家所有，国家完全可以通过土地供应主动权来提高土地出让金底价，进而实现本级政府国有土地资源资产收益最大化目标。在这个过程中，我们可以把整个市场参与者简化为以下三个方面：政府、房地产商、房地产购买者。政府处置土地使用权、房地产商购买土地使用权并建房、房地产购买者买房，三者“分工明确”。作为市场参与者，三者都在追求利润最大化。在这个假设前提下，政府追求的利润最大化便是土地出让金规模最大化；房地产商追求的利润最大化是企业经营利润的最大化；房地产购买者追求的利润最大化是尽可能降低购房成本。但在这三者都在追求利润最大化时，政府和房地产开发商掌握了主动权。政府通过限量供应土地资源使得土地出让金底价节节攀升，房地产开发商则利用房地产供不应求的状态将土地出让金通过抬高房价的策略完全转嫁给房地产购买者。这个过程可以用图6－2来表示。

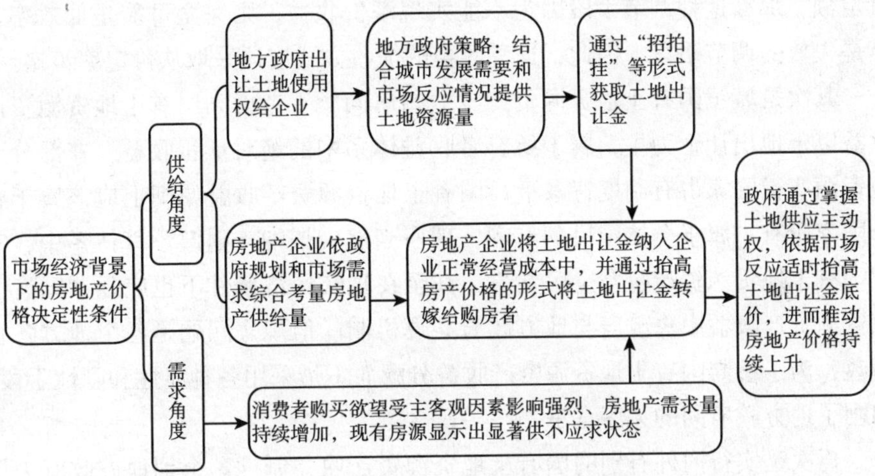

图6－2　土地出让金对房价的推动路径

高房价自然会使各级政府能最大程度上获取土地出让金收入，也相应地获取了较高水平的国有土地资源资产收益，但这种收益的实现无疑是建立在房地产购买者较高购房成本基础之上的，这种现象是否能持续下去，需要我们从经济发展潜力、居民收入增长潜力、城市发展定位等多个角度来综合考察。当然，我们唯独不能质疑的是，地方政府在出让国有土地资源资产使用权过程中以及在获取房地产涨价过程中，的确获取显著的国有土地资源资产收益，不但是本原收益体系中的土地出让金，而且也部分地获取了国有土地资源资产的溢价收益。

6.3.3.4　具体收益制度设计有待进一步完善

从目前我国政府国有土地资源资产收益的表现形式来看，土地出让金无疑是最重要的内容。从上述几个方面的问题来看，土地出让金对我国地方政府职能履行、地方政府财政收入筹集等问题的解决有一定的负面影响，撇开这些问题，我们也会发现现阶段我国政府国有土地资源资产收益制度建设上也还有进一步完善的空间。

首先是部分收益项目采用从价定率征收方法而非从量定额，是否采取从价定率征收模式是完善我国政府国有资源资产收益制度时一个必须解决的问题。通常情况下，从价定率能有效获取因价格提升所带来的溢价收益。以城镇土地使用税为例，城镇土地使用税是一个调节级差收益的税种，如果是从量定额，那么这种调节手段因为不能实现溢价收益，则完全可能是低效率甚至是失效的调节手段。因此，这种收益的征收方式应该采取从价定率策略。

其次是城镇国有土地资源资产收益归属问题。考虑到国有土地资源资产收益以土地出让金为主，属于所有者收益体系中的绝对地租收益，在部分土地资源实行国家占有制度背景下，国有土地资源资产收益原则上应该属于整个国家所有，属于全体国民的红利，理所当然应该纳入财政预算体系中，实现国有土地资源资产收益全民共享，甚至在现实经济条件下也应强调国有土地资源资产收益中央政府与地方政府共享机制。但现实问题是各个地方各自为政，为了参与国有土地资源资产收益分配而不惜采用各种显性和隐性手段，加剧了地方政府间的无序竞争。

再次是实行内外有别的国有土地资源资产收益制度。个别地方政府为了提高外商投资力度，利用政策制定权力，制定了内外不同的国有土地资源资产所有权收益制度。当然，外商投资者的土地资源使用成本低于同等条件下国内投资者的使用成本，形成了事实上的对内歧视或者超国民待遇问题。从充分实现国有土地资源资产所有者收益角度看，一切国有土地资源资产使用者均有义务缴纳各自使用范畴下的使用成本；国有土地资源资产所有者也必须公平地向所有国有土地资源资产使用者征缴诸如土地资源资产绝对地租在内的所有者权益收益，除非既定征收对象的生产经营行为具有显著正外部效用。即是说，为实现内外土地资源资产使用者的公平竞争、破除内资企业被歧视现象，我们又必须分析这种内外有别的政府收益获取制度有无存在的必要。

最后是个别收入项目的本质属性还有待进一步明确。这个问题主要是国有土地资源资产所有者所获取的“利”，即股利或分红的属性问题。我们认为，这里的利不是国有土地资源资产产品价值体系中的经营者利润，而是国有土地资源资产所有者处置国有土地资源资产使用权所获取的一项所有者收益。这种收益既有绝对地租的成分，也有级差地租的成分。这是我们需要注意的地方。

依据现阶段我国政府国有土地资源资产收益实现过程中所存在的问题分析，我们可以看出，尽管我国政府当前事实上是获取了较高水平的国有土地资源资产所有者收益，但这种收益在其实现过程中对经济社会发展有一定负面影响，这是我们在考察政府国有土地资源资产收益形式和制度时必须将这些负面影响纳入考虑的因素。

6.4　完善我国政府国有土地资源资产收益制度的构想

在考察我国政府国有土地资源资产收益现状的基础之上，结合我国政府国有土地资源资产收益在制度上所存在的问题和理论上的政府国有土地资源资产收益形式，按照土地资源的基本分类和在现实生活中的国有土地资源资产实际应用情况，我们有必要对我国政府国有土地资源资产收益制度进行逻辑上的梳理。当然，这里所说的基本分类是把国有土地资源资产分为农业用地、建设用地和未利用地。在具体设计我国政府国有土地资源资产收益制度之前，需明确的是，我们这里所说的国有土地资源资产必须是首次赋予使用权的情况，即是说不考虑土地资源资产使用权流转、使用目的转变、使用者权益过渡等问题。因为后三者情况更多属于使用权的再次流转问题，所产生的收益其形式可以是耕地占用费、耕地复垦费，但这类性质的收益大多属于公共管理性质的收益或属于国有土地资源资产国民收入再分配所产生收益，并非本书所讨论的国民收入初次分配问题。

6.4.1　政府获取农用地收益应注意的问题

依据国有资源资产收益实现形式理论可知，任何使用国有土地资源资产或农用地的经济行为主体都向农用地所有者缴纳绝对地租和有条件性地缴纳级差地租，当然也可能缴纳勘寻劳务所有者收益。即是说，农用地生产行为主体有缴纳国有土地资源资产使用租的义务。从我国实际情况来看，受到国家“三农”政策的影响，这部分收益事实上已经被忽略了。现阶段我国政府从农用地那里所获取的绝对地租只是理论假设而已，政府并没有真正从中获取实际的国有土地资源资产所有权处置收益，并且这种状态伴随着我国农村“休养生息”政策的沿袭而不会发生根本意义上的转变。也就是说，只要

“三农”政策保持不变且使用者从事具有显著正外部性的农业生产，我国政府向农用地使用者尤其是农民征收土地资源资产绝对地租的可能性相当小。就级差地租而言，同样是由于农用地生产行为的正外部性问题，在积极扶持农业、农村、农民发展的政策背景下，这种国有土地资源资产收益征收的可能性也相当小。为避免各地农用地使用者过分集中使用品位价值较高的农用地，在具体分配处置农用地时，可以采取适合于当地经济发展水平和历史沿革的方式来进行分配，进而提高整个农用地的使用效率。为确保农用地信息准确性，我们需要相关的勘寻劳务，在国有土地资源资产收益体系中可以用地籍测绘费来表示。依据国有资源资产勘寻劳务所有者收益的理论讨论结果，我们认为有必要对勘寻劳务进行适当的成本补偿。因此，向农用地使用者征收一定的地籍测绘费，既是维护国有土地资源资产勘寻劳务所有者收益的必然选择，同时也是保障农用地使用者使用权利的需要。

综合来看，现阶段我国政府如若大量从农用地那里获取国有土地资源资产所有者收益，既不符合我国“三农”政策需要，也不符合我国经济社会发展实际和我国经济长期发展需要。当前我国政府获取农用地国有土地资源资产收益主要集中体现为勘寻劳务所有者收益。当然，上述分析结论需排除在农用地上种植诸如烟草一类的经济作物。如果有这类种植行为存在，使得农用地生产行为的正外部性丧失，就需要我们对其征收一定规模的绝对地租和级差地租。从二者的形式上看，均可以采取租和税这两种形式，但以税为主可能会更好。我们在分析国有土地资源资产收益实现形式的内容时已经明确了这个问题。

6.4.2 政府获取建设用地收益的制度设计

建设用地是建造建筑物、构筑物的土地。建设用地是工业和服务业发展的物质载体，在非虚拟空间范围内存在的工业和服务业必然要求有一定的生产经营工作空间和环境，这就需要有建设用地这个基本的物质载体。受人类社会工业化和城镇化趋势的影响，农用地被建设用地挤占的可能性日渐提高，我国现阶段各地出现的征地现象事实上就是这种可能性转变为现实的缩影。从保护农用地角度看，我们有理由强调建设用地的收益实现制度的建设问题。事实上，建设用地与农用地的一个最显著区别在于建设用地生产行为的正外部性并不及农用地生产行为的正外部性那么显著。相比较而言，前者所具有的内在盈利性特征不是农用地所能及的，这也是建设用地能挤占农用地的内在驱动力。既然其盈利性特征显著，作为国有土地资源资产所有者的政府，无论是从理论角度考虑还是从现实收益获取角度考虑，都有理由去获取国有土地资源资产收益，这种收益制度的确立就是我们这里所说的建设用地收益实现制度。

从政府获取建设用地收益的承受者角度看，理论上的任何建设用地使用者均是承受者，但在现实生活中，要想细化或者明确承受者难度比较大。这主要是因为建设用地的用途不一致必然存在着不同的使用者，进而会影响直接承受者的认定问题。以建筑业为例，建筑业必然会使用建设用地，这是毋庸置疑的，由此我们可以判定此批建设用地收益的直接承受者便是房地产商。但如若同样的一块地用于制造业，那么此建设用地收益的直接承受者将转为制造业责任主体。

从政府获取建设用地收益的内容上看，鉴于建设用地盈利性特征，政府获取建设用地收益的内容也必然较多。政府国有资源资产收益内容分析结果说明，政府在处置建设用地使用权过程中必然获取以绝对地租和级差地租为主要构件的国有土地资源资产所有者收益、国有土地资源资产勘寻劳务所有者收益。首先看绝对地租。从理论上讲，绝对地租是任何经济行为主体使用建设用地都必须付出的经济成本。现实生活中，绝对地租的获取也是政府处置国有土地资源资产使用权获取收益的主要内容。其次看级差地租。国有土地资源资产的级差地租是普遍存在的，尤其是在城镇各区域间因地理位置差异所产生的地理位置型级差地租Ⅰ更为明显，但品位价值型级差地租在这里可能不是十分显著，毕竟建设用地对国有土地资源资产的品位价值要求并不是十分突出，它更为看重的是地理位置。最后看国有土地资源资产勘寻劳务所有者收益。与农用地一样，为了确认建设用地的土地信息，我们有必要通过测绘的手段来确定相关的原始资料信息，这就产生了国有土地资源资产勘寻劳务所有者收益。现实生活中，我们通过收取适当的测绘费或者工本费可以代表这类收益。结合表6－1所示的收益实现内容以及我们对现阶段政府获取建设用地收益的内容分析可以看出，现阶段政府基本上获取了理论上的国有土地资源资产所有者收益。与其他资源资产相比，建设用地的收益体系实际上是相对完善的。

6.4.3 政府获取未利用地收益的制度设计

未利用地是指暂时不能使用的其他土地资源或除农用地和建设用地以外的土地资源。这类土地资源大多是人类社会暂时或者在现有技术水平下开发效果不显著的土地，因此其经济效益并不突出，尤其是我国山区丘陵地带的盐碱地、裸岩地、石砾地，对人类来说其经济效益显著偏低。但我们在讨论资源资产价值时认为，不能完全以人类中心主义视角来认识自然资源原始价值，毕竟因为人类中心主义价值观侧重于强调自然资源对人类的经济有用性而忽略了自然资源对自然资源自身、其他非人类生物生态系统的有用性。在人类社会尚未对其进行以人类认识和行为为中心的开发区间内，我们认为有必要对其保持自然原始状态，使其自然资源原始价值中的非经济价值构件得到最大程度保持。既然处于非利用状态，政府从中获取的非利用地收益必然低于同期政府从建设用地那里所获取的收益。但非利用地在现代社会中并不是只具有生态系统范围内的生物多样性价值，它在某些环境下仍然可以转化为人类可利用的建筑用地或者农用地，这需要我们对未使用地的收益实现制度进行前期设计。从未利用地的转型方向来看，它一则可能转向农用地，二则可能转向建筑用地。因此，我们在讨论未利用地收益实现制度时，可以从这两个可能性方向来分开讨论。从转向农用地角度看，在保持未利用地价值（或者说是资源资产价值）构件不遭到严重破坏的前提之下，对有条件性的转化为农用地的未利用地，我们基于统筹管理资源资产和公平负担原则考虑应该按照农用地的收益实现制度来实现收益。但正如政府实现农用地收益制度一样，基于国家“三农”政策考虑，政府要想真正获取理论上的转向农用地的未利用地收益尤其是绝对地租和级差地租的可能性非常小，甚至可以说是几乎不存在。从转向建设用地角度看，未利用地如果转型成功就意味着新增建设用地的出现，从其性质上看仍属于建设用地，因此我们可以比照建设用地对其征收相关种类的收益。

6.4.4 对不同地区国有土地资源收益制度的思考

无论是农用地还是建设用地，土地资源广泛存在于我国农村、郊区及城镇之间。由于我国城乡二元经济问题尚未得到真正解决，政府获取国有土地资源资产的收益内容、收益形式在城乡之间存在着一定程度的差异。从理论上看，所有的国有土地资源资产使用者都必须向所有者缴纳绝对地租，这是我们在讨论国有资源资产收益种类里已经明确了的。但在现实生活中，农村经济发展水平的相对落后使国家政策对农用地的收益政策必然有所倾斜，这种趋势的结果就是我国农村的国有土地资源资产收益基本缺失，城镇或者郊区的农用地收益也基本上处于缺失状态。目前出于统筹管理考虑，我们设计各种类型的土地资源资产都必须征收一定规模的勘寻劳务权益收益，这是为了保证使用权处置结果的公正性和权威性。城镇和能够在城镇经济辐射范围内的郊区，其经济发展水平相对较高，且这些地区的土地资源资产大多用于显著经济收益领域的建筑用地，与农业地的正外部性生产行为具有显著差别，国家也必然会向这些地区的国有土地资源资产使用者征收理论上的国有土地资源资产收益，具体包括土地资源资产绝对地租、级差地租以及勘寻劳务权益收益。综合起来看，我们可以把上述内容统一到表6－3中。

表6－3　　　　　　　　不同类型国有土地资源资产收益情况

所属地区	收益形式				
	土地类型	土地资源资产绝对地租	土地地理位置型级差地租Ⅰ	土地品位价值型级差地租Ⅰ	土地勘寻劳务权益收益
农村	农用地	▽	▽	▽	●
	未利用地	▽	▽	▽	●
	建设用地	○	○	○	●
城镇	农用地	▽	▽	▽	●
	未利用地	○	○	○	●
	建设用地	●	●	●	●
郊区	农用地	▽	▽	▽	●
	未利用地	○	○	○	●
	建设用地	●	●	●	●

注：为了扶持某一行业或产业发展可以不予以征收的收益，用“▽”表示；在现实生活中征收的充分必要性条件均具备的收益，用“●”表示；是否征收需考虑实际情况，用“○”表示。

结合表6－1和表6－3我们可以看出，现阶段我国政府基本上获取了理论上的国有土地资源资产收益，尤其是在城镇和郊区。农村地区由于其经济发展水平和内在经济属性导致政府国有土地资源资产收益的规模相对较低，这是由我国当前的国情所决定的。

6.4.5 我国政府国有土地资源资产收益制度须进一步完善的问题

上述四项制度的设计主要是针对我国不同地区、不同类型国有土地资源资产获取收益时应坚持的策略。这是从宏观视角入手思考问题、解决问题的结果。既然有宏观视角的存在，从逻辑学角度看，就必然有微观层次方面解决问题的措施。这里的微观对策措施实际上就是政府国有土地资源资产收益制度的优化完善问题。

首先是征收方式的选择。从价定率与从量定额优缺点十分明显，我们认为，在政府所获取的所有土地资源资产收益项目中，反映市场供求结果与调节收益显著差异的项目适用于以遵循市场交易结果为基础的从价定率制度；对政府提供的诸如勘寻劳务之类的特殊服务，则可以根据政府服务供给成本采取从量定额的征收制度。二者最终选择的标准是收益的最大化与获取收益成本最小化兼顾。事实上，我们基本上可以确定：国有土地资源资产所有者收益可以采用从价定率的方式征收；国有土地资源资产勘寻劳务所有者收益则宜采用从量定额的方式征收。

其次是改革国有土地资源资产收益归属制度。现阶段我国地方政府出于提高 GDP 和筹集财政收入考虑有出让国有土地资源资产经营城市的冲动，这种做法尽管在一定程度上实现了政府国有土地资源资产所有者收益的目的，但其对经济发展以及持续取得国有土地资源资产收益等现实问题尚具有诸多负面影响。为规避这些问题对我国经济社会健康发展产生实质性的负面影响，我们有必要将政府国有土地资源资产收益纳入财政预算体系，作为政府一项正常财政收入来进行一般性管理。同时有条件性地实施国有土地资源资产收益中央与地方共享制度，从制度上切断地方政府盲目卖地的动力产生机制，缓解当前地方政府土地财政趋向和对国有土地资源资产收益依赖，降低地方政府卖地欲望。当然，这项改革措施执行起来难度非常大，尤其来自地方政府的阻力将异常突出。但为统筹管理本属于国家所有的国有土地资源资产收益，理论上存在着这样的制度设计也是符合客观规律的。

再次是在进行国有土地资源资产价值评估时，应该将附着物价值一并纳入评估对象中。现阶段我国政府在处置国有土地资源资产使用权时可能会根据市场需求状况对国有土地资源资产及其附着物进行价值评估，但由于制度隔阂的原因，我国政府对国有土地资源资产和土地资源附着物采取单独获取收益的政策，这实际上是人为制造了原生收益与衍生收益之间的分离，不利于国有土地资源资产收益实现过程上的整体性。二者的收益差别仅仅是原生收益与衍生收益之间的差别，在进行价值评估时，可以将二者统一进行价值评估。

最后是统一内外资企业或个人国有土地资源资产收益上缴制度，积极创造公平竞争环境。制度环境的差异造就了竞争起点的差距，改革内外有别的政府取得国有土地资源资产收益制度必然有利于内外资企业站在同一起跑线上。吸引外资企业投资关键还在于提供良好的投资环境，政策优惠只是其中一项参考因素而已，并不是唯一决定性因素。因此，我国现阶段原则上应该统一内外资企业或个人使用国有土地资源资产收益上缴制度。

当然，正如之前分析我国政府国有土地资源资产收益所存在的问题所说，我国政府现阶段并不是没有获取有效的国有土地资源资产收益，而是某种程度上的“过了”，即政府从国有土地资源资产使用者那里获取了过多的收益，这就需要我们单独分析政府国有土地资源资产收益规模问题。但就收益规模问题而言，需注意的是，我们只能从宏观上梳理出规模确定的原则，而不是具体指出某个城市、某个地区政府应从土地资源资产使用权处置过程中获取多少收益。具体的收益规模大小问题涉及各地经济发展实际、居民消费偏好、历史遗留政策等方面的因素，并且这些因素在各地不同历史时期又有不同表现程度，所以我们只能是从宏观层面上制定一个收益规模确定原则，以此确定收益规模的理论约束性条件。

6.5　我国政府国有土地资源资产收益的规模确定原则

作为一项上层建筑，我国政府国有土地资源资产收益必须坚持以经济发展水平为基础，这是经济基础决定上层建筑这一绝对真理所决定了的。即是说，我国政府获取国有土地资源资产收益的制度设计以及收益的规模等上层建筑问题，必须遵循我国经济发展实际，农村土地资源以及农用地收益获取问题已经从实践上证实了这个真理的存在。但政府所获得的国有土地资源资产收益必须是通过市场交换所实现了的现实收益，在这个交换的过程中就必然要考虑到其他市场参与者是理性反应，以及当地经济发展水平。现实的问题是我国政府在处置城镇国有土地资源资产使用权时获取的收益存在着“过了”的问题，并且已经危及经济的稳定健康发展和触及普通居民可承受范围的心理底线，当然也危及政府处置国有土地资源资产过程中获取可持续性收入的能力。对此，我们必须对政府国有土地资源资产收益规模从理论上确定一个原则，使之有个理论上的行为约束。这些原则具体为以下几个方面。

6.5.1 与经济发展水平相一致原则

经济是社会发展的基础，经济发展水平直接决定了国有资源资产作为生产要素参与到生活中创造社会财富量的多少，也就直接决定了政府国有土地资源资产收益规模。经济发展水平越高，国有土地资源资产参与社会财富创造的规模就越大，作为生产要素所有者的国家按照所有者权益获取的收益规模和现有市场利益分配体制下也必将提高，这是我国政府国有土地资源资产收益规模呈现递增趋势的根本原因。伴随着经济发展水平的提高，普通居民的收入水平也有相对提高的空间，居民人均可支配收入、人均纯收入水平也可能相应得到提高。但如果社会财富分配体制不完善问题得不到有效解决，则必然会导致各个经济主体间的收入分配机制发生实质性扭曲，政府国有土地资源资产收益也会通过成本传导机制最终转嫁到诸如房地产之类的国有土地资源资产产品及房地产使用者身上，从而使普通居民的生活成本支出增长速度超过其正常的收入增加速度，进而导致政府国有土地资源资产收益的水平超出了经济发展水平所能承受的范畴。这种现状显然违背了经济基础决定上层建筑这一客观规律，最后也必然影响政府国有土地资源资产收益的持续性问题。

衡量经济发展水平的指标从宏观上看无非有总量指标的GDP，微观上看可以是人均GDP、人均国民收入、人均可支配收入等。坚持政府国有土地资源资产收益规模与经济发展水平一致的原则，事实上就是坚持宏观经济指标与宏观收益规模之间的长期均衡和短期均衡的原则，同时坚持微观指标与国有土地资源资产产品成本承受负担之间的短期均衡关系。对这个原则的基本要求是，不能过分地追求经济发展水平的总量指标GDP和地方财政从国有土地资源资产使用权处置过程中获取的收益规模，减少地方财政对国有土地资源资产收益的依赖，尤其是降低地方财政对城镇土地出让金收入的依赖程度，从根本上切断图6-1所示的地方政府对国有土地资源资产收益依赖路径，促使地方政府从暂时、不可持续的经济增长模式转向提高经济发展质量方向上。

6.5.2　与居民需求层次相一致原则

现阶段我国政府对现有的各级政府官员的绩效考核，主要考察其主政一方的经济增长总量，而非当地经济发展质量；侧重强调暂时财政收入筹集，而非财政收入的持续性。这种现状导致地方政府对当地居民的社会发展需求的理解有一定偏差。马斯洛的需求层次理论告诉我们，衣食住行乃普通居民的最低需求层次。政府获取了过多的国有土地资源资产收益，就必然使得接收国有土地资源资产的经济行为主体利用现有的市场定价机制将接收成本部分或者全部转嫁给国有土地资源资产产品的使用者，从而导致普通居民的需求过分集中在住房或者其他基础需求层次内容上，导致其他需求层次得不到有效满足，降低了普通居民的生活质量，这与我们提倡的全面小康的主体意愿有所抵触。即是说，如果我们从普通居民的实际需求出发，深入分析现阶段普通居民的需求层次，就可以发现地方政府获取的国有土地资源资产收益尤其是土地出让金收入可能已经对我国普通居民的需求层次造成了一定的负面影响，这种影响的路径可以结合图6-1和图6-2来共同推导。地方政府对以土地出让金为基础的国有土地资源资产收益依赖性日益提高→地方政府对土地财政饥渴度日益提高→推高土地资源资产出让价格与房地产开发商开发成本→利用价格机制哄抬房产价格→普通居民购房成本增加→挤占其他消费需求→影响普通居民追求更高的需求层次→制约居民社会需求的实现效率。我国在执行改革开放这项基本国策以来，经济社会得到了迅速发展，普通居民需求层次在一定程度上满足了最低层次的生理需求（physiological needs）层次，在向社会需求（social needs）、尊重需求（esteem needs）以及自我实现需求（self-actualization needs）迈进。如果政府获取了过多的土地资源资产收益，则必将导致普通居民的需求层次仍停留在生理需求层次上，对实现普通居民的后三个需求层次则显著无益。由此可以看出，政府获取土地资源资产收益必须与普通居民需求层次保持一致。

6.5.3 与市场经济行为人经济承受能力相一致原则

市场经济行为人是市场经济的绝对参与者，没有他们的存在和有力支持，市场经济的正常运转必然受到来自基础动力方面的制约。政府国有土地资源资产收益必然会通过价格渠道转嫁给市场经济行为人，尤其是居民普通住房的购买者。如果这种转嫁成本高过，在现有的经济发展水平和居民收入条件下，这种成本必然会超出普通居民的收入承受能力。但为了实现基本的生理需求，普通居民必然通过银行业渠道来满足住房需求。这种做法实际上是将单个市场经济行为人经济风险共同转嫁给了银行业，这可能会影响整个银行业的金融安全，产生金融风险问题，并由此会引发金融动荡，严重影响经济的平稳发展，这是我们在发展市场经济所不愿意看到的结局。各地方政府如果从国有土地资源资产使用权处置过程中获取了过多经济收益，严重超出了市场经济行为主体的经济承受能力，即便是这种收益能暂时满足地方财政支出需要，但从长期发展来看，其潜在的金融风险较大，对经济发展的副作用也比较明显。同时，过分挤占了经济行为人的经济收入，必然会影响行为人在非住房方面的需求欲望，减少一些非必要性消费支出，加重预期性储蓄规模，导致消费者的当期消费不足，这与我们当前实行积极拉动内需的经济发展对策有冲突的一面。因此，强调政府国有土地资源资产收益必须与市场经济行为人经济承受能力相一致的原则，实际上是强调与经济平稳发展相一致的原则、防范金融风险与防止经济异常波动相一致的原则。

6.5.4 统筹协调各利益主体原则

国有资源资产收益的利益主体包括国有资源资产收益的享受主体和承受主体，国有土地资源资产收益的利益主体也自然包括国有土地资源资产收益的享受主体和承受主体。政府作为国有土地资源资产所有者获取的国有土地资源资产收益，是国有土地资源资产进入国有土地资源资产产品生产环节中的第一个收益实现环节，是国有土地资源资产收益实现的起点。政府从中获取收益规模大小自然会影响国有土地资源资产经营者利润；而政府的收益实现规模也必然会影响最终消费国有土地资源资产产品承受主体的承受成本。在市场经济条件下，各个利益主体都在追求各自利益规则下的利益最大化，政府作为国有土地资源资产所有者，当然会追求使用权处置收益最大化；国有土地资源资产经营者追求营业利润最大化；国有土地资源资产利益承受者追求的利益最大化是一个反向的利益最大化，即为消费国有土地资源资产产品的成本最小化，从而实现消费国有土地资源资产产品效用最大化。在利益享受者与承受者之间，政府的角色不但是获取所有者权益收益，而且还是宏观治理者。因此，政府获取了与所有者权益相匹配的国有土地资源资产所有者收益，但必须统筹各个利益主体之间的利益关系，使之达到一个和谐共存的境地，否则可能会增加普通承受主体的经济负担，并危及整个经济运行的稳健状态和运行质量。

第7章　国有水资源资产收益制度

受限于国有水资源资产收益理论研究的滞后，我国政府在获取国有水资源资产收益方面还存在着诸多缺陷。为了有效设计国有水资源资产收益制度，我们拟从水资源及国有水资源资产收益的规定性出发，对现阶段我国政府获取的国有水资源资产收益进行归纳总结，在遵循国有资源资产收益理论研究结果基础之上，对我国政府现阶段获取国有水资源资产收益制度所存在的问题展开深入研究，并适时提出完善我国国有水资源资产收益制度的构想。

7.1　国有水资源资产收益的概念

国有水资源资产收益的基本研究对象是水资源，因此，我们有必要对水资源的定义、分类有一定的了解，在此基础之上，我们进一步分析国有水资源资产收益的概念。

7.1.1　水资源的概念

水资源（water resources）是指具有显著经济利用价值的自然水，主要是指能在一定条件下逐年恢复和更新的淡水。[①] 根据现阶段人类社会对水资源的认识状态，水资源也有狭义和广义之分。狭义上的水资源主要表现为可供人类直接利用，同时也能不断更新的、循环使用的陆地地表水和陆地地下水。广义上的水资源是指水圈范围内的水量，包括经人类控制并直接用于灌溉、

① 鲁传一. 资源与环境经济学［M］. 北京：清华大学出版社，2004：218.

发电、给水、航运、养殖等方面用途的陆地地表水和陆地地下水以及江河、湖泊、井、泉、潮汐、港湾和养殖水域等。按水资源的使用目的，我们可以将水资源分为生产用水、生活用水、自然状态下的其他水资源等三大类。生产用水包括完全营利性质行业的生产用水，如工矿企业的生产用水、洗涤形式的一次性营业用水、温泉等；非营利性质或者较低营利性质的生产用水，如农业用水、自来水水源、农业灌溉用水。生活用水主要是居民饮用水。自然资源状态下的其他水资源，主要是指以自然状态形式存在的、可用于航运的山河湖泊、用于渔业养殖的河道池塘、其他非人类直接使用的水资源。这种分类方法的适应性比较广，更多地考虑了国有水资源资产收益的现实可能性，也适合于政府对各类水资源进行分类管理的需要。因此这种分类方法将是本书沿用的水资源分类方法。

7.1.2 国有水资源资产收益的概念

国有水资源资产收益是水资源资产作为生产原材料在创造社会财富过程中所体现出来的收益。由于水资源存在的范围较广，且其正外部性十分显著，因此国有水资源资产收益规模对于我国政府的重要性不及国有矿产资源资产收益和国有土地资源资产收益，但这并不能否认政府依据所有者权益和勘寻劳务权益从既已实现了的国有水资源资产收益中获取相关收益的权力。

7.2 我国政府国有水资源资产收益形式

依据我国政府国有资源资产收益形式研究结论，我们可以由此引申出我国政府国有水资源资产收益的理论形式——绝对地租、级差地租。为了明确水资源资产绝对地租和级差地租的内涵，我们对此需进一步拓展考察。政府国有水资源资产收益的一个现实依据是水资源资产创造了社会财富，政府作为国有水资源资产的所有者，当然有理由从中获取相关权益收益。就所有者收益而言，国有水资源资产所有者收益是用来显示所有者身份的经济手段。凭借所有者权益所获取的收益主要有水资源资产绝对地租与水资源资产级差地租两种类型。水资源资产绝对地租是因水资源国家制度而呈现出的一种垄断收益。只要使用了水资源，按照国有资源资产收益理论就应该缴纳绝对地租，即水资源资产绝对地租。水资源资产级差地租则是由于水资源的水质条件、区域分布、时间分布等因地理位置差异及其劳动率差异所产生出的地租。依据国有资源资产收益形式内容，这里的级差地租有级差地租Ⅰ与级差地租Ⅱ之分。水资源资产级差地租Ⅰ是因地理位置导致的收益差额，是优质水资源与劣质水资源投资收益差额。前者构成水资源资产地理位置型级差地租Ⅰ，后者构成水资源资产品位价值型级差地租Ⅰ。受到经济发展水平的制约，拥有地理位置较好的水资源资产使用者尽管需缴纳理论上的地理位置型级差地租Ⅰ，但在现实生活中未必真正缴纳。如果是经济行为主体利用具有典型品位价值特征的国有水资源资产从事生产经营活动，如矿泉水生产企业、温泉经营企业、啤酒生产企业则需缴纳品位价值型级差地租Ⅰ。就国有土地资源资产勘寻劳务所有者收益而言，以国有水资源资产作为主要生产原料的企业，其国有水资源资产使用范围和使用权限需要政府作出明确规定，这需要提供一定的勘寻劳务。根据市场经济原理，劳务供给者有权要求从劳务需求方获取一定的成本补偿，对于政府来说，这种劳务补偿实质上就是国有水资源资产勘寻劳务所有者收益。由此可见，现阶段我国政府获取了理论上的国有水资源资产收益主要是水资源资产绝对地租，少量的级差地租Ⅱ和国有水资源资产勘寻劳务所有者收益。

对政府国有水资源资产收益的现实表现形式来说，因临时租赁水资源资产，尤其是临时占用河道等情况，可以采用租这种现实收益表现形式；如果具有普遍征收性特征且收益持续时间较长、存在空间较大的绝对地租宜采用税这种收益表现形式；政府获取的少量水资源资产勘寻劳务权益收益因其与费这种收益表现形式有内在的匹配性而采用费这种收益表现形式。

7.3 政府国有水资源资产收益的国际经验借鉴

由于水资源具有一定范围内的流动性，因此在确定水资源所有权地位时，相关管理部门往往会遇到可流动性“后遗症”——“死水”能有效确定所有者、“活水”不能完全界定所有者地位。这主要是除了水库或其他能在既定水域范围内适当限制水资源流动性外，水资源是一种相对动态的流动性资源，并不能严格限于某一个区域。因此，由自然人或者非政府法人组织和实体来行使相对动态水资源所有权的可能性不大。[①] 鉴于此，国际社会对水资源的收益取得形式上更多采取许可证或者特定收费制度，但也有个别国家对水资源使用者征收水资源税，如俄罗斯。

7.3.1　国外政府国有水资源资产收益的形式

俄罗斯水资源税的纳税人范围直接覆盖了所有的水资源使用者，它不仅包括直接使用者，也包括那些不直接取水但直接使用水利设施者。俄罗斯的水资源税具体包括四种类型：一是使用地下水资源税；二是开采地下水矿物原料基地的再生产税；三是工业企业向水利系统取水税；四是排放污染物税。[②]

欧美国家如德国、英国和美国在实现水资源收益方面更多采用许可证制度。为了实现水资源可持续利用和有效管理目标，德国联邦政府从 20 世纪 80 年代中期开始就相继发布有关水资源使用费征收标准，并适时出台了减少水资源污染的政策标准，如向有关水资源使用者征收排污费。在规制经济行为主体的水资源利用行为时，德国联邦政府也注重结合其他市场和政策手段来实现有效使用水资源的目标。这些市场手段和政策手段包括提高自来水价格、收取污水排放费、减免私营污水处理企业相关税收、财政补贴污水处理企业等。再如根据《废水收费法》，德国地方政府可以根据联邦政府的具体政策执行需要制定出各种有效的配套措施：如当排污企业排放的污水浓度达到了规定的最低要求时，可以根据政策激励需要给予免征或少征排污费，反之就要交纳相对较高的罚金；符合政策允许范围内的排污企业为改善污水处理技术设备而付出的成本，可以折算成排污费。与此同时，按照德国有关法律规定，各地方政府收取的排污费将统一缴纳到相应的地方政府，费用也被

① 这里需要进一步考察水资源的资产化管理问题。水资源资产化管理的对象不容置疑肯定是水资源，但这里的水资源是需要分类的。在一定范围内保持稳定状态的地表水资源如水库、池塘、湖泊里的水资源，其流动性不显著，属于可以进行资产化管理的水资源范畴。但地下水或者是跨区域流动的水资源，其流经的范围较广，并不在一个经营管理权力范围内，则纳入资产化管理的可能性不大。由自然人或非政府法人来行使所有权的可能性也就相对小。

② 董德新. 俄罗斯水资源税对我国的启示［J］. 市场与发展，2002（8）：24－26.

严格限制在水资源可持续利用支出方面。[①] 美国对各种水价模式的理论研究很透彻，但其应用是因地区水资源赋存条件、工程性质等条件的不同而异，如美国东部水资源较为丰富，实行累退制水价制度，大水量用户水价低，小水量用户水价高。对于居民生活用水，一般采用全成本定价模式，对于农业灌溉用水则采用“服务成本＋用户承受能力”定价模式。而在美国西部地区，如加利福尼亚州，由于水资源十分紧缺，服务成本定价模式和完全市场定价模式较常见。另外，美国由于市场化程度比较高，在制定水价时，一般是按单个工程定价，每个工程分别制定各自的水价，不同的工程其供水水价不一样。联邦供水工程实行“服务成本＋用户承受能力”定价模式，农业水价是还本不付利息水价，工业及城市水价是还本付息水价；州供水工程实行服务成本定价模式，各类水价均为还本付息水价。美国水费中一般都包括排污费。英国采用全成本定价模式，其水费由水资源费和供水系统的服务费用构成，后者包括供水费、排污费、地面排水费和环境服务费。[②] 在欧洲部分国家和美国，为解决生活用水日益严峻的供需矛盾，满足低收入群体的基本用水需求，对生活用水供给进行了价格改革，改革的总体趋势是：摈弃固定收费和价格递减的做法，转而采用计量收费和价格递增相结合的水价结构。在这些国家，工业用水供给的价格一般由地方政府确定，因此，即使在一个国家之内水价也有很大差异。最常见的水价结构包括固定收费和可变收费两部分。对于直接抽取地下水或地表水的工业用户，多数国家的收费标准一般高于生活用水。对家庭污水的收费主要根据住户的供水量来确定，多数国家的污水收费模式与家庭供水收费类似。[③]

7.3.2 国外政府国有水资源资产收益的经验借鉴

水资源与矿产资源收益一个最大的区别就是前者具有流动性特征，也正是因为这一点才导致国外诸多国家在获取水资源收益方面趋向于采取许可证制度或特定收费制度。许可证制度主要是对取得使用权所获取的收益；后者

① 李中锋，李丹颖，王志强．德国的水资源管理与技术创新［J］．中国水利，2009（23）：61－63.

② 国外水价确定模式应用情况［EB/OL］．中国水利网，http：//news.h2o-china.com/information/world/818141248226774_1.shtml，2009－07－22.

③ 张汪洋．水资源管理的国际经验及启示［N］．中国城乡金融报，2009－08－07（B03）.

则主要是对使用水资源的事实予以承认，但对使用水资源的行为予以适当的规制，使其符合国家和社会的整体发展需要。总的来看，我们可以从国外的水资源收益制度实践中总结出以下几个方面的经验：

一是充分考察水资源使用目的和使用成本。居民用水，其使用成本相对较低且不具有营利性，因此其水资源付费水平相对较低，国家从满足居民基本需求层次角度考虑也基本上不予以收费。生产用水则因其营利性（无论是弱营利性还是强营利性）特征必然促使国家相对提高水资源收费标准，进而提升国家水资源收益。

二是政策的灵活性。国有水资源资产收益在实现时因其内在特征要求使得各国在政策上有一定的灵活性，主要表现在收益实现的形式——许可证制度和特定收费制度上。但不管是采用哪种收益获取形式，直接负责收益收取的政府机构必然有相关的制度规定与之相配套使之能有效规制地方政府行为。这可能是我国当前国有水资源资产收益取得方面所面临的主要问题，毕竟各个地方政府在获取本地区、本部门收益问题时的行为约束机制并不是很健全，导致各地方政府往往有不同程度的乱收费趋向，而真正的所有者权益收益却因各种地方经济激励因素而没有得到真正实现。因此，强调政策灵活性的同时还需认识到行为约束机制的完善问题。但限于本书研究的重点内容在于经济收益的如何实现问题，对行为约束机制将不再做进一步的讨论。

三是收益现实表现形式可以多样化，但收益的本质属性须明确。我国实务界人士提出要对水资源征收水资源税，理论界也有类似的观点。① 但从国

---

① 实务界具有代表性的观点是：生态环境部环境规划院副院长王金南向《中国经济周刊》表示，目前从政策环境、技术条件等各方面看，开征水资源税的时机已经成熟。专家还建议实行‘阶梯式税率’，针对不同类型用户应该体现不同的税率。参见：王红茹．官方称水资源税开征时机已成熟［EB/OL］．网易新闻中心，http：//news. 163. com/09/0720/07/5EL91ES 2000 1124J. html，2009 - 07 - 20. 理论界具有代表性的观点是：满足水资源税征收的三个原则是受益原则、公平原则和效率原则，并以此为基础提出了水资源税的经济内涵是资源地租，包括绝对地租和级差地租，经济调节手段。参见：沈大军，阮本清，张志诚．水资源税征收的理论依据分析［J］．水利学报，2002（10）：124 - 128. 就具体的水资源税税收制度来说，胡海水认为资源有不可再生性，也正因为如此，将水资源纳入资源税征收范围不乏合理性，有利于节约水资源。进一步看，水资源税的征收对象应该包括开采者和使用者，但对开采者和使用者应该分别征税。显而易见，开采者是将卖水当作生意来做，而普通消费者，水对于他们是像空气、阳光一样的生活必需品。水资源对两者而言性质迥异，因此二者应该负担的水资源税也应该不同。也就是说，开征水资源税，应该对开采者和使用者区别对待，分别制定基准税率。参见：胡海水．对水资源应全面征收资源税［N］．中国税务报，2009 - 12 - 16（006）.

外的水资源收益实际经验来看，采取哪种现实表现形式并不重要，只要能履行相关职能就可以采用。这部分内容我们将纳入我国政府国有水资源资产收益形式上去讨论。

7.4 我国政府国有水资源资产收益的现状及存在的问题

结合国有水资源资产收益的规定性分析内容，根据当前我国政府获取的国有水资源资产收益情况，我们可以归纳出如表 7－1 中所列示的内容。但这些收益项目是否与理论上的国有资源资产收益相一致，我们需要在引用政府国有资源资产收益相关理论研究成果基础之上分析我国政府在参与国有水资源资产收益分配过程中所存在的问题，以便我们进一步优化设计我国政府国有水资源资产收益制度。

7.4.1 我国政府国有水资源资产收益的现状

我国政府现阶段在国有水资源资产收益取得上，主要是通过征收各类水资源收费来实现，具体的收益项目我们通过表 7－1 来说明。

表 7－1　　我国政府国有水资源资产收益的现状

类型	收益名称	法律政策规制目标	收益理论本原
原生收益	水资源费、水资源税①	特定区域内的水使用权出让	水资源资产绝对地租
	中央直属和跨省水利工程水资源费②	跨地区的水使用权出让	水资源资产绝对地租
衍生收益	河道滩地临时补偿费③	河道工程维修和养护开支	水资源资产绝对地租
	水生野生动物资源保护费④	水生野生植物保护	水资源资产绝对地租
	渔业资源保护费⑤	保护生态渔业	水资源资产绝对地租
	河道管理范围占用费⑥	保持河道畅通	水资源资产绝对地租

续表

类型	收益名称	法律政策规制目标	收益理论本原
衍生收益	河道采砂管理费、河道采土、淘金管理费⑦	河道堤防工程的建设、管理、维修和设施的更新改造	水资源资产绝对地租
	取水许可证工本费⑧	行政许可性收费	勘寻劳务权益收益

注：①水资源费是指对城市中直接从地下取水的单位征收的费用。参见：国务院．取水许可和水资源费征收管理条例［Z］．中华人民共和国国务院令第460号，2002-02-20；财政部 国家发展改革委 水利部．水资源费征收使用管理办法［Z］．财综［2008］79号，2008-11-10；全国人民代表大会常务委员会．全国人民代表大会常务委员会关于修改《中华人民共和国节约能源法》等六部法律的决定［Z］．2016年7月2日第十二届全国人民代表大会常务委员会第二十一次会议，2016-07-02. 水资源税是资源税改革的具体实施步骤。根据财政部和国家税务总局于2016年5月9日颁布的《关于全面推进资源税改革的通知》（财税〔2016〕53号）要求，河北省于2016年7月1日在河北全省范围内执行《河北省水资源税改革试点实施办法》（冀政发〔2016〕34号），率先在全国试点水资源税改革。2017年11月24日，财政部、国家税务总局、水利部联合发布《关于印发〈扩大水资源税改革试点实施办法〉的通知》（财税〔2017〕80号），将水资源税试点省份扩大至北京市、天津市、山西省、内蒙古自治区、山东省、河南省、四川省、陕西省、宁夏回族自治区等9个省市自治区。②中央直属和跨省水利工程水资源费是指由流域管理机构审批取水的中央直属和跨省、自治区、直辖市水利工程所缴纳的水资源费。参见：国家发展改革委、财政部、水利部．关于中央直属和跨省水利工程水资源费征收标准及有关问题的通知［Z］．发改价格［2009］1779号，2009-07-06. ③河道滩地临时占用补偿费是由水政部门依据相关法律政策规定，在批准河道滩地临时占用的环节对经批准临时占用河道滩地单位收取的费用。参见：安徽省物价局、安徽省财政厅．安徽省物价局、财政厅关于河道滩地临时占用补偿费标准的函［Z］．皖价费函（2009）28号，2009-1-23. ④水生野生动物资源保护费是指各级渔业行政主管部门对捕捉、出售、收购、利用《濒危野生动植物种国际贸易公约》中规定和国家一、二级保护的水生野生动物及其产品的单位和个人的费用。参见：财政部、国家计委关于同意征收水生野生动物资源保护费的复函［Z］．财综字（1999）102号，1999-06-17. ⑤渔业资源保护费是在中华人民共和国的内水、滩涂、领海以及中华人民共和国管辖的其他海域采捕天然生长和人工增殖水生动植物的单位和个人按照规定所缴纳的使用性费用。参见：国务院对农业部、财政部、国家物价局关于《渔业资源增殖保护费 征收使用办法》的批复［Z］．国函（1988）122，1988-10-09；国务院关于修改和废止部分行政法规的决定［Z］．国务院令第588号，2011-01-08. ⑥凡经批准在河道管理范围内（包括河道水面、河滩地、堤防地）的工程建设项目和其他设施，其建设单位和个人均应向水利部门交纳河道管理范围占用费。广东省物价局关于收取河道管理范围占用费问题的复函［Z］．粤价函［2000］160号，2000-04-18；国务院关于修改和废止部分行政法规的决定［Z］．国务院令第676号，2017-03-01. ⑦国务院．中华人民共和国河道管理条例［Z］．国务院令第3号，1988-06-10；水利部财政部国家物价局关于颁发〈河道采砂收费管理办法〉的通知［J］．水财［1990］16号，1990-6-20；国务院．中华人民共和国河道管理条例（部分修改）［Z］．国务院令第676号、687号，2017-10-07. ⑧国务院．取水许可和水资源费征收管理条例［Z］．国务院令第460号，2006-04-15；国务院关于修改和废止部分行政法规的决定（2017）［Z］．国务院令第676号，2017-03-01.

说明：本表所搜集的地方政府收费项目主要是各省一级政府公布的收费项目，并在其中选择与国家统一征收项目有区别、相互之间不重复的收费项目。

表7-1表明：现阶段我国政府所获取的国有水资源资产收益主要体现在

水资源价值补偿以及由水资源自身所衍生出的一系列收益项目上，全国范围内普遍征收的水资源费可能更多的是水资源原生收益，地方政府在既定范围内获取的收费则主要体现为水资源衍生收益。但表 7 – 1 所列示的国有水资源资产收益项目的理论本原中更多的是水资源资产绝对地租，并没有从中发现水资源资产级差地租，这是需要我们进一步分析原因的。依据水资源规定性中所提及的水资源分类，我们将我国现阶段的水资源分为生产用水、生活用水、自然状态下的其他水资源等，表 7 – 1 中所收集的水资源收费根据这种分类方法分离出不同理论本原的国有水资源资产收益。在所列举的 10 项收费形式中，理论本原属于水资源资产绝对地租的水资源，更多情况下是生产用水。

7.4.2 我国政府国有水资源资产收益的特征

总的来说，现阶段我国政府获取的国有水资源资产收益由于其显示形式以政府收费为主，在这种现状背景下，我国政府获取的国有水资源资产收益有以下几个方面的特征：

一是收益的硬约束力不强。由于现阶段我国政府所获取的国有水资源资产收益大多以收费形式存在（尽管 2016 年 7 月以后在河北省率先试点水资源税改革，但时至今日，其改革效果还有待进一步观察），且这些收益最后的归属者大多归结于各个水资源使用行为地区。这就导致了诸多地方政府为了招商引资或者拉动地方经济发展而主动放弃这部分资源资产收益，国有水资源资产收益硬约束力不强。

二是收益的理论本原过度集中于水资源资产绝对地租上。在诸多水资源收益形式，各收益项目的理论本原主要还是水资源资产绝对地租，级差地租显著缺失。

三是在收益征收形式上，从量定额与从价定率并存，但以从量定额为主。从量定额有可能导致水资源资产所有者无法有效地享受溢价收益，这对于水资源资产所有者来说是一个完全可以制度设计来规避的政策漏损。

从我国政府现阶段所获取的国有水资源资产收益现状来看，我国政府不同程度上获取了国有水资源资产收益。但正如我们在分析国有水资源资产收益特征中所说的那样，这其中也存在着一些与理论研究结果不相符的问题，这就需要我们对此展开更深层次的讨论。

7.4.3 我国政府国有水资源资产收益实现过程中所存在的问题

从我国政府现阶段所存在的国有水资源资产收益取得制度来看，我国政府国有水资源资产收益制度主要存在着以下几个方面的问题。

7.4.3.1 部分国有水资源资产收益的理论本原与现实目标不一致

水资源资产绝对地租是水资源所有者凭借所有者权益向水资源资产使用者收取的租金。表7－1也列示出了诸多具有绝对地租特征的现实收益形式，但这些现实的收益形式所具有的绝对地租内涵尚不十分明确。根据资源资产收益的绝对地租理论分析结果，我们可以认为：水资源作为生产要素在水资源资产形成过程中创造了社会财富，水资源资产所有者获取绝对地租也因此是我国政府行使水资源资产所有权的必然结果。表7－1中列出的有关收费项目中，水资源费（无论是普通意义上的水资源费、水资源税还是中央直属和跨省水利工程水资源费）毋庸置疑是水资源资产绝对地租表现形式。但其他几项收费项目如河道采砂采土淘金管理费、河道滩地临时补偿费、水生野生动物资源保护费、渔业资源保护费等可以认定为是政府凭借水资源所有权及其附着物所有权对水资源附着物所征收的特定费用。水资源附着物更多的是为水资源创造社会财富提供条件，况且我们在这里强调的是水资源附着物的所有权而非管理权。因此，这种特定费用可以看成是水资源的绝对地租。但这与现实表述并非一致，从我国当前针对水资源附着物征收目的来看，我国政府在此扮演的角色更多的是行政管理，而非所有者。从这个角度可以推导出水资源其他附着物征收费用或许更多地体现出政府公共管理职能收益。这种不一致问题产生了最后的水资源资产绝对地租内涵界定问题。我们的观点是：任何使用水资源的行为都应征收理论上的水资源绝对地租，水资源附着物间接参与了社会财富创造，也应征收水资源资产绝对地租。考虑到水资源的具体使用方向，作为水资源所有者的政府也因此可以从不同使用方向来获取水资源资产绝对地租，这个绝对地租的获取过程见图7－1。

7.4.3.2 国有水资源资产收益在具体征收管理制度方面存在的问题

限于各地经济发展需要，我国各地在征收国有水资源资产收益方面还出

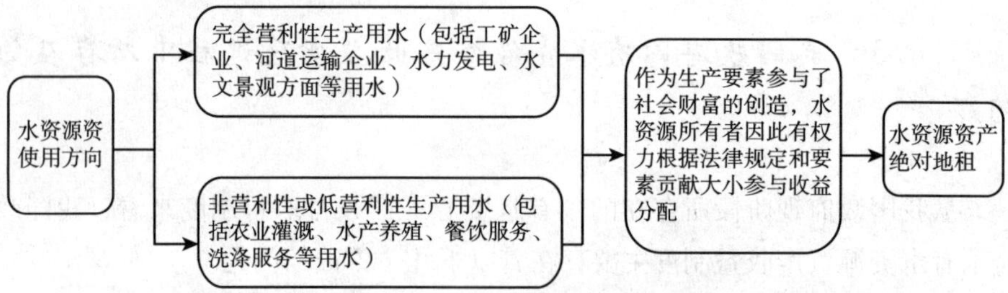

图7－1　不同水资源使用方向的绝对地租

现了若干问题，这其中主要表现在以下两个方面：

一是体现水资源资产绝对地租收益的水资源费和水资源税并没有得到真正征收。这其中的缘由并不是我们国家没有制定相关规章制度，而是有个别地方在执行水资源费政策方面打了折扣，征收的随意性比较大。《水资源费征收使用管理办法》规定：除中央直属的以及跨省自治区直辖市水利工程的水资源费由中央政府来确定征收外，其他所有类型或属地的水资源费由地方人民政府来组织征收。而地方政府基于各方面考虑，对水资源费的征收积极性稍显滞后。较为突出的实例就是个别地方为了吸引外资或者招商引资，执行减免水资源费策略[①~④]。这种非政策制定初衷减免策略事实上是主动放弃所有者权益收益，明显违背了国有水资源资产收益获取规则。这是我国当前水资源资产绝对地租实现过程中的典型问题。现阶段试点的水资源税是今后一段时间我国资源税改革的先头兵，考虑到水资源税涉及面较窄，可以考虑实质性降低水资源税税费。

二是征收方式上的选择问题。从量定额与从价定率二者的根本区别在于前者是按税基单位规定的固定税额，后者是按税基单位规定的百分比。[⑤] 从目前我国国有水资源资产收益的征收形式上看，大多数省份的水资源费、河

---

① 郑东新区招商减免市政费用返还土地出让金［EB/OL］. 新华网，http：//www. xinhuanet. com/chinanews/2006－01/24/content_6120017. htm，2006－01－24.

② 李雪莲. 龙江县招商引资硕果满枝［EB/OL］. 齐齐哈尔新闻网，http：//qiqihar. dbw. cn/system/2010/01/18/052314018. shtml，2010－01－18.

③ 陈冉. 水价上调玄机［J］. 瞭望东方周刊，2008（251）. 或参见：新浪网，http：//news. sina. com. cn/c/2008－09－01/143216211151. shtml，2008－09－01.

④ 东台市招商引资优惠政策——规费减免［EB/OL］. 盐城市党员干部现代远程教育试点工作领导小组办公室，http：//www. hsyf. gov. cn/hsyf_old/popup. asp？id＝118145，2007－04－02.

⑤ 马国强. 税收概论［M］. 北京：中国财政经济出版社，1995：26.

道采砂（采土、采石）管理费、污水处理费等水资源资产收费项目基本上都是采用从量定额方法计征的。这种征收方法可以最大程度对可能存在的征收对象予以全面征管，但它的潜在不足是可能丧失溢价收益。溢价收益的丧失可能是所有者权益收益降低的一个集中体现，这也是我国资源资产收益面临着的一个主要问题之一。目前我国国有水资源资产收益体系中采用从价定率比较少，个别省份如山东省征收的是河道采砂管理费等。这种征收方式能在既定范围内使水资源资产所有者充分享受溢价收益，但征收成本可能相对较高。在众多市场经济国家中，从价定率的采纳比例远远超出从量定额。这其中的缘由更多的是出于经济利益考虑，而经济利益是国有水资源资产收益的本质内容。因此，如何在现实经济社会条件下改革国有水资源资产收益获取形式是一个必须解决的问题。

7.5　完善我国国有水资源资产收益制度的构想

理论分析的最终结果还在于指导实践。我国政府在参与国有水资源资产收益分配的制度建设方面由于实践与理论有脱节的现象，所以我们有必要对现阶段我国政府获得国有水资源资产收益制度进行优化设计。

7.5.1　纳入国有水资源资源收益范畴的水资源基本范围假定

按水资源的使用目的我们将水资源分为生产用水、生活用水、自然状态下的其他水资源等三大类。这种分类方法的适应性比较广，更多考虑了国有水资源资产收益的现实可能性，尤其适合政府对各类水资源进行分类管理的需要。就生活用水而言，它有两种基本情况，一是农村居民的生活用水，二是城镇居民用水。需要说明的是，我们在这里假设农村居民的生活用水是天然状态下的水资源，并不是使用与城镇居民相类似的水资源资产产品——自来水。作为基本农用生产资料，农村居民的生活用水尽管其所有权从理论上讲属于国家，但其所拥有的普惠制特点使得政府没有必要从中获取所有者权益收益。更何况国家即便有获取收益的欲望或者必要性，但由于农村居民的生活用水广泛存在于农村，无论是从征收技术上看还是从居民普遍的纳税遵从度上看，政府获取农村居民生活用水收益的充分条件并不具备。因此，我们在设计我国国有水资源资产收益制度时，必须将农村居民用水撇开。城镇居民用水除了特殊情况或者特定环境下会使用天然状态下的水资源外，正常情况下，他们都会使用自来水这种水资源资产产品。但水资源资产产品收益的实现是国家获取经营性资产收益研究的范畴，并不属于本书研究的内容，因此，我们也可以把城镇居民的生活用水排除在我们的研究范畴之外。既然农村居民生活用水和城镇居民用水的收益实现问题并不属于本书研究范畴，所以本书研究的水资源则主要是生产用水和自然状态下的其他水资源。当然，如果生产用水属于水资源型企业的劳动成果或劳动产品，则政府从中获取的收益将属于收益再分配的范畴，并不属于本书研究范畴。在确已排除生活用水和部分生产用水之后，非劳动产品性生产用水和自然资源状态下的其他水资源因参与社会财富的创造，因此能纳入我国国有水资源资产收益制度的范畴。

7.5.2 政府国有水资源资产收益制度设计

政府国有水资源资产收益侧重于分析政府对那些将水资源资产作为原料或者生产服务对象的资源资产使用者如何征收收益的问题。我们在设计收益获取制度时将遵循政府获取水资源资产绝对地租、少量级差地租Ⅱ和国有水资源资产勘寻劳务权益收益的理论本原基础之上，首先分析政府获取国有水资源资产收益的形式，其次分析政府国有水资源资产收益的征收形式，最后重点分析政府国有水资源资产收益的规模。当然，我们这里对国有水资源资产收益的承受者可以明确为任何使用水资源资产的经济行为主体，而国有水资源资产收益的受益者必然是水资源资产的所有者，这是不容置疑的。对承受者和受益者而言，因其确定性明确，我们对此不做具体分析。

7.5.2.1 政府国有水资源资产收益的形式

由于使用水资源资产的时间有长短之分，所以在现阶段经济行为主体使用水资源资产时有短期租用和长期使用这两种使用形式，水资源资产所有者所获取收益也因此有不同表现形式。短期租用性质的收益项目主要是水资源资产使用租金，长期使用性质的收益项目主要是水资源使用税、水资源级差收益税和水利勘寻服务费。

一是水资源资产使用租金。这种形式的收入来源是政府短时间内出租国有水资源资产所获取是收益。这里的水资源资产需要注意的是，此处的水资源资产不但包括水资源自身，而且还可以将水资源附着物一并纳入其中。由此可以看出，我们在设置这一收益形式时，可以在这级目录下设置具体的使用方向，如水资源使用租金、河道临时占用租金、河滩临时占用租金等具体的收益形式。

二是水资源使用税。任何使用水资源的经济行为主体因为将水资源视为生产要素并参与到社会财富创造过程中，因此有水资源使用行为的经济行为主体都必须缴纳水资源使用税。从另外一个角度看，水资源使用税是政府获取水资源资产绝对地租在现实生活中的表现形式。

三是水资源级差收益税。这是基于政府获取水资源资产级差地租Ⅱ层面来考虑的。

四是水利勘寻服务费。政府提供的水资源资产勘寻劳务依据其理论实现依据和现实表现形式，可以以水利勘寻服务费的形式来实现。

7.5.2.2 政府国有水资源资产收益的征收形式

要使政府有效参与到国有水资源资产溢价收益分配，政府在征收形式的选择上就必然依靠从价定率制度；如果追求征收便利和征收成本相对较小，则偏向于采用从量定额征收方式。从政府国有水资源资产收益的形式上可以看出，水资源使用税和水资源级差收益税都是以水资源资产所创造的社会财富为征税对象，而社会财富的实现又以价格作为基本核算工具，其溢价收益在市场经济条件下非常显著。因此，水资源使用税和水资源级差收益税适宜采用从价定率征收形式。对短期租赁行为来说，因其使用时间相对较短，且使用目的明确，所以采用获取溢价收益的价格实现机制难度太大；而勘寻劳务本质上是一项特殊公共服务，其收益属于按次计征的收益实现形式，因此也很难从中获取溢价收益。所以，水资源资产使用租金和水利勘寻服务费宜采用从量定额的征收方式。

7.5.2.3 政府国有水资源资产收益的规模

政府国有水资源资产收益的规模是我们设计国有水资源资产收益制度的关键内容，因此我们对这个问题的分析拟从规模确定原则和规模确定依据两个方面的内容来展开讨论。

（1）政府国有水资源资产收益规模的确定原则。由于政府国有水资源资产收益规模大小直接关系到市场参与者的经济收益规模大小（生产经营利润大小）和市场参与积极性，尽管我们不能对每个具体收益实现形式的规模予以界定，但我们可以依据国有资源资产的价值构成结论和国家长期经济发展政策取向对政府国有水资源资产收益的规模确定一个总的原则，通过制定基本的原则来约束政府国有水资源资产收益的权力冲动和规制市场参与者水资源资产利用行为。

首先是与经济社会发展相一致的原则，这是一个指导性原则。政府国有资源资产收益均是在市场交易中确已实现了的收益，并且这些收益均是用现实货币来表示的收益。这就要求政府在获取国有水资源资产收益方面必须遵循与经济发展水平相一致的原则。经济发展水平的差别必然会使政府国有水资源资产收益规模，尤其是在绝对规模方面有显著差别。当然，我们可以根据国有水资源资产在生产经营活动中的地位来看，政府获取的国有水资源资产收益相对规模可能会随着经济发展水平的提高呈现一个S形。总的来看，随着经济发展水平的提高，政府从国有水资源资产收益体系中所获取的收益份额会呈现一个逐渐递增的趋势。

其次是与社会财富贡献率水平相一致的原则，这是一个过程性原则。国有水资源资产参与了社会财富的创造，这是作为要素所有者的政府国有水资源资产收益的物质前提。但政府国有水资源资产收益的依据是要素所有者，因此政府获取的国有水资源资产收益规模直接取决于水资源资产所创造的社会财富大小，即社会财富贡献率水平。水资源资产创造了的社会财富比重（当然，这里的比重是与其他生产要素创造的社会财富比重相比）较大，则政府国有水资源资产收益规模相对较高，反之亦然。

再次是与经济社会政策相一致的原则，这是一个时效性原则。社会发展到一定阶段后，普通居民的需求层次必然发生变化，经济社会对自然资源、自然资源原始价值的认识水平也逐步提高，经济社会政策也相应发生改变。作为国家经济政策的重要执行手段，国家从国有水资源资产收益体系中所获取的收益规模也势必受到影响。

最后是规制市场参与者行为原则，这是一个目的性原则。由于水资源存在的正外部性极其显著，所以任何经济行为主体的使用行为就可能使得这种正外部性受到损害。因此，政府通过收取一定的行为成本的形式，一则可以实现所有者权益收益的目的，二则也可以达到规制市场参与者行为的目的，使之达到充分认识和利用水资源资产价值的目的，实现水资源与人类社会的长期均衡发展。

（2）政府国有水资源资产收益规模的确定依据。政府国有水资源资产收益规模所遵循的原则是对我国政府国有水资源资产收益的总体约束或者指导性策略，但对政府所获取的各个国有水资源资产收益而言，政府获取的收益依据并非严格一致。

就水资源资产使用租金而言，它的规模确定依据之一是租用目的，如果是显著盈利性租用，则其租金规模较高；如果是属于公用性质的租用，则租金规模相对较低，甚至放弃征收。依据之二是市场反映情况，如果拟租用经济主体较多，则租金规模较高；反之则较低。依据之三是租用行为对其他水资源及其水资源附着物的潜在影响，如果负面影响较大或者影响面比较大，甚至会干扰其他经济主体的正常行为的，则采取较高收益规模；如果影响面较窄，或只是租用范围比较小，且并不影响其他经济行为主体的利益，则其收益征收规模相对较小。

就水资源使用税而言，它的规模确定依据主要是使用主体所在行业整体利润情况和水资源资产在水资源资产产品或其他相关产品社会财富贡献率来综合评定。

就水资源级差收益税而言，它的规模确定依据品位价值在水资源资产产品创造过程中的角色和实际创造的社会财富量。但由于品位价值很难从社会财富创造过程中剥离出来，因此，在现有征收技术水平下，我国政府对此可能不予征收。

就水利勘寻服务费而言，它的规模确定依据主要是政府在提供国有水资源资产勘寻劳务的实际支出成本，这是在市场机制下依据市场原则所得到的一般性结论。

从我国政府国有水资源资产收益的制度上看，我们讨论的核心问题还在于收益规模的确定问题，而规模的确定在现实生活中还得注意水资源资产的使用者身份和使用目的。事实上，如果使用者是非营利性组织或者公益组织，且使用目的又侧重于提高社会福利，则此时政府获取的收益规模相对较低；反之，政府获取的收益规模相对较高。从制度本身的设计上，我们也突出强调收益实现形式、征收形式问题，这是针对我国当前政府在实现国有水资源资产收益时所存在的问题而提出来的，带有改革与完善现实收益取得制度的意向。

第8章　国有森林资源资产收益制度

国有森林资源资产作为国有资源资产的一种重要组成部分，其收益的实现也必然成为我们考察整个国有资源资产收益实现环节中的重要一环。考虑到森林资源的显著外部性特征和国有森林资源资产价值构件中的显著非经济价值构件特征，国有森林资源资产收益在实现过程中不但要考虑市场供求状况，更应考察森林资源自身的价值构件及这些价值构件间的内部关系。这为我们优化设计政府国有森林资源资产收益制度提出了更高要求。

8.1　国有森林资源资产收益的规定性分析

国有森林资源资产收益的物质基础是森林资源，作为一个理论研究的逻辑研究起点，我们在谈论政府国有森林资源资产收益方面的内容之前首先应对森林资源、国有森林资源资产收益等基本概念作一个简单的介绍，以便于确定政府国有森林资源资产收益内涵与外延。

8.1.1　森林资源的定义及分类

森林资源（forest resources）是以乔木为主体的生态系统总称。① 作为自然资源一个重要组成部分，森林资源在调节气候、维持物种延续与生物多样性、涵养水源与保持水土，并对实现整个生态系统的稳定性方面有着特殊的功能。对于人类而言，森林将能太阳能转化成我们所需的能源与必要的物质

---

① 全国科学技术名词审定委员会．术语查询结果［EB/OL］．http：//www. cnctst. gov. cn/pages/homepage/result. jsp#

材料，没有森林就等于既已存在的生物链断裂，人类社会的存在基本资料也必将缺失、人类社会的可持续性发展趋势也将不复存在。

森林资源按其使用者属性可划分为国有林资源、集体林资源、自留林资源。国有林是指山林所有权属国家所有的森林。集体林是指山林所有权属集体所有的森林。自留林是依据《关于积极发展农村多种经营的报告》政策规定范围内的自留山里所存在的山林。各个历史时期政策的特殊性规定了我国现阶段的森林资源使用权广泛存在于国家、集体、农民（牧民）之间。本书强调了自然资源国家占有制度，因此，我们在这里不再对集体林和自留林的收益实现问题展开具体讨论。

8.1.2　国有森林资源资产收益的概念

国有森林资源资产是对国有森林资源进行资产化管理后所形成的一项能给森林资源所有者带来预期收益的资产。从2008年开始，我国政府开始在全国范围内对森林资源进行大规模的林权改革，以期实现对森林资源的有效管理和提高森林资源的所有者权益收益规模。

国有森林资源资产收益是国家作为国有森林资源所有者处置国有森林资源资产过程中所获取的承包、租赁、转让、拍卖、协商、划拨收益。在国有森林资源资产使用权处置过程中，作为国有森林资源资产所有者的国家，他们所获得的国有资源资产收益主要有两个方面的内容：一是国有森林资源资产所有者收益；二是国有森林资源资产勘寻劳务所有者收益。

8.1.3　国有森林资源资产收益的特殊性

国有森林资源资产价值并不单纯地依靠其经济价值来显示，因此，作为国有森林资源资产价值经济反映形式的国有森林资源资产收益有一定的特殊性。特殊性之一是源于国有森林资源资产价值在大多数情况下并不能唯一体现为经济价值这一内在属性。国有森林资源资产收益一则体现为正向受益，是森林资源所富含的林木、植物等资源自身通过市场交易林木等相关资源所获取的直接收益；二则体现为逆向收益，是森林资源遭到外部实质性破坏而发生的内在有用性丧失，必将使森林资源自身的经济价值受到损害，从而影响国有森林资源资产所有者收益。特殊性之二是市场交换所实现的国有森林资源资产收益尤其是逆向收益尚不能完全反映国有森林资源资产的价值所在。此时的国有森林资源资产收益必将低于通过资源资产价值评价机制所评价出来的国有资产价值收益。

基于上述两个方面收益特殊性，国有森林资源资产收益在国有森林资源资产收益体系中就有了一定的特殊要求。我国政府获取收益的现状是否符合理论分析结果，我们需从我国政府参与国有森林资源资产收益分配的现状来拓宽分析视野。

8.2 国有森林资源资产收益形式

森林资源只要存在于这个社会就必然会给整个国家和社会带来显著正外部性，如果人类施之以正方向的行为约束则必会使这种正外部性得以持续存在；但若施之以负方向的行为约束，则可能使森林资源资产的经济价值达到最大，但同时也会使森林资源资产的非经济价值构件遭到一定程度的破坏，尤其是生物多样性价值完全可能趋向于零。因此，政府国有森林资源资产收益的最主要目的在于保护森林资源、实现森林资源的可持续发展，根本出发点还在于通过制度来规范国有森林资源资产使用者的生产行为，使其能在使用权授权期内以可持续性发展准则来使用国有森林资源资产。这种收益存在目的和出发点背景可能会对国有森林资源资产收益的形式产生影响。依据国有资源资产收益实现形式和政府国有资源资产收益形式的理论研究结果，我们可以根据国有森林资源资产收益的内在特征和现实表现特征来展开讨论国有森林资源资产收益的形式。

正如我们在谈论国有资源资产收益形式所说，任何国有资源资产使用者因为存在国有资源资产使用行为就必须为此付出使用成本。这就是一种普遍性征收特征的收益，从国有资源资产收益体系来看，这种收益的理论本原事实上就是国有森林资源资产的绝对地租，这从逻辑上证实了我国政府获取理论上的森林资源资产绝对地租。

但政府能否从处置森林资源资产使用权过程中获取级差地租呢？不同地区的森林资源资产可能因为地质和气候方面的原因会有资源种类间的差别，进而可能会产生树种或者资源间的品质差异，这是我们不能否认的事实。这也说明森林资源资产在较大范围内存在品位价值差别，作为森林资源资产所有者的政府会因此可能获取森林资源资产品位价值型级差地租Ⅰ。与此同时，不同地域间的森林资源资产因其与经济中心的距离差距、交通基础设施便利性有显著差别，这说明森林资源资产存在着地理位置型级差地租Ⅰ，政府也因此可能会获取森林资源资产地理位置型级差地租Ⅰ。品位价值与地理位置优势的存在是政府获取级差地租Ⅰ的充分条件，但政府要真正获取级差地租Ⅰ还得考虑到必要条件是否存在。森林资源资产收益的特殊性，尤其是正逆向收益的存在使得市场经济行为主体在追求利润最大化的行动策略背景下，自身没有较为显著的动力去经营森林资源资产。既然没有更多的市场经济主体来接收这种具有显著正外部性的资产，则在市场体制下其收益必然相对较低，政府如若从中参与了收益分配势必进一步降低经济行为主体的利润空间，也必然减少经济利益主体的投资积极性。由此可以看出，政府获取森林资源级差地租Ⅰ的必要性并不具备。充要条件只具备了其中一个，只能说明政府获取森林资源资产级差地租Ⅰ的条件尚不成熟。由此可见，我国政府在处置森林资源资产使用权过程中，并未真正获取级差地租Ⅰ。既然没有获取级差地租Ⅰ，那必然不可能获取建立在级差地租Ⅰ基础之上的级差地租Ⅱ。因此，我们认为，我国政府在现阶段尚不具备获取森林资源资产级差地租的条件。

由于国有森林资源资产在存在位置、收益存在范围时需要专业人士付出勘寻（或勘查）劳务，以使国有森林资源资产使用者的权益范围得到确定、权益内容得到保障。专业勘寻劳务的付出按照市场经济原理就必然要求有相关的成本补偿机制与此相对应，这就诞生出国有森林资源资产勘寻劳务所有者收益。考虑到勘寻或者勘寻劳务内置有诸多国家安全信息，因此这项服务可能更多由政府相关行政管理部门来负责提供。鉴于此，我国政府会因此获取这部分的国有森林资源资产勘寻劳务所有者收益。

综上所述，国有森林资源资产收益的理论实现形式，主要有国有森林资源资产绝对地租、国有森林资源资产勘寻劳务所有者收益两大类，其他形式的收益由于必要条件不具备还不能得以实现。

8.3　国有森林资源资产收益制度的国际经验借鉴

尽管国外市场经济国家在强调森林资源私人产权的同时，也借助法律法规政策手段直接控制部分森林资源，甚至直接参与森林资源的种苗培育、科技开发、综合利用活动。事实上，许多市场经济国家的政府都曾试图以这种公共制度安排来减少市场经济行为主体对林业投资无兴趣的障碍，真正提高森林资源的资源配置效果，进一步弥补市场失灵。国家所有的森林资源经营模式有两种形式：一是由政府授权或指定代理机构直接经营管理森林资源，政府及其代理机构直接决定这部分森林资源的经营目标与经营方案，并通过市场和非市场手段向社会提供各种森林资源商品和服务；二是以租赁形式授予作为经济行为主体的企业或个人森林资源用益权，通过契约方式调整政府、企业、个人之间的利益关系，完善森林资源资产收益在所有者和经营管理者之间分享制度，使森林资源的综合开发利用更加符合政府预定经济社会发展目标。① 由此可以看出，我国政府现阶段所收取的林地承包费与国外政府处置国有森林资源方面所获取的林业租金有一定的相似之处。但国外在处置国有林业资源时并不是单纯采取租赁这种形式，也有出让所有权的形式，关乎土地所有权的最终转移，美国出让森林资源所有权的程序较为复杂。当然，出让所有权的市场经济国家大多通过市场定价渠道或者市场竞价渠道的形式来确定出让价格，进而实现森林资源资产的所有者收益。这与我国现阶段所获取的林地承包费又有着本质的区别，我国的林地承包费的主要做法是民主协商为主、市场竞价与定价为辅的使用权费用决定制度。这是需要我们注意的。

此外，国内有学者认为有必要建立森林地租制度，并将此地租纳入林业税费体系中，强调规范现有林业税费项目，改革以往税费征收方法，从既已实现了的林业税费体系中提取一定比例的费用和资金作为生态效益补偿基金的原始基金，以便用于森林资源的综合开发利用和科技研发，促进林业资源、森林资源的可持续发展。就此处的森林地租而言，它的计算方法是指把单位面积森林资源产品（主要指林产品）的市场价值扣除相应成本（主要是人力资源成本）后的剩余部分称为森林地租。它是确定林木市场价格的基础，也是进一步确定林地价值的基础。② 但我们需注意的是，这实际上是混淆了政府凭借所有者权益所取得的所有者权益收益和凭借公共管理者权益收益所取得的管理者权益收益。与此种观点相类似或者在此背景下通过分析国外的林

① 张敏新，肖平．国外政府干预林业的方式及争论——焦点政府对林业干预问题研究之三［J］．世界林业问题，1998（1）：1－6.

② 郑小贤．森林生态效益补偿与森林地租［J］．林业资源管理，2002（2）：53－55.

业税费制度[①~⑤]来完善我国的林业税费制度实际上并不是本书的研究逻辑。且此时所获取的森林资源税费，事实上是在出让森林资源所有权或使用权（这种情况很少，因为资本主义国家强调私有制的存在，任何人都可以购买国家所有的资源）之后才取得的资源资产收益，是国民收入再分配的结果。因此本书在此并不对国外的林业税费制度作进一步的讨论。

8.4　国有森林资源资产收益的现状及存在的问题

我国政府现阶段获取的国有森林资源资产收益，主要是依据森林资源及森林资源资产所有者权益，同时结合《森林法》《野生动物保护法》《森林防火条例》《森林病虫害防治条例》《森林管理条例》《退耕还林条例》《陆生野生动物保护实施条例》等法律法规所获取的收益。2008 年林权改革之前，我国政府从森林资源资产所获取的各项收益无论是收益种类还是收益项目都非常庞杂。单从林业规费上看，我国政府获取了以税收形式存在的房产税、土地使用税；以政府基金形式存在的育林基金、物价调节基金（含副食品价格调节基金）、能源建设基金；以各种规费存在的林业保护建设费、自然保护区管理费、维简费、森林植物检疫费、林业养路费、森林资源补偿费（或森林植被恢复费）、更新造林预留费、森工企业管理费、迹地更新费、运输费、国有资产占用费、野生动植物资源保护管理费、护林防火费、检疫代办费、义务植树绿化费、服务性收费、工本费、森林病虫害防治专项费、木材销售咨询费等共 20 多项收入。[⑥] 当然，这里面尚未包括各行为税和各种类型的工商管理费。2008 年我国开展林权改革后，我国政府获取的森林资源资产收益主要是国有企业利润上缴、承包费，上述 24 项收入中的绝大部分收入项目被依法取消。林地补偿费、森林植被恢复费和林木补偿费等性质的收益

---

① 宋鄂平，于吉涛，常胜，胡胜华，纪翊萍，曾克峰．芬兰林业税的改革及启示［J］．世界林业研究，2006，19（6）：62－65.

② 徐怡红．国外林业税费制度及其借鉴意义［J］．林业财务与会计，2004（4）：22－23.

③ 李禄康．欧洲八国林业税费［J］．世界林业研究，2000，13（2）：63－69.

④ 李卫东．美国的森林采伐税及其特点［J］．世界林业研究，1999，12（1）：58－62.

⑤ 蒋梅，唐金丽，吴建华．国外林业税收政策的分析及对我国的借鉴［J］．林业财务与会计，1999（10）：12－13.

⑥ 张晓静，福建．江西两省集体林区的林业税费问题［J］．林业经济，1999（6）：36－45.

（费）是“申请使用林地进行建设的单位和个人向被占用、征用林地的单位支付的补偿（补助）费用”①，它是用林单位应当向森林经营单位补偿实际损失，它原则上属于森林资源资产管理者或经营者权益收益，并不是因所有者权益的存在所获取的收益，这是需要我们注意的。

8.4.1 我国政府国有森林资源资产收益的现状

为了进一步拓展我国农村发展空间、促进新农村建设、提高农民收入水平、保障林业资源可持续发展和生态平衡，我国政府于2008年开始在全国范围内开展林权改革。通过林权改革，我国政府从森林资源中所获取的收益项目降低，但凭借所有者权益获取的收益并没有得到实质意义上的减少，反而在某种程度上得到了加强。因为在林权改革之前的政府收益更侧重于是公共管理者权益收益，所有者权益收益则因其刚性较强而受到忽略，甚至是挤占。林权改革实施后，国家将国有林业资源总体上划分为经济林和生态林两部分内容。对生态林来说，国家基本上是实行财政负担原则，并将森林资源的收益以国有企业利润的形式上缴；对于经济林来说，国家根据经济林的实际经营者经营年限和林业资源价值评估情况综合考量拟出让资产的使用权。我国政府当前所获取的国有森林资源资产收益具体来看有以下两种类型：

一是森林资源型国有企业利润上缴。作为森林资源主要经营者的国有企业尤其是以龙江森工集团、吉林森工集团、大兴安岭森工集团和内蒙古森工集团代表的中国森工企业，在我国森林资源资产经营中扮演了十分重要角色，它们在承接国有资产时受国家产业政策和特定历史环境保护，并没有向国家支付一定的使用权费。在确已实现了林业收入之后，森林资源型国有企业以国有企业利润上缴的形式来促成森林资源资产所有者实现其所有者权益收益。这种收益实现形式与矿产资源有着显著的区别。国有的矿产资源型企业上缴的利润更主要是国家作为股东参与企业经营利润分配的结果，且此处的企业经营利润是扣除了我们这里研究的国有资源资产收益及相关经营成本之后的利润。而森林资源型国有企业利润因为森林资源实现经济收益的时间较长、外部性显著、风险较大等方面的原因，使森林资源资产在经营之初并没有像

---

① 财政部，国家林业局．关于印发《森林植被恢复费征收使用管理暂行办法》的通知［Z］．财综［2002］73号，2002-10-25.

矿产资源资产那样真正实现资源资产收益。森林资源资产所有者权益收益的实现因此必须在森林资源确已实现了经营收益之后才能进行有效收益“剥离”，从而形成现实生活中的森林资源型国有企业利润。森林资源型国有企业利润尽管从其表现形式上看有经营者利润的属性，但它仍然有国有资源资产收益的属性。同时我们需注意的是，如果国有林采取分片承包的方式经营，则此时的国有森林资源资产收益将由国有企业利润上缴转向林地承包费。

二是林地承包费，即国家向所有国有林承包者征收的承包费。林地承包费亦可称为林地租金，它是林地所有者在持有所有权的基础之上出让所有权所获取的租金收入，是林地所有权的经济实现形式。此处的林地承包对象主要是国有林场；林地承包的具体形式大致有承包、租赁、转让、参股等，它们均是在保障森林资源资产所有权的前提之下处置森林资源资产使用权的不同形式；林地承包费有承包林地使用费和承包林木转让价款两个方面的内容，正常情况下，林地承包不可能只涉及林地的问题，还必须将林地附着物——林木纳入其中。由于各地经济发展水平、人文地理环境、各时期政策的不显著相关性导致了各地林地所有者在获取林地承包费的水平上有一些差距（当然也有收与不收的现象）。但总的来看，林地承包费基本上遵循公开竞标、竞价确定、公开协商等原则，其规模有差距实属正常。

8.4.2　我国政府国有森林资源资产收益的特征

参与国有森林资源资产收益分配是我们对森林资源进行资产化管理的目的之一，现阶段我国政府也因此获取了上述影响较为显著的收益项目。对这些收益项目进行综合分析，我们可以总结出现阶段国有森林资源资产收益的基本特征。

一是事后取得与事前取得相结合的收益实现制度。一般来说，国有森林资源资产企业的收益大多是由国有森林资源资产产品利润来体现。因此，这种收益实际上是国有森林资源资产使用权发生转移之后才实现的，是一种事后收益实现制度。而以自然人或者法人组织承包的森林资源资产则更多是在取得森林资源资产使用权时确定支付相关成本，随即实现国有森林资源资产收益。政府作为国有森林资源资产的所有者，其所有者收益取得时间点上实际上是这两种制度的综合。

二是市场机制与民主协商机制相结合的收益规模决定制度。森林资源型企业的利润实现是依靠市场机制来决定其收益规模，森林资源资产所有者只是从中按照预定政策规定获取一部分收益份额。但诸如林地承包费之类的租赁性收费项目则更多的是在参考市场评估基础之上依靠民主协商机制来决定其收益规模大小。这两者收益规模问题的决定机制不一致，最终必然导致收益规模大小的不一致。

三是确定性规模与模糊性规模相结合的收益计量制度。确定性规模是根据国有企业上缴利润规则完全实现确定了的收益规模，但林业承包费则依据模糊计量规则来实现其收益。

四是经济收益让位于生态收益特征。森林资源的生态收益是显著的，这主要根源于森林资源非经济价值的显著性特征。我国政府在参与国有森林资源资产收益分配方面从保护森林资源、实现森林资源的有效发展角度出发，更多地考虑了森林资源的生态收益，对经济收益的重视程度则相对较低。

从上述国有森林资源资产收益的基本特征上看，国有森林资源资产收益取得与国有矿产资源资产收益取得有一定的区别，这主要归结于森林资源的外部性特征以及其价值的大小问题。毕竟森林资源资产的经济价值在大多数情况下（除了经济林资源）并不是很显著，显著的森林资源价值是生物多样性价值及其他相关价值。

8.4.3 我国政府国有森林资源资产收益实现过程中所存在的问题

尽管我们考虑到森林资源价值的特殊性所在，但从我国政府当前获取的国有森林资源资产收益现状来看，我国所获取的国有森林资源资产收益目前还存在着一些制度本身、理论与实践偏离显著的问题。

问题之一是利与租的关系还有待明晰。现阶段我国政府获取的国有森林资源资产收益采取利代替租，这实际上是混淆了租和利的概念及理论本原。这个问题的存在直接导致我国现阶段政府从处置森林资源资产使用权过程中基本上没有获取与所有权权益相对应的森林资源使用租，仅仅获取了部分森林资源型国有企业的利润。这种以利代租的做法实质上会对完善我国政府财政收入体系有一定的负面影响。即便是我们默认了政府本应获取的森林资源使用租被包含在国有企业上缴利润中，但这其中也面临着诸多问题。

问题之二是事后收益制度可能会导致国有森林资源资产收益流失。事后收益制度是企业既已实现了企业利润之后的利润分配制度，而利润分配必然涉及收益实现过程中的收入实现机制和成本扣除机制。从一般认识上说，如果收入实现机制健全，则企业毛利润就能在市场经济框架下得到完全实现；如果收益实现机制不完善，则企业毛利润可能会有下降的可能性。依据国有资源资产收益分配的物质基础，我们可以看出，这里的毛利润实质上是资源资产创造的社会财富。政府如要参与国有森林资源资产收益分配，就必然参与森林资源所创造的这部分社会财富分配。如若我国的收入现实机制并不是十分完善，则森林资源资产所创造的社会财富在数量上必然减少，我国政府所获取的国有森林资源资产收益也必然降低，国有森林资源资产收益也面临着流失的危险。从另外一个角度看，成本扣除机制的存在使得企业在追求利润最大化时尽可能考虑企业成本扣除问题，并从压缩企业账目利润空间的角度来降低企业毛利润，从而降低了国家原本应有的国有森林资源资产收益，造成了国有资产收益的流失。由此可以看出，事后收益制度可能会导致国有森林资源资产收益流失问题。

问题之三是在保障收益实现制度之后收益规模仍然未定。当前我国在国有资产收益上缴比例上只是规定了一个大致的区间，对各个行业的所有者权益比重缺乏定性分析，最终导致了现阶段即使我国保障了收益实现机制之后其收益规模仍然未定。我国于“2008 年开始在央企中试行国有资本经营预算，按照类别的不同，央企向国资委上缴其利润的10%和5%，而欧洲国家的这一比例为50%”①。但作为森林资源型国有企业，其毛利润率并不能与垄断型、资源型国有企业相比。因此我国目前的森林资源型国有企业的上缴利润区间大都集中在0~5%之间，而这个规模本身就是一个收益水平就相对较低的区间，造就了一个自由浮动区间，这样的一个浮动区间给了政府更多的自由裁量权，也直接导致了国有森林资源资产收益规模的不确定问题。

问题之四是收益取得的持续性保障制度缺失严重。由于受到外部经济发展环境和自由裁量权的影响，国有森林资源资产收益能否在既定收益规模里保持持续性是值得思考的。深圳市就是一个例证。深圳市为了规避2009 年金融危机将国有独资公司上缴利润比例原则上不得低于当年度企业净利润的30%降为20%②。2010 年在经济形势改善之后，个别地方也适当调增了国有

---

① 熊剑锋．央企被批上缴利润过低［N］．第一财经日报，2010-03-19.

② 晶报．深圳国企利润上交标准调低［EB/OL］．新浪财经，http：//finance. sina. com. cn/china/dfjj/20090521/16026256909. shtml，2009-05-21.

企业利润上缴水平，青岛市2010年国有独资企业国有资本收益收缴比例统一从5%上调为10%。① 这种随意调整利润上缴比例的做法不但体现出国有企业上缴利润及我们这里所涉及的收益规模不确定性问题，也体现出收益持续性保障制度缺失的问题。

我国政府从国有林资源中所获取的国有森林资源资产收益，在某种程度上说是我国国有资源资产收益取得方面的“通病”，同时也是因为森林资源资产的特殊性决定了这种“通病”也有一定的特殊性。

8.5 完善国有森林资源资产收益制度的构想

与国有水资源资产相比，我国政府从出让国有森林资源资产使用权过程中所获取的收益项目相对集中，因此我们在完善政府国有森林资源资产收益制度时，应首先强调政府国有森林资源资产收益应遵循的原则，其次是提出具体的完善措施。

8.5.1 完善政府国有森林资源资产收益制度应遵循的原则

森林资源的显著正外部性导致政府在获取此类型的国有资源资产收益方面不能像国有矿产资源资产那样特别强调经济收益，而应该从森林资源可持续性发展角度和有效充实国有森林资源资产所有者收益角度来设计国有森林资源资产收益制度。在这个制度设计过程中，也必然遵循相应的原则。

首先是森林资源资产所有者权益至上原则。与诸如森林资源承包者、森林资源型国有企业等其他森林资源资产收益主体相比，我国政府首先强调的是森林资源的国家所有，这是我国宪法明确规定的。因此，在与其他经济主体利益相比，森林资源资产所有者权益拥有绝对至上的权益，所有者权益收益也因此是最高等级收益，其他收益主体的收益与其相比则级次相对较低。这就要求我们在讨论国有森林资源资产收益归属时，必须首先强调所有者权益收益。只要在所有者权益收益确已实现了的基础之上才能谈及其他收益主

---

① 张榕博．国有资本收益收缴比例上调 由5%提高至10%，百姓将享更多国企发展实惠［EB/OL］．新浪新闻，http：//news. sina. com. cn/c/2010－04－12/084817358115s. shtml，2010－04－12.

体的收益问题。

其次是森林资源生态收益至上原则。作为一项能给所有者带来预期收益的资产，森林资源资产给所有者带来的预期经济收益并不是十分显著，因为森林资源更多强调给社会带来的生态收益，这是由森林资源正外部性所直接决定了的。因此，在经济收益与生态收益进行选择的时候，我们应坚持生态收益至上的原则。

最后是与经济社会发展水平相一致的原则。经济社会发展水平决定了整个社会对森林资源价值的总体认识，决定了社会对森林资源资产使用权有偿转让观念，决定了社会经济利益主体对所有者权益收益的尊重。鉴于此，森林资源资产使用权的有偿转让或者是无偿转让都要考虑经济社会发展水平。

综合我国现阶段政府国有森林资源资产收益所存在的问题，我们认为，现阶段我国政府尽管在参与森林资源资产收益分配方面有一定的制度约束，但由于这些制度自身存在着一些问题，需要我们在遵循上述三个基本原则基础之上对我国政府国有森林资源资产收益制度进行适度改革，以充分实现国有森林资源资产所有者收益。

8.5.2 完善政府国有森林资源资产收益制度的构想

林权改革在全国范围内推广时，国有森林资源资产收益的制度设计基本上已经结束，并且在短时间内是有一定的持续性。但林权改革重在确定使用者身份和政府行政管理部门职责，对收益实现制度的设计并不是十分完善且考虑到当前我国政府在参与国有森林资源资产收益分配时所面临的诸多问题，我们对政府国有森林资源资产收益的制度设计，更侧重于对国有森林资源资产收益的制度进行充分完善，以使其满足森林资源自身长期发展和与人类社会长期和谐发展的需要。国有林在收益实现过程中面临着的主要问题是事后收益制度和收益规模的不确定性，这也导致了我们在提出完善收益取得制度上的可能性路径主要基于下面四个方面的内容：

总体上单列森林资源使用租。租和利有本质区别，不能为了取得利而废弃租，也不能为了租而舍弃利。从资源使用者角度来看，我们必须从确已实现了的国有森林资源资产收益体系中分列出森林资源使用租来；从统一核算资源资产收益体系来看，明晰相关利益主体的权益收益，有利于我们从总体上把握政府获取收益的范围。至于森林资源使用租的规模，我们可以根据林木的价值评估结果和后续跟种结果来具体衡量。

宏观上是建立健全我国的国有资本金预算制度。目前我国的国有资本金预算分为三类：第一类是石油、石化、电力国有企业，征收10%的国有资本金预算；第二类是一般性国有企业，包括钢铁、纺织、来料加工等，征收4%～5%的国有资本金预算；第三类是军工和科研院所，零征收。[①] 从当前确已试行国有资本金预算制度的行业来看，我国并没有对森林资源型国有企业实行国有资本金预算制度，也没有对单列森林资源使用租，导致政府理应获取的自然资源使用租和国有企业上缴利润流失严重。这就需要我们将国有资本金预算制度适时扩大到国有大中型森林资源企业，从制度上确定森林资源型国有企业利润上缴规模，并与森林资源使用租严格分离。

中观上是全面推行国有森林资源资产价值评估制度，小规模试行树籍制度。国有森林资源资产价值评估是资源资产价值评估的一个有效组成部分。由于森林资源的显著正外部性，国有森林资源资产价值评估结果可能超过了森林资源资产使用者的成本承受能力。但在遵循了政府国有森林资源资产收益基本原则的约束下，评估结果在森林资源资产使用权出让过程中也必然作为重要参考数据，以免森林资源型国有企业在进行森林资源资产产品生产过程中，通过人为压低生产利润的办法来降低森林资源型国有企业经营利润，从而降低森林资源型国有企业利润上缴规模。当然，小规模试行树籍制度，从某种程度上看也能在保障存量资源的基础上确保森林资源在实现其收益的时候尽最大可能保障所有者权益收益。但树籍制度实施起来难度可能偏大，所以可以在小范围内试行，然后在条件成熟的情况下推广执行。

微观上是强化国有森林资源型企业的财务监管。森林资源型国有大中型企业是否真正盈利或亏本，这需要我们从企业自身的财务监督出发来进行完善。企业财务监管制度的完善是一个综合性命题，我们在这里也只是从总的思路上提供一个可供参考的路径，对具体怎么完善企业财务监管制度则不展开讨论。

从国有林角度来完善政府取得国有森林资源资产收益制度的主要方法是

---

① 陈建芬，李曙光．要推进国有资本金预算制度改革［EB/OL］．网易财经，http：//money.163.com/09/1218/23/5QRQM0I300253B0H.html，2009－12－18.

完善我国当前的国有企业利润上缴制度，制度完善的落脚点在于保障国有森林资源资产所有者权益收益。从政策制定的层面上看更侧重于宏观政策的制定。但我们需要注意的是，上述宏观、中观、微观完善措施只是在短期范围内存在的，在长期范围内，我们还需要从国有资源资产收益取得角度来完善国有森林资源资产收益的政府取得制度。

参考文献

[1] [英] J. R. 希克斯. 价值与资本 [M]. 薛蕃康，译. 北京：商务印书馆，1982.

[2] [美] Y. 巴泽尔. 产权的经济分析 [M]. 费方域，段毅才，译. 上海：上海三联书店、上海人民出版社，1997.

[3] 哀向红，吕世忠，李荣进，郭原. 试论排污费的经济属性 [J]. 浙江师大学报（社会科学版），1994（4）：43-44.

[4] 敖华. 从分配三要素看按生产要素分配 [J]. 首都师范大学学报（社会科学版），2005（4）：54-59.

[5] 曹永潇，方国华，毛春梅. 我国水资源费征收和使用现状分析 [J]. 水利经济，2008，26（3）：26-30.

[6] 陈明忠. 水资源费是国家水资源所有权的经济体现 [J]. 水利经济，1992（2）：46-49.

[7] 陈征. 自然资源价值论 [J]. 经济评论，2005（1）：3-6.

[8] 崔振民，陈云宝. 浅析我国资源税和资源补偿费的改革方向 [J]. 中国矿业，2005，14（6）：23-24.

[9] 大卫·李嘉图. 政治经济学及赋税原理 [M]. 周洁，译. 北京：华夏出版社，2005：7-59.

[10] 邓晓兰，申嫦娥. 土地收益的租与税 [J]. 当地经济科学，1992（6）：70-75.

[11] 佚名. 地球在超负荷运转 人类发展需考虑地球承载能力 [N]. 中国水利报，2002-08-12（4）.

[12] 董德新. 俄罗斯水资源税对我国的启示 [J]. 市场与发展，2002（8）：24-26.

[13] 付庆云. 哥伦比亚的权利金收益分配 [J]. 国土资源情报，2006（2）：1.

[14] 郭小东. 资源税制改革探析 [J]. 当代经济研究, 2007 (3): 57-60.

[15] 国务院办公厅. 国务院国有资产监督管理委员会主要职责内设机构和人员编制规定 [R]. 国办发, 2003-04-25.

[16] 国务院发展研究中心"澳大利亚矿业管理"考察团. 澳大利亚的矿业管理及其启示 [J]. 中国发展观察, 2008 (10): 46-48.

[17] [德] 赫尔曼·海因里希·戈森. 人类交换规律与人类行为准则的发展 [M]. 陈秀山, 译. 北京: 商务印书馆, 1997.

[18] 侯华丽. 关于矿产资源有偿使用制度改革的思考 [A]. 学术交流论文汇编 [C]. 中国地质矿产经济学会资源管理专业委员会, 2006.

[19] 胡海水. 对水资源应全面征收资源税 [N]. 中国税务报, 2009-12-16 (006).

[20] 胡怡建. 税收经济学 [M]. 北京: 经济科学出版社, 2009: 9.

[21] 黄静, 苏红莉, 李汉文. 对我国现行资源税费制度几个重大问题的探讨 [J]. 涉外税务, 2007 (12): 8-12.

[22] 会映娟. 水资源资产价格实质的探讨 [J]. 中国水利, 1997 (5): 38-39.

[23] [美] 霍尔姆斯·罗尔斯顿. 价值走向哲学 [M]. 刘耳, 叶平, 译. 长春: 吉林人民出版社, 2000: 136.

[24] 江福秀. 关于建立和完善矿产资源收益分配制度的研究 [J]. 南方国土资源, 2007 (1): 19-22.

[25] 蒋梅, 唐金丽, 吴建华. 国外林业税收政策的分析及对我国的借鉴 [J]. 林业财务与会计, 1999 (10): 12-13.

[26] 资本论 (第三卷) [M]. 北京: 人民出版社, 2004: 715-877.

[27] 马克思恩格斯全集 (第19卷) [M]. 北京: 人民出版社, 1971: 406.

[28] 马克思恩格斯全集 (第1卷) [M]. 北京: 人民出版社, 1956: 605.

[29] 资本论 (第1卷) [M]. 北京: 人民出版社, 2004: 50-56, 714.

[30] 李建功. 城市国有土地收益流失的原因分析 [J]. 资源·产业, 2002 (6): 29-31.

[31] 李金昌. 关于自然资源的几个问题 [J]. 自然资源学报, 1992, 7

(3): 193-207.

[32] 李禄康. 欧洲八国林业税费 [J]. 世界林业研究, 2000, 13 (2): 63-69.

[33] 李卫东. 美国的森林采伐税及其特点 [J]. 世界林业研究, 1999, 12 (1): 58-62.

[34] 李小荣. 浅谈我国排污收费制度 [J]. 法治与社会, 2007 (2): 210-211.

[35] 李志学, 彭飞鸽, 吴文洁. 国内外石油资源税费制度的比较研究 [J]. 国土与自然资源研究, 2010 (1): 68-70.

[36] 李中锋, 李丹颖, 王志强. 德国的水资源管理与技术创新 [J]. 中国水利, 2009 (23): 61-63.

[37] 刘春江, 薛惠锋, 陶冶, 陶建格. 矿产资源保障与稳定发展对策研究 [J]. 中国矿业, 2008, 17 (1): 6-8.

[38] 刘文, 王炎庠, 张敦富. 资源价格 [M]. 北京: 商务印书馆, 1996: 4.

[39] 鲁传一. 资源与环境经济学 [M]. 北京: 清华大学出版社, 2004: 4, 218.

[40] 罗丽艳. 自然资源价值的理论思考——论劳动价值论中自然资源价值的缺失 [J]. 中国人口·资源与环境, 2003, 13 (6): 19-22.

[41] 马传栋. 论市场经济条件下自然资源和生态环境的价值及其实现问题 [J]. 生态经济, 1995 (1): 1-10.

[42] 马伟. 国外矿业税收制度及其对我国的借鉴 [J]. 税务研究, 2006 (7).

[43] 齐物. 资源收益资本化——美国阿拉斯加州永久基金的启示 [N]. 中国证券报, 2007-7-29 (A18).

[44] 钱阔, 陈绍志. 自然资源资产化管理——可持续发展的理想选择 [M]. 北京: 经济管理出版社, 1996: 67-71.

[45] 任群芳. 浅析污水处理费的性质 [J]. 法治与社会, 2009 (9): 327-328.

[46] 沈大军, 阮本清, 张志诚. 水资源税征收的理论依据分析 [J]. 水利学报, 2002 (10): 124-128.

[47] 沈大军. 水资源费征收的理论依据及定价方法 [J]. 水利学报,

2006, 37 (1): 120 – 125.

[48] 宋鄂平, 于吉涛, 常胜, 胡胜华, 纪翊萍, 曾克峰. 芬兰林业税的改革及启示 [J]. 世界林业研究, 2006, 19 (6): 62 – 65.

[49] 宋国明. 阿尔及利亚矿业管理及政策变化 [J]. 国土资源情报, 2008 (10): 16 – 19.

[50] 孙文学. 中国财政史 [M]. 大连: 东北财经大学出版社, 1997: 17 – 18, 63 – 81.

[51] 孙亦军. 财政与资源资产管理的关系问题研究 [J]. 中央财经大学学报, 2006: (4): 7 – 11.

[52] 谭术魁. 我国城市土地收益领域的严重问题 [J]. 中国房地产, 2001 (4): 17 – 19.

[53] 王广成、李祥仪. 论矿产资源的价值及价值构成 [J]. 地质技术经济管理, 1996, 18 (6): 22 – 26.

[54] 王全生, 张立权. 矿产资源价值及矿业权价值评估探讨 [J]. 煤炭经济研究, 2007 (4): 24 – 26, 78.

[55] [英] 威廉·配第. 赋税论 [M]. 秋霞, 原磊, 译. 华夏出版社, 2005: 37 – 39, 91.

[56] 吴初国. 浅谈资源资产管理研究的必要性和紧迫性 [J]. 国土资源管理, 2004 (6): 39 – 42.

[57] 吴海涛, 张晖明. 资源性国有资产的资产化管理 [J]. 上海经济研究, 2009 (6): 28 – 35.

[58] 肖艳霞. 正确认识生产要素参与收益分配 [J]. 社会主义研究, 1999 (4): 18 – 21.

[59] 谢钰敏, 魏晓平, 付兴方. 自然资源价值的深入研究 [J]. 地质技术经济管理, 2001, 23 (2): 60 – 64.

[60] 辛华正. 我国土地收益年失百亿 [J]. 西部大开发, 2003 (6): 51.

[61] 辛向强. 红墙决策——中国政府机构改革深层起因 [M]. 北京: 中国经济出版社, 1999: 560.

[62] 熊剑锋. 央企被批上缴利润过低 [N]. 第一财经日报, 2010 – 03 – 19.

[63] 徐红霞, 周明勇. 我国水资源收费中存在的问题及其法律对策

[J]. 长沙铁道学院学报（社会科学版），2010，11（1）：32－34.

[64] 徐怡红. 国外林业税费制度及其借鉴意义 [J]. 林业财务与会计，2004（4）：22－23.

[65] 许家林. 论资源资产的会计核算基础：确认·计价·估价 [J]. 林业财务与会计，2004（10）：3－5.

[66] 许家林. 论资源资产管理的几个问题 [J]. 宏观经济研究，2005（1）：34－37.

[67] [英] 亚当·斯密. 国富论 [M]. 唐日松，等译. 北京：华夏出版社，2005：583－588.

[68] 晏智杰. 自然资源价值刍议 [J]. 北京大学学报（哲学社会科学版），2004，41（6）：70－77.

[69] 杨琼，陈章和，沈鸿标. 白云山森林生态系统间接经济价值评估 [J]. 生态科学，2002（1）：72－75.

[70] 杨文磊. 水费与水资源费的区别 [J]. 中国农村水利水电，1996（6）：33.

[71] 袁国华. 智利计划提高矿山权利金 [N]. 中国国土资源报，2010－05－17.

[72] 袁怀雨，陈希廉. 关于矿产资源价值及矿产勘查体制改革的思路 [J]. 中国地质矿产经济，1996（5）：13－17.

[73] 曾映鹃. 增强国有资源资产的产权意识 [J]. 中国水利，1997（1）：18－19.

[74] 张建坤. 重组土地收益分配体系 优化配置土地资源与资产——谈市场经济体制下如何改革土地价税费体系 [J]. 济宁师范专科学校学报，2002，23（5）：23－26.

[75] 张敏新，肖平. 国外政府干预林业的方式及争论——焦点政府对林业干预问题研究之三 [J]. 世界林业问题，1998（1）：1－6.

[76] 张晓静. 福建、江西两省集体林区的林业税费问题 [J]. 林业经济，1999（6）：36－45.

[77] 张耀启，李一清，潘羿. 自然与环境资源价值评估的误区 [J]. 自然资源学报，2005，20（3）：453－460.

[78] 张颖. 森林社会效益价值评价研究综述 [J]. 世界林业研究，2004，17（3）：6－11.

[79] 赵秉栋. 论自然资源的价值问题 [J]. 河南大学学报（自然科学版），1999，29（2）：77-72.

[80] 郑小贤. 森林生态效益补偿与森林地租 [J]. 林业资源管理，2002（2）：53-55.

[81] 郑昕. 当前我国水资源费征收存在的问题及对策建议——基于福建省的分析 [J]. 价格理论与实践，2009（8）：40-41.

[82] 朱连海，霍海涛，徐东雷. 土地收益租金征收过程中的问题及对策——以方城县征收土地收益租金为例 [J]. 河南国土资源，2006（5）：24-25.

[83] Achille Toto Same, 2009, "Transforming Natural Resource Wealth into Sustained Growth and Poverty Reduction: A Conceptual Framework for Sub-Saharan African Oil Exporting Countries", The World Bank Policy Research Working Paper 4852.

[84] Asfaha Samuel, 2004, "National Revenue Funds: Their Efficacy for Fiscal Stability and Intergenerational Equity", MPRA Paper No. 7656.

[85] Auty, R. M., (2001), "The political economy of resource driven growth", European Economic Review, 46, pp. 839-846.

[86] Bird, Vazquez and Torgler, 2004, "Administrative Dimensions of Tax Reform", ASIA-PACIFIC TAX BULLETIN, Vol. 10, No. 3, pp. 3-21.

[87] C E Moolman, J N Blignaut & R van Eyden, 2006, "Modelling the marginal revenue of water in selected agricultural commodities: A panel data approach", Agrekon, Vol. 45, pp. 78-88.

[88] Collier, P. and Hoeffler, A., 2005, "Resource Rents, Governance and Conflict", Journal of Conflict Resolution, 49 (4), pp. 625-633.

[89] Collier, Paul and Anke Hoeffler, 2005, "Democracy and Natural Resource Rents", Department of Economics, Oxford University Working paper GPRG-WPS-016.

[90] J. Davis, R. Ossowski, J. Daniel and S. Barnett, 2002, "Stabilization and Saving Funds for Non-Renewable Resources: Experience and Fiscal Policy Implications", IMF Occasional Paper No. 205.

[91] Dunmoye, R. Ayo, 2002, "Resource Control: Which way forward", The Nigerian Social Scientist, 5 (1), pp. 49-53.

[92] Fabian Bornhorst, Sanjeev Gupta, and John Thornton, 2008, "Natural Resource Endowments, Governance, and the Domestic Revenue effort: Evidence from a Panel of Countries", MF Working Paper WP/08/170.

[93] Gupta, Abhijit Sen, 2007, "Determinants of Tax Revenue Efforts in Developing Countries", IMF Working Paper 07/184.

[94] J. C. Stamp, 1910, "Wasting Assets and Income Tax", The Economic Journal, Vol. 20, No. 77, pp. 107 - 113.

[95] Jeffrey Herbst, 2001, "The Politics of Revenue Sharing in Resource-Dependent States", WIDER Discussion Paper No. 2001/43.

[96] Kalzuzhnova Y. and Kaser, M. , 2005, "Prudential management of hydrocarbon revenue in resource-rich economies", Paper prepared for ECE Spring Seminar.

[97] Leigh, D. and J. Olters, (2006), "Natural resource depletion, habit formation, and sustainable fiscal policy: lessons from Gabon", IMF Working Paper WP/06/193.

[98] Leslie Shiell and Colin Busby, 2008, "Resource Revenues and Fiscal Sustainability in Alberta", CAHIERS DE RECHERCHE/WORKING PAPERS 0807E.

[99] Matsen, E. and Torvik, 2005, "Optimal Dutch Disease", Journal of Development Economics, 78, pp. 494 - 515.

[100] Matthias Lücke, 2006, "Stabilization and Savings Funds to Manage Natural Resource Revenues: Kazakhstan and Azerbaijan vs. Norway", Kiel Working Paper No. 1652.

[101] Murray C. Kemp and Hideo Suzuki, 1975, "International Trade with a Wasting but Possibly Replenishable Resource", International Economic Review, Vol. 16, No. 3, pp. 712 - 732.

[102] Robert Costanza, Ralph d'Arge, Rudolf de Groot, Stephen Farberk, Monica Grasso, Bruce Hanno, Karin Limburg, Shahid Naeem, Robert V. O'Neill, Jose Paruelo, Robert G. Raskin, Paul Sutton, Marjan van den Belt, 1997, "The value of the world's ecosystem services and natural capital", NATURE, 1997, 5 (387), pp. 253 - 260.

[103] Sachs, J. and A. Warner, 1995, "Natural resource abundance and economic growth", NBER Working Paper No. 5398.

[104] Sachs, J. and A. Warner, 2001, "The curse of national resources", European Economic Review, 45, pp. 827 – 838.

[105] Sachs, J. D., and Warner, A. M., 1995, "Natural Resource Abundance and Economic Growth", NBER Working Paper No. 5398.

[106] Steven Barnett and Rolando Ossowski, 2002, "Operational aspects of fiscal policy in oil-producing countries", IMF Working paper WP/02/177.

[107] VOUSDEN, N., 1974, "International Trade and Exhaustible Resources: A Theoretical Model", International Economic Review, XV, pp. 149 – 167.

后　记

2018 年 9 月 14 日 13 点 08 分，一条来自博士生导师的短信“你论文内容，正是当下热点问题。望深入研究，出成果。”让我突然有一种深深的愧疚。2011 年 6 月博士毕业以后，我尚未对自己的博士论文进行拓展性分析，对老师的深深教诲抛于脑后，愧对老师的殷切希望。愧疚之余，我将博士论文整理出版，重新出发、继续前进。

在博士论文整理过程中，让我深深感受到导师指导的用心！从初读《赋税论》到熟读《国富论》再到研读《财政理论与实践》，我从中领略到了马国强老师严密的逻辑思维方式、言简意赅和高屋建瓴的文风、实事求是和大胆探索的精神。在博士论文写作期间，从论文选题到论文框架设计，再到具体内容，马老师为我倾注了大量的心血。其间，马老师对我既有热情的鼓励，也有严厉的批评。这让我在博士论文写作期间不敢有任何的懈怠，一次次的点拨让我有了充实论文的决心和毅力！

特别感谢东北财经大学吴旭东教授。吴老师为我能够师从马老师提供了诸多帮助，是我进入东北财经大学这所著名大学校园的引荐人。感谢东北财经大学孙开教授给予了我诸多关于学习、生活、工作方面的建议。

特别感谢广东金融学院马克和教授。马老师一直非常关心我的学习和工作问题，特别是我工作以后，对我科研、工作、生活指导，帮助颇多！感谢我的硕士生导师、安徽财经大学王洪春教授。无论在何时、何地，王老师都时刻鞭策我认认真真写文章、做学问！感谢我的师姐张海星教授、李晶教授，师兄谷成教授、陈玉琢教授给予我的鼓励和支持！感谢东北财经大学 2008 级财政学专业的博士同学。

特别感谢经济科学出版社的白留杰老师对本书出版的大力支持。

感谢我的爸爸妈妈、岳父岳母、爱人阎芳、姐姐罗如南对我生活学习的关心和支持！感谢我那可爱女儿、座右铭是“天上飞来一朵云”的罗阎齐小宝贝给我带来的欢声笑语和充实生活。没有你们的全力支持，我是不可能完成博士学业的！更没有工作、生活的前进动力和保障。

罗鸣令

2018 年 10 月 6 日凌晨于“安财大西北”